求是书系·传播学
Asiacentric Theories of Communication

mmunication and

Culture

传播与文化

李 岩 著

ZHEJIANG UNIVERSITY PRESS
浙江大学出版社
·杭州·

我们从哪里来
我们是谁
我们到哪里去
————高更

没有文化的世界，
树枝上没有了秋日的树叶
沙滩上没有了海贝壳
————卡拉利恩·斯

我们的差异，
总是给了我们新的灵感，
去看待一切
————盖尔·奥克斯利

品着蜗牛,喝着啤酒巴纳曼,
坐于塌塌米,
看着电视里的"雷诺"
———保罗·肯特·奥克利

使世界成为一体,
用儿童的明眸来观察我们,
纯洁无瑕
———布里亚纳·巴纳曼

红
白
黑
还有,棕
这个世界所有的色彩
此刻
走到一起来!
———梅利莎·吉南

一切不同的人们
实际上是一样的
让我们睁开双眼
———布里亚特·巴纳曼①

---

① 以上第 2～6 首诗引自联合国教科文组织《世界文化报告——文化的多样性、冲突与多元共存 (2000)》,序言,关世杰等译,联合国教科文组织、北京大学出版社 2000 年版。

序

中国有句俗语：到什么山上唱什么歌，意思是告诉人们身处新的环境时，应该先了解新环境中的人、事、物的运行规则，使自己能够尽快地进入新环境的社会实践活动，获得新环境对自己的认可的同时也使自己产生归属感——入乡随俗。什么"山"决定唱什么歌的，也就是这个"山"的文化。文化塑造了我们观察世界的方法，当我们谈到文化时，我们就是用这种方法寻找个人生活方式以及人们共同生活的方式。每个人作为社会的成员，其生命历程都会遇到不同的新环境，或在不同的环境中扮演各种各样的角色。如一个人从"镜像阶段"①开始的"自我"认定，到他经历成长的不同阶段和不同环境，总是和类似"镜像"的世界发生关系，这个"镜像"给他提供了关于他是谁的答案，同时也告诉他如何成为"他"的一切标准。为什么会产生这样的答案，"他"为什么要寻找答案，以及标准是如何建构的等，这就是文化关注的问题。

文化不是自然的结果，因为文化是有意义的。文化不是个人独享的意义，也不是供人们直接观看或者触摸的物质，但是文化现象却发生在每一个个人的身上，出现在每一个事件、每一个物体的形成过程。文化在这个过程像是一种不可抗拒的力量左右事件的开始、转折、结果。决定一事与另一事之间可能发生的冲突、差异、渗透和共存。文化言说你和你所在的群体，你的功能和责任，甚至包括你在家庭角色扮演过程中的逻辑。

---

① 所谓的镜像阶段是指这样一种现象：当不会说话步履还趔趄的幼儿看到自己在镜中的映像时会十分高兴，并且对这种镜中映像的兴趣持续好长一段时间。这与灵长类的其他种属在镜前的举动有很大区别。拉康指出，幼儿在镜前的这种表现实际上是幼儿心理形成的一个重要的步骤。幼儿看到了自我，更确切地说，镜中的映像助成了幼儿心理中"自我"的形成。幼儿心理有了"这就是我"的想法，这个"自我"的重要性是不言而喻的，它是人得以安身立命的根本；是人觉得是在度过同一个生命的原因。——参见拉康著，褚孝泉译：《拉康文集》，第89～96页，上海三联书店，2000年版。

个人与个人、群体与群体之间表现出的文化差异,构成了文化的多样性。每一个事件、每一个物品的说法是文化的证明。每一种文化都有解释世界和处理与世界的关系的特殊方式。因为每一种文化的形成都有无数不可重复的要素,因此文化又具备了变化的多种可能。"文化的富于创造力的多元性"①告诉我们,只有"通过对所有文化(具有容忍他人的价值观)间的差异积极主动地尊重"才能确保人们拥有享受自己文化的自由,拥有认识和理解其他文化的自由。文化全球化也唯以此做基础,才有利于促进不同文化间的交流与融合。

文化既是人类创作的精神产品——小说、电影、绘画、舞蹈、音乐,也是知识系统;是一种包含了传统和个人成长经历的习得与修养;是社会个人和群体生存、发展所遵循的成规——意识形态、道德价值观、信仰、主体身份等。

文化是规矩,无规矩不以成方圆。

借用索绪尔对语言规则的解释,文化的形成也是随意的、约定俗成的、武断的。同时,个人甚至群体对它的任意改变也是不可能的。但是,文化不是那种"同质的、完整的和前后一致的实体","当代的政治、经济和社会生活的全球化,已经导致了文化的进一步渗透和重叠,文化在特定的几种文化传统的社会空间的共存以及文化经验和实践的更加活生生的相互渗透。"②这个过程成为现代大众传播(传媒)和运输业、旅行以及旅游业快速发展的理由,同时,这些行业尤其是现代传播也成为这个过程的催化剂和过程本身。现代传播的普及与全球化过程同步发生,彼此相携。

现代传播活动在这个过程的作用是什么呢?

传播首先是一种文化行为,这句话包含的意思是:任何传播都有文化背景。人际传播有政治文化、族群文化、性别文化等背景;国际传播(跨文化传播)有全球化背景和国家、民族背景;组织传播也因了体制和传统的差异,构成组织结构和上下关系的区别;大众传播由于涉及面广泛,根据每一个信息的来源和传播者的意图具有了不同文化的印痕。大众传播——包括广播、电视、报纸、杂志、网络等专门从事信息传播的机构,是有组织的、有系统的、有目的地通过大众媒介面向大众公开传播信息。由于大众传播的日常性、随意

---

① 联合国教科文组织《世界文化报告——文化、创新与市场(1998)》,序言,关世杰等译,联合国教科文组织、北京大学出版社 2000 年版。

② 联合国教科文组织《世界文化报告——文化、创新与市场(1998)》,序言,关世杰等译,联合国教科文组织、北京大学出版社 2000 年版。

性、反复性、高普及率,影响或者生成着大众的文化。所以说文化是传播的基础,传播是文化的表征和积累。大众传播媒介通过传播信息传播文化,同时它的传播逻辑也是一种文化,它也在强化和建构文化。

文化与传播的关系可以通过以下方面获得理解:

1. 文化作为一种成规、规则(潜规则)没有直观性,我们根据文化的表征(用一个符号代替另一个符号,表示寻找替代的过程)知道文化的意义。在这个意义上,文化是内化的意识,是观念和思考模式,也是一种话语方式。

2. 文化通过传播被人们认识和理解。传播的方式很多:传统的口耳相传、文字相传,现代各种电子媒介和公共活动等。每一种传播方式的问世和被选择又是一种文化的结果。大众传播的传播特性使接受传播内容的人维护或者改变自己的文化观念。

3. 传播提供的不仅仅是事件的信息,也提供价值观念。因为传播信息的同时,也在传播信息本身的文化价值。媒介既是一种文化表达工具,自身也是一种文化。

传播者的文化身份和传播工具的意识形态性都具有文化意义。传播加强了人们的身份认同和"他者"的存在,同时也促进了跨文化的沟通和联系。每个人的文化身份决定了不同文化群体或不同地域、族群、宗教、性别文化的差异。如一条七色彩带,在中国的文化环境中,被视为绚丽夺目的装饰物或用具,而在美国却是同性恋的一种标志。这种文化上的差异,需要在彼此间的知识和信息的传播活动中给予正确的解释,而不是永远的误解。所以说传播是文化认同和不同文化身份的人们彼此了解和认可的主要路径。

4. 大众传播媒介迅速发展,导致同质化、多元化文化传播,传播行为本身和传播内容逐渐影响大众的文化认同和文化适应。大众传播媒介提供了彼此认识差异、彼此又交织在一起的文化网。

5. 由于文化的接触和交流充满了不和谐之声,文化的互相渗透、影响也不总是公正的。承载文化传播的传媒既提供各种文化知识,其中也包括强化某种文化,削弱另一种文化。这其中的原因是复杂的。因为个人和群体对文化的认同有一种选择,选择被限定在一个更大的范围内:忠诚于国家、微观或宏观的地区文化、语言团体和精神社团等。

笔者参观西安半坡遗址时,在展览厅的介绍中抄写了下面一段文字,与读者共同体味"文化"的意义:

人类活动把天然存在的"生土"变成"活土"，

其中往往夹杂着有意无意放置或无意遗弃的各种物品，

这就是"文化层"，它包括着丰富的信息。

文化层通常是层层叠压的，就像一本书的一页一页纸，

"书"越厚，"写"的时间越长。

摘自《西安半坡遗址》

目 录
CONTENTS

第一部分　文化与传播的知识

第二部分　文化与传播实践

文化与传播的知识

第一章
文化的论说

　　特瑞·伊格尔顿说,文化(culture)是英语中两三个最为复杂的单词之一。[①]

　　关于文化的论说也特别丰富和复杂。这一方面说明文化概念的重要程度,另一方面也说明文化的无处不在,难以在一个点上被全部囊括。

第一节　文化的定义

　　约翰·费斯克说,文化是"感觉、意义与意识的社会化生产与再生产。将生产领域(经济)与社会领域(政治)联系起来的意义领域"。"文化一词属于多重话语,它能在若干不同的话语中游走。这意味着你不能将某个固定定义引入任何文本和所有文本,并指望都讲得通。你不得不做的,就是识别话语性的文本本身。"[②]联合国《世界文化报告》中对于文化的解释在每一个主题下都会得到表述,这些表述因为针对的问题不同也出现区别。例如,文化从广义理解是"人们生活在一起相互作用、相互合作的方式——同时也是他们通过一套价值观、信念和规范体系,使这些相互作用合理化的方式。在这个界定中,文化是一个描述性的名词,而不是规范性的"[③]。

---

　　① 特瑞·伊格尔顿著,方杰译:《文化的观念》,南京大学出版社 2003 年版,第 1 页。

　　② 约翰·费斯克等著,李彬译注:《关键概念 传播与文化研究辞典》,新华出版社 2004 年版,第 62～63 页。

　　③ 联合国教科文组织编著,关世杰等译:《世界文化报告——文化、创新与市场(1998)》,联合国教科文组织、北京大学出版社 2000 年版,第 270 页。

斯图亚特·霍尔称,在意义领地把不同区域联系起来的过程叫做文化循环。[①]霍尔对文化循环的具体论述是:

1. 意义事实上产生于几个不同的情景,并通过几个不同的过程或实践进行循环(文化循环)。意义给我们自己的身份、我们是谁以及我们归入哪类人以一个概念。高更关于"我们是谁?我们从哪里来?我们到哪里去"的画作就是关于我们自己的文化的追问。

2. 意义持续不断地在我们参与的每一次个人及社会的活动中产生出来,并得以交流。从某种意义上说,这是文化与意义的最具特权的场所。

3. 意义通过各种不同的媒介产生出来,尤其是目前,通过复杂的技术,通过现代大众传播媒介这种全球通讯手段产生出来,这使得意义以历史上从未有过的规模和速度在不同的文化之间循环起来。

4. 意义还产生于我们用文化"物"表现自己的意思,利用、消费和占有文化物时,也就是说产生于我们以不同的方式把它们结合进每天的日常定规仪式和实践活动中,以及这种方式给它们以价值和意义之时。意义还规范和组织我们的行为和实践——意义有助于建立起使社会生活秩序化并得以控制的各种规则、标准和惯例。因此,意义也是那些想要控制和规范他人行为和观念的人试图建立和形成的东西。

文化已经从原来要根据另外一些因素才可得到实体性解释的东西,现在变成了与社会文化基础或社会"深层"文化符码相关的原文化问题。[②]

以上关于文化的解释首先强调了文化是一种意义,是一种意识。其次,将文化看做是意义生产的过程。在第二点上,延伸出不同的理解。有的观点侧重对过程的分析,有的观点致力于对文化和意义最具特权的场所的探究,也有对文化之间的循环和规则进行揭示性表述。尽管这些方面难以用一句话概括,但是,不同层面和角度对于文化的考古,给我们建构了文化研究的视野和观察的通幽之路。第三,和其他寻访之路不同的是,这种寻访本身就在文化之路上,每一步都存在着文化的印记,这些印记一路延伸,犹如春草一般更行更远还生。就此而言,文化又是一个永远可以在他处寻访到的意义互动链,链接越多,关于它的理解和表述越丰富,这就是文化的多元性。

[①] *Representation:cultural representations and signifying practices*,Stuart hall SAGE Publications 97

[②] 麦克·费瑟斯通著,刘精明译:《消费文化与后现代主义》,艺林出版社 2000 年版,第 16~17 页。

一、"文化"的字源分析

1. 文化源自农事、耕作

根据文化的英语语言学词典的定义,文化一词源自拉丁文,被解释为耕作土地(husbandry)。或者可以理解为对自然物生长过程实施管理。这样,文化可以指发生在土地上耕作、播种、收获的形式,包括栽种、培植、收获全过程的每个已经确认的步骤。如在电视连续剧《天下粮仓》中表现出的"钦耕"的全部过程[①](参见图 1~4):

......

乾隆下令在耕藉大典前君臣耐饥三日,以示心诚。于是一场考验众大臣的斋戒开始了。第二日,张廷玉年老体弱身体摇摇欲坠,米汝成偷偷塞给他一张麦饼,却不小心滚到刘统勋的脚边。章京过来查验刘统勋,未发现食物,原来是田文镜帮他藏了起来。刘统勋冷冷地表示,尽管田文镜帮了他,但他不会感谢他,而且还会摘他的顶戴。田文镜针锋相对,说他们之间的较量刚刚开始。

耕藉大典上耕牛意外跪地,泪流不止,让乾隆彻底坏了心境。田文镜称这都是刘统勋的画引起的,必须将画焚毁,乾隆让太监把画锁进箱子,压上镇邪石。

......

---

① 钦耕是指每年春耕伊始,由皇帝钦耕开春第一犁的一种仪式。开犁前,除了皇上以外,宫内大臣都要禁食三日,皇帝也要素食三日,以体会粮食之重要,并重视耕作之事。上文摘录自《天下粮仓·第五集》剧本。

《天下粮仓》1

《天下粮仓》2

《天下粮仓》3

《天下粮仓》4

在古汉语中,文的意义之一是礼乐制度。《论语·子罕》:文王既没,文不在兹呼?[①] 化作为后缀,表示某种性质和状态。化古意之一是指生,造化,自然界生成万物的功能。《礼乐》:"和,故百物皆化";又,习俗,风气。伤风败俗。

以上四幅照片记载了"钦耕"过程的重要环节。"钦耕"的整个仪式之所

---

① 《辞源·二》,商务印书馆 1980 年版,第 135 页。

以是文化,因为它的每一个环节都被意义占据,这些意义也许就是一团要纺织的麻,织就的麻绳是意义的终结,终结也会成为麻。成为绳的时候形成了社会与事物的规律、程序、秩序和习俗。

"钦耕"的仪式承载的文化意义有:中国古代以农耕为主的生产模式;皇帝钦耕体现了皇帝对农事的重视,民以食为天,崇拜农业。钦耕过程的繁缛、凝重和秩序表现了皇帝的威严和高高在上(鞠躬、长跪——身体的匍匐、行动的艰难均表达内心的真诚。三跪九叩——通过次数以示尊贵之位。高台阶给下人永远的仰视效果)。其中的祭祀也是当时人与上天、自然的关系的一种理解。

关于皇帝钦耕的文化意义,法国传教士 1727 年写给另一位神父的信中也有细致生动的描述:①

> 中国人的治国箴言是,皇帝应该耕田,皇后应该织布。皇帝亲自为男子作表率,让所有的臣民都不得轻视农业生产。皇后为妇女们作表率,教她们最普通的手工劳动……中国古代开国皇帝都遵循这个习俗,亲自耕作、大部分的后继者也仿效他们。新皇帝雍正服丧期满,就宣布他每年春天要亲自开耕……为了亲自准备牺牲祭天,皇帝预先三天不进食,受命陪同皇帝耕作的人也应该三天不进食……阴历二月二十四日,雍正皇帝和全体朝臣都穿着礼服到指定的地点去祭天,皇上在扶犁前先祭供牺牲,祈求上帝让土地增收和保持好的收成……雍正皇帝扶着犁耕了好几个来回,他一放下犁,就有一个血系亲王接过去……几块地耕完以后,雍正皇帝就开始播五谷种子。

2. 理解为"公民"(拉丁文公民—civis)

公民作为一种政治身份,是希腊城邦政治结构之中的一个角色。希腊文的"公民"(Polites)一词就由城邦(Polis)一词衍生而来,其原意为"属于城邦的人"。作为公民,首先认识自己的身份和政治角色,并且确认和承担由此而来的权利义务。认同他们与公民团体即城邦之间关系的看法,彼此之间有一致的政治价值取向。公民观念的核心内容就是公民对自己"属于城邦"这种政治角色的认同。亚里士多德对希腊城邦的概括是:判别一个城邦,不是以

---

① 杜赫德编,朱静等译:《耶稣会士中国书简集·中国回忆录》,大象出版社 2005 年版,第 264～265 页。

人口、城垣等为标准,而是要看它是否由公民组成。雅典城邦中的公民所归属的国家是公民共同体,而不是君王,他们臣属于这个公共体。这是公民概念的原始含义。

公民在一生中,就是根据年龄依次进入城邦公共生活领域。他们先成为家庭和村社的成员,成年后,经过庄重的仪式取得公民资格,成为属于城邦的人。公民的这种特殊身份,是部落向城邦演进过程中部落成员保留下来的一项"历史权利"。公民臣属于城邦——集团,公民身份的认同自然形成内部一体化的心态。城邦被看做是一个有机整体,自己是其中的一个组成部分,个人的价值依赖于整体价值。个人的财产、家庭、利益、荣誉、希望,他的肉体生命与精神生命,他整个的生活甚至死后的魂灵都属于城邦、系之于城邦。在城邦中,有他的一切,失去城邦,便失去一切。① 讨论城邦与公民的关系,可以帮助我们理解文化成员与所属文化群体的关系。

《中华人民共和国宪法》第 33 条中规定:"凡具有中华人民共和国国籍的人都是中华人民共和国公民。中华人民共和国公民在法律面前一律平等。任何公民享有宪法和法律规定的权利,同时必须履行宪法和法律规定的义务。"公民,是指具有一个国家的国籍,根据该国的法律规范享有权利和承担义务的自然人。在《中华人民共和国民法通则》中,民法通则同时使用了"公民"和"自然人"两个概念,该法所使用的"公民"概念和范围,与该法所称的"自然人",则是泛指在我国领域内一切具有自然生命形式的人,包括具有中华人民共和国国籍的中国公民和外国人以及无国籍人。显然,从法律的角度来看,在一个国家中生活的自然人,不等于就是该国公民;"自然人"的范围,大于"公民"的范围。

与希腊城邦的公民相比较,今天的公民在法律属性方面,是以一个国家成员的身份,参与社会活动,享受权利和承担义务。公民的存在,离不开自然属性,而公民的本质,则反映了其法律属性。而一旦作为公民,不仅受到"护照"般的保护,任何一个针对某国在外国公民的非法行为,都会受到公民所在国的保护。

从文化方面考察,公民意味着隶属于某个群体的个人。强调个人在文化群体中的隶属关系。任何一个族群、团体、社会都有自己的一套说法,以此证

---

① 参阅威尔·杜兰著,幼狮文化公司译:《世界文明史·希腊的生活(上)》,东方出版社 1999 年版,第 334—337 页。

明自己的独特性。个人成群靠什么？群体的独特性靠不同于其他群体的装饰或行动方式——标记、暗号、衣着、仪式、言谈……社会分成不同的群体（或阶层），每个人分别属于这些阶层或者群体。属于某一个群体的个人，都有一种文化身份，确认你对这个群体的文化认同。作为公民的文化所指，强调文化是一种不同于其他民族的生活方式。不同的生活方式形成人们的文化差异。

从文化的字源分析，我们得知文化是一种规则，它使事物、意义、语言联系在一起的，互相激活，同时它又限制和规定了它们联系的范畴。

对于文化作为一种规定意义的关系，可以用以下两个例子继续说明。

其一：关于砖与墙的关系

图 1 砖

图 2　标准墙

图 3　墙（城墙）

图 4　拆毁的柏林墙

　　在图 1 中我们看到的是一堆红砖,不是墙。因为砖头的堆放没有墙的结构。我们把图 2 称作墙,是因为它具备了墙的形状,这个形状是由砖头根据墙的结构砌起来的。把图 3 称作城墙是因为它既有墙的结构模式,又有城的功能和样式,但其组成元素还是砖与粘合物(泥等)。如果把图 2 推倒,如图 4 所示,柏林墙被推倒后又成为一堆砖头了。[①]

　　当我们把一堵墙上的砖块全部拆下来放在地面上,从数量上看,什么损失也没有。但是墙不在了。一个结构——成为墙的规则被破坏了。

　　其二:晶体与晶体结构

图 1　晶体

　　我们用近图 1～2 继续解读,一块晶体摔在地上,它虽然碎了,但不是杂乱无章地裂解,小碎片是按照解理线分开的。这些解理线由特定的结构所决定。尽管你看不见它的存在。文化的结构也是这样,一种简单的结构开始,不断变化形成复杂的结构。每一种文化都是关系的复合体。它不是产生整体的材料,而是构成整体的蓝图。同时,每一种文化都是有基本要素构成,这些要素有可以直接观察的,也有间接领悟的。任何领悟都在一个文化的地平线开始。就文化研究而言,结构是先于材料——要素而存在的。也就是说这些要素进入到文化的结构中,才有了文化的意义。

---

　　① 当我们用这 4 张照片说明砖与墙的区别时,忽略了城墙、柏林墙的文化意义。

图 2　原子晶体结构

二、文化作为表征[①]系统

霍尔认为:"表征意味着用语言向他人就这个世界说出某种有意义的话来,或有意义地表述这个世界。"表征又是"某一文化的众成员间意义产生和交换过程中的一个必要组成部分。它的确包括语言的、各种记号的及代表和表述事物的诸形象的使用。但是,你很快发现,这决不是一个简单的和直接的过程"[②]。

霍尔认为,文化意义过程的核心有两个表征系统。[③]

关于具体事物的概念和心理表象系统,霍尔认为,我们依靠我们头脑中拥有的一套概念和心理表象系统,把所有种类的物、人、事联系起来。是我们解释世界的首要条件,它是"能够指称我们头脑内部和外部两种事务的各个

---

　① 表征的一个通常用法是"《牛津英语简明词典》给出此词的两个相关意义:1. 表征某物既描绘或摹状它,通过描绘或想象而在头脑中想起它;在我们的头脑和感官中将此物的一个相似物摆在我们面前;例如下述句子中的情形:'此话表征了该隐对亚伯的谋害。2. 表征还意味着象征,代表,做(什么的)标本,或替代;如在下述句子中的情形:'在基督教里,十字架表征了基督的受难和受刑'。"引自斯图尔特·霍尔著,徐亮等译:《表征》,商务印书馆 2003 年版,第 16～17 页。

　② 引自斯图尔特·霍尔著,徐亮等译:《表征》,商务印书馆 2003 年版,第 15 页。

　③ 参阅斯图尔特·霍尔著,徐亮等译:《表征》,商务印书馆 2003 年版,第 16～18 页。

概念和形象的系统。"例如,当你走进餐馆以后,你知道哪个是就餐的桌子,哪个是付账的柜台。你还知道菜单,也知道菜单所写的鸡、鸭、鱼、肉是什么。你认出了这些,是因为你在阅读、观察——思想的过程,根据你的头脑中拥有的关于此物的概念——知识"认出"了它们。"认出"就是你关于此物的概念的使用过程。

我们看见一个物,我们能够形成我们关于这个物的概念——词,这是一种简单的方法,感觉或触摸的过程与我们已经有的概念发生了关系,眼前这个物就被我们"认出"了。

但是,那些不能够用简单的方式看见、感觉或者触摸到的模糊和抽象的事物,经由我们"认出",也与我们头脑中的一套概念和心理表象系统有关,这个系统要复杂得多。

关于抽象的概念和心理表象系统,事实是我们可以知道那些未曾或者不可能看见、感觉或者触摸到的事物的名称——词,这是因为有一个复杂的表征系统一直帮助我们"认出"它们。霍尔认为,这个系统是由对各个概念的组织、集束、安排和分级,以及在它们之间建立复杂联系的各种方法所组成。例如,我们认出战争与和平、天堂与地狱、复仇与宽恕、仁慈与残暴这些意义的过程。

霍尔就此有生动的比喻①:

> 我有一个观点:从某些方面而言,鸟儿像空中的飞机,这观念依据的是由于它们二者都会飞所以它们相像的事实。但是我还有一个观念:从其他方面来看它们是不同的,因为一个是自然的一部分而另一个是人造的。形成各种复杂观念和思想的诸概念间关系的混合与比照之间之所以可能,是因为我们的各种概念被安排进不同的分级系统中去了。在此例中,第一个观念依据是飞与不飞二者间的区别,而第二个观念依据的是人与自然二者间的区别。在所有起作用的概念系统中还存在像这样的其他组织原则,举例来说,按次序(哪个概念在哪个概念之后)或按因果关联(哪个引起了哪个)等等分类。这里关键的一点是,我们所谈论的不是随意的概念收集,而是被组织、安排、分级到种种复杂的相互关系中去的诸概念。那

---

① 斯图尔特·霍尔著,徐亮等译:《表征》,商务印书馆 2003 年版,第 17~18 页。

才是我们概念系统的实际情形。

当人们在交往的时候,属于相同文化团体(相同文化身份)的人们,彼此之间有"共享的意义或共享的概念图"。"共享的概念图"使交往的彼此用差不多的方法理解和解释世界。"共享的概念图"必须被翻译成一种语言,"使我们能将我们的诸概念与观点与一定的书写语词、讲话的声音或视觉形象联系起来"。这些语词、声音和形象总的术语叫做符号。霍尔认为,正是这些符号在创造我们的文化意义系统的时候,表征了我们头脑中的诸概念以及它们之间的概念的关系。[①]

关于这样的两个表征系统,霍尔总结说:"第一个系统使我们能赋予世界以意义。第二个系统依靠的是我们的概念图与一系列符号之间建构一系列相似性,这些符号被安排和组织到代表或表征那些概念的各种语言中。"[②]表征就是将事物、概念和符号联系在一起的过程。

三、文化人类学

威廉·A.哈维兰给文化的定义是:文化由抽象的价值、信念和世界观构成。价值、信念、世界观是人们行为的理由,而且反映在人们的行为之中。社会成员共享这些东西,当人们遵照它们行动时,它们形成其他社会成员可以理解的行为。[③]

我们关于文化的认识自然是通过人们"遵照它们行动时",或者针对行动的结果获得的。人类社会有各种不同的文化现象,文化人类学"是对常识进行研究"的科学。因为人类学理论关注的"正是文化形式和社会规则这两个密切相关的问题"[④]。人类学术语中"文化"是指整个人类环境中由人所创造的那些方面,即包括有形的和无形的观念、信仰、价值、行为方式、思考方式等"民俗"[⑤]的描述。在社会实践方面,人类学对诸如政治、经济、亲属制度、宗

---

① 斯图尔特·霍尔著,徐亮等译:《表征》,商务印书馆 2003 年版,第 18 页。
② 斯图尔特·霍尔著,徐亮等译:《表征》,商务印书馆 2003 年版,第 19 页。
③ 威廉·A.哈维兰著,瞿铁鹏、张钰译:《文化人类学》,上海社会科学院出版社 2006 年版,第 35 页。
④ 麦克尔·赫兹菲尔德著,刘珩等译:《什么是人类常识——社会和文化领域的人类学理论实践》,华夏出版社 2005 年版,第 1 页。
⑤ "我们一贯擅自将有关'民俗'的描述视作人类学的概念范畴——或者人类学对文化的概念解释。"麦克尔·赫兹菲尔德著,刘珩等译:《什么是人类常识——社会和文化领域的人类学理论实践》,华夏出版社 2005 年版,第 36~37 页。

教、审美观念等社会领域进行研究。这其中也包括了各种关系谱系等。

"文化大致通过语言习得，而不是生物遗传，文化的各个部分作为一体化的整体起作用。"①因此，人类的所有行动都不是自然行动，人类的行动是一种"自我"②——格式化的行动。一种文化是指某个人类群体独特的生活方式，这种生活方式不是自然而然，是一个群体的历史延续。因此，"人类学有关'文化'的概念与自我建构的民族认同具有历史的相似处"③。

文化是延续和正在进行的表征系统。它通过我们的头脑描绘或摹状搭建一个与某物相似的物，通过它认识某物。例如，照相、作画、语言描述等；它具有被整个群体共享的倾向，或是在一定时期中为群体的特定部分所共享。例如，民族自豪感。作为生存式样的系统强调文化不仅有内容，而且有结构。④

由于人类关系的复杂性，即使一些简单的事情，也会裹上文化模式的外衣。例如，一日三餐与饿了就吃。其中一日三餐是通过人们对于饮食与健康关系的多次实践被确认下来的，同样，非一日三餐被看做是不健康的饮食习惯了。与一日三餐有关系的是白昼与黑夜的永无止境的交替，是人们根据这个规律制定的作息时间要求的。而饿了就吃，会被视为不健康的饮食，健康饮食又与文明程度发生关系。所以说"每一事件都是另一事件之子，因此，我们任何时候也不要忘记这一亲族关系"⑤。

"真实"与具体的问题——当代人类学的最大进展是认识到在这个人的世界中，除了人工制品、书籍、单个个人等具体直接观察、证实的物质体之外，还有更多的东西也是真实的。这些东西在文化的范畴中，那就是全部的"知识、信仰、艺术、道德、法律、风俗以及作为社会成员的人所掌握和接受的任何其他的才能和习惯的复合体"。⑥从这个意义讲，文化也是真实的，只是存在方式和实物有所不同。

因此，文化与可以观察的行为区分开以后，关于文化的定义更倾向于指

---

① 威廉·A.哈维兰著，瞿铁鹏、张珏译：《文化人类学》，上海社会科学院出版社 2006 年版，第 35 页。

② "我们在自己开始无知之处，在自己不能继续观察之处，便放入一个词，例如'自我'这词，'行为'这词，'痛苦'这词：——也许这是我们认识的地平线，但不是真理"。尼采著，周国平译：《偶像的黄昏》，光明日报出版社 2001 年版，第 118~119 页。作者引用尼采这句话，不是探讨"自我"的真实问题，而是说"自我"作为认识的地平线，已经是一个文化的结果了。

③ 麦克尔·赫兹菲尔德著，刘珩等译：《什么是人类常识——社会和文化领域的人类学理论实践》，华夏出版社 2005 年版，第 36~37 页。

④ 结构：是各部分之间相对固定的关系，不是各部分或者各要素本身。

⑤ 爱德华·泰勒著，连树胜译：《原始文化》，广西大学出版社 2005 年版，第 3 页。

⑥ 爱德华·泰勒著，连树胜译：《原始文化》，广西大学出版社 2005 年版，第 1 页。

称构成行为的抽象的价值、理念、世界观。文化的功能是可以被人们用来解释现实行为、经验,同时也构成人们的行为。文化虽然不是现实的行为本身,但是,文化却反映在这些行为之中。

强调文化的共享性是文化人类学与人文主义文化的主要区别之一。文化人类学认为"文化是人类一套共享的理想、价值和行为准则"。[①] 有了这个共同的准则,在一个社会群体中,个人与个人彼此之间能够互相理解,认可生活的意义,分享共同的文化,使人们能够预见他者在特定的环境中会采取什么样的行为或者做出何种反应。文化的共享性还强调了文化差异。在一件事情上,人们不可能具有同样的文化立场,即使在同一的文化中,也有某些导致变量的因素,例如,一个社会中起码有男女角色的区别。每一种文化都告诉人们差异的存在和如何彼此适应差异,同时与整体世界相适应。

四、人文主义[②]与文化

"人文主义一词一百多年来一直与文艺复兴运动及它的古典研究相关,但在近年,它成为哲学和历史很多困惑的根源。今天,几乎任何关涉人的价值的论述都被称作人文主义的。"[③]人文主义是一种哲学理论和一种世界观。人文主义以人,尤其是个人的兴趣、价值观和尊严作为出发点。对人文主义来说,人与人之间的容忍、无暴力和思想自由是人与人之间相处最重要的原则。现代的人文主义开始于启蒙运动,在启蒙运动中人文主义被看做是不依靠宗教来回答道德问题的答案。在启蒙运动的人文主义中,超自然的解释一般被忽略,人们将这种人文主义也称为"世俗人文主义"。在各个主要的宗教中也有人文主义,在这里,一般人文主义与该宗教的信仰和传统相结合。也有的人文主义运动认为,人有参加仪式和规则的需要,并组织一定的团体来满足人的这种需要。

在文艺复兴的早期阶段,语法、修辞、诗歌、历史、哲学都被称作人文学。

---

① 威廉·A.哈维兰著,瞿铁鹏、张珏译:《文化人类学》,上海社会科学院出版社 2006 年版,第 36 页。

② 在欧洲历史和哲学史中,人文主义主要被用来描述 14～16 世纪出现的比中世纪先进的思想。在历史学和文学的表述中,这段时间文化和社会上的变化又称为文艺复兴,将教育上的变化运动称为人文主义。人文主义来自拉丁文中的 *humanitas*,古罗马作家西塞罗就已经使用过这个词了。德国启蒙运动时代的哲学家将人类统称为 *Humanität*,当时的人文主义者称他们自己为 *humanista*。而 *Humanism* 这个词却一直到 1808 年才出现。

③ 克里斯特勒尔著:《文艺复兴思潮及其根源》,1979 年,第 21 页。转引自尼古拉斯·布宁、余纪元编著:《西方哲学英汉对照辞典》,人民出版社 2001 年版,第 450 页。

在这些学科做教师的人就被称作"人文学者"。这些教师找到了一种人类理想的模式。这包含了人与自然的统一、对人类理解力量的自信以及享受生活快乐的能力。他们试图通过自己的教育发展与这种模式相符的人的个性。因此,人文主义最初的含义是对一种人性的追求。由于人们相信这种人类理想已在中世纪失落,这样的教育纲领就成为解放思想运动,成为文艺复兴文化中最为普及的内容。

人文主义也是 20 世纪早期发生在美国的一场思想运动。它是通过肯定一系列人的根本价值来强调人类尊严的态度。但是,美国科学理性的人文主义与文艺复兴时期的"人文学"的说法存在很大差异,文学人文主义接受自然与人之间的二元论观点,断言人的源出是比自然更高的一种对实在的直觉一瞥;科学人文主义主张能够赋予价值新的意义,断言依靠知识和力量,我们能够获得真正的启蒙和力量;宗教人文主义否认圣者和俗人之间的区别,主张人是自然的一部分,是作为连续的进化过程的结果而出现的。宇宙不是被谁创造的,是宗教中那些对人有意义的行为、意图和体验构成。①

人文主义认为的文化是代表了人类终极价值的理想模式,不是人类学术语中的"文化"(整个人类环境中由人所创造的那些方面,包括有形的和无形的观念、信仰、价值、行为方式、思考方式等"民俗"的描述)。"文化"是从人的各种活动、兴趣和作品中选择出来的,能够代表人类"向往人性的追求"的部分。这些部分可以用真、善、美来概括。于是,文化就有了高雅之说,产生一套选择的标准。人们为了区别文化的高低之差别,通常将其分为:精英文化、大众文化。在美学标准的衡量下,人们日常生活实践中具有的模式以及内容被排除在文化之外。

对于这种文化的感受和领悟,但丁②《神曲·天堂篇》的诗句有动人的体验:

......

我的已经变得洁净无垢的眼光,

如今正在愈来愈多地直射到

---

① 参阅尼古拉斯·布宁、余纪元编著:《西方哲学英汉对照辞典》,人民出版社 2001 年版,第 449 ～450 页。

② 恩格斯这样评价但丁"封建的中世纪的终结和现代资本主义纪元的开端,是以一位伟大的人物为标志的。这位人物就是意大利人但丁。他是中世纪最后一位诗人,同时又是新时代的最初一位诗人"。但丁被称作意大利文艺复兴的先驱人物,《神曲》是他的代表作品。

那本身是真实的至深的光明里。

······

因此,我现在想起,我那时曾壮着胆子

尽量久久地观望那光芒,

使我的眼睛跟那无限的善结合。

我看到了全宇宙的四散的书页,

完全被收集在那光明的深处,

由慈爱装订成完整的一本书卷;

······

因为善,那意志所追求的目标,

完全集中在那光明里,在它之外

有期限的东西,一到里面就成完整

······

由于我在看的时候眼力在增强,

那唯一的颜容就在我变化的时候,

也在我眼光里发生变幻的作用。①

······

《神曲》中提到的真、善、慈爱、光明、完整等都作为人文主义的文化理想或者标准,激发着人们的生活热情和思想"变幻"。

但是,如果强调文化的标准,我们就可以根据这些标准说一些人比另一些人有教养,一种社会比另一种社会更有文化。这一点如果可以坚持的话,必须有一个前提或者是信念不能动摇,即人类存在普遍的价值,犹如普世伦理的宣言宣称的立场和主张,否则就会导致种族中心主义。例如,在考察关于人类发展的文化标识时,自然涉及以规范性标准为基础的评估。"可以用这些标识估量一个民族的发展水平是否高于另一个民族。所以,他们可以根据人类幸福的平均水准来对各民族进行排名——或者对国家进行排名。"②

站在人类学的立场来看,涉及对文化价值的判断,就会有种族中心主义的倾向或嫌疑。因为,如果你否定地评价另一种文化,是因为你不认可另一

---

① 但丁著,朱维基译:《神曲·天堂篇》,第238~244页,上海译文出版社1984年版。

② 联合国教科文组织编著,关世杰等译:《世界文化报告——文化、创新与市场(1998)》,联合国教科文组织、北京大学出版社2000年版,第281页。

种文化的价值。当这种文化被你否定时,在你那里一定会有另一种文化作为标准。同理,另一种被否定的文化也不认可你所肯定的文化的价值。

人文精神倡导者们关心终极价值问题。他们在社会规范伦理和德性伦理之间对后者更为重视。对于这种终极价值的追求和解释是文化精英们的责任。在这样的理解中,文化的差异被删除,文化势必会成为一种由精英构筑的生存形式。

人类学认为,人们需要文化和维持文化是为了认识、了解、对付与他们相关的难题和各种事情。文化的多样性提供了关于文化的更多的知识。尽管不同的社会群体有不同的文化,在肯定文化差异的同时,也要倡导人类的共同性,注意到这种共同性在不同文化中的表现。文化与一个社会认为理想的东西,具有一种特殊的、本质的联系。这种对各种文化理想的关心,应该更符合人文主义的基本立场。正如威廉·A.哈维兰所说,为了人们的生存"文化必须满足依赖其规则生存的那些人的需要,为了它自己的持续存在做准备,而且为其社会成员提供有秩序的生存方式","文化必须使个人利益和整个社会相妥协","文化必须有变化的潜力,以适应新的环境或适应变化了的关于现存环境的看法"。① 如果终极价值存在于作为人类的不同文化的根基之处,人类学关于文化共享的理论和人文主义关于真、善、美的理想会在这里"牵手"。

五、文化批判理论(Critical and cultural theory)

批判与文化理论关于文化的研究体现了明显的跨学科研究的特征。"事实上它们是综合了不同主题和方法的多层话语。"②批判与文化理论将不同的学科领域整合在一起,比如文学研究、文化研究、语言学、历史学、艺术史、政治学、社会学、人类学、地理学、媒体研究以及对自然科学的研究等等。

批判与文化理论自身的意义"总是可以跨越时空,得到重新界定"③。批判理论通常与法兰克福学派的活动有历史的关联,批判学派不断考察马克思的理论与当代文化的关系,旨在通过自我批判的方法超越对马克思理论的纯粹功能和实用的解释。今天,批判理论与文化理论常常相提并论,它与文化理论形成一整套的研究方法,这些方法激发了对一系列观念的重估和对现实

① 威廉·A.哈维兰著,瞿铁鹏、张珏译:《文化人类学》,上海社会科学院出版社 2006 年版,第 35 页。
② 丹尼·卡瓦拉罗著,张卫东、张生等译:《文化理论关键词》,第 1 页,江苏人民出版社 2006 年版。
③ 丹尼·卡瓦拉罗著,张卫东、张生等译:《文化理论关键词》,江苏人民出版社 2006 年版,第 3 页。

问题的新的关注角度,同时也提出了批判视域中的问题。例如,关于意义、历史、同一性、权力—霸权、文化生产和文化消费等等。这个过程也渗透着语言哲学、符号学、美学、表征理论、政治理论、精神分析学、女权主义、伦理学、认识论与自然科学理论的精神,也反馈到这些理论的思考当中。渗透与反馈都与大众传播过程有着十分密切的联系。

"批判理论与文化理论着意于彻底地质疑关于真理、价值、整体性、确定性等方面的传统观念",①它们对于语言可以传达确定意义的观念提出挑战,认为个人和集体的身份认同都是暂时的。所谓的"现实"是被构建的,是在有意识、下意识、无意识的惯例和习俗的基础上被表征的。

文化理论的阐释对象包含了一切社会经验意义的生活方式。文化既是人类生活的规矩,人类生活也是文化存在的依据。大众传播现象始终受到关注。

作为主要文化现象的大众传播文化被认为与 50 年代阿多诺和霍克海姆对文化工业消费者的电影观众的分析有重要的相似之处。阿多诺认为,在文化工业的逻辑中,作为文化的接受者如电影观众等是一群消极被动的接受者,在文化工业的同质化理念影响下,观众也成为一种单质、同一的群体。阿多诺和霍克海姆指出,电影是现代化工业的主要部分,它适应现代大众社会的需要,也起着巩固这种社会形态的作用。在统治意识形态的引导和文化工业的影响下,是庞大的社会机器所生产制造的标准化的复制品,而群众媒介正是这部社会机器能够正常有效运作的重要条件。②

费斯克以积极的态度阐释大众文化。他认为不存在一种宰制性的大众文化,大众文化是对宰制力量的反应,任何人都可以参与属于带有大众文化性质的活动,不论他是来自哪个阶层的人。一位富豪脱下平日里的名牌服装,穿上足球啦啦队的统一服装,在啦啦队里摇旗呐喊,他此时的趣味就是大众性的、社会性的。如果坐在"包厢"就不是了。"他"可能利用自己的权利影响或者控制啦啦队,但是不能改变啦啦队的秩序。宰制者无法完全控制大众在文化实践中建构的意义,例如,作为日常生活的文化其特征是"弱者利用那剥夺了他们权力的体制所提供的资源,并拒绝最终屈从于那一权力,从而展现出创造力"。③ 费斯克认为,这种创造力是由"身体的快感"驱动的。

---

① 爱德华·泰勒著,连树声译:《原始文化》,广西大学出版社 2005 年版,第 1 页。
② 参阅马克斯·霍克海默、西奥多·阿道尔诺(另译阿多诺)著,渠敬东等译:《启蒙辩证法》,上海人民出版社 2003 年版。
③ 约翰·费斯克著,王晓珏等译:《理解大众文化》,中央编译出版社 2001 年版,第 58 页。

这类身体的快感被看做是抵抗式的。因为身体的快感可以逃避或者对抗社会的规训,使大众获得解放的感觉。费斯克说,这种对抗式的快感保留了人民在反抗权力集团时所开创的文化领地。①

阿多诺等人认为,在文化工业的控制下,作为观众的大众是一群被动的消费者,是文化工业的被动制造者。费斯克的观点不同,他认为,文化工业的产品要想成为"商品",必须能够生产出多元的意义和快感来。当这些"商品"(例如节目、影视作品等)经由媒介传播的时候,接受方式是开放的,遥控器在观众的手中。当人们随意使用遥控器选择"商品"时,文化工业的宰制力量没有办法强迫人们按照已定的成规将那些内容放进自己的日常生活系列,也就是强调了大众的辨识力。"大众的辨识力并未局限于选择文本与文本的相关点,而是延伸到那传递文本的媒体,以及最适合'消费者'的社会文化位置与需求的消费模式。"②

六、文化价值说

关于文化价值讨论是针对日常观念中一种思维产生的,即把文化分成高级与低级两个部分,或者叫做精英文化与大众文化。与之相对应的人群被分成不同的文化群体,也随之变得高级或者低级了。显然,本书所言的文化不是在这个层次上展开的。文化作为一种成规,一种生活方式,只有差异造成的区别,并不存在优劣之分。"文化的进步或者衰退,不是按照想象的善和恶的标准来衡量,而是按照那种依据蒙昧状态,野蛮时期和文明时期(它们基本上是由于其现在的特性而产生的)的阶梯从一个阶段到另一个阶段的运动来衡量的。"③如古中国文化、古埃及文化、古印度文化、古巴比伦文化、雅玛文化;现代人们又分别称作东方文化、西方文化等。

对于文化的发展,爱德华·泰勒用低层次、高层次来区别。他认为,任何一种文化自身发展有从低层次到高层次的过程,但是就一种文化与另一种文化比较而言,没有高低之分了。因此,对于文化的态度,被称作人类学之父的爱德华·泰勒在其文化学的开山之作《原始文化》中这样说道:④

---

① 约翰·费斯克著,王晓珏等译:《理解大众文化》,中央编译出版社 2001 年版,第 65 页。
② 约翰·费斯克著,王晓珏等译:《理解大众文化》,中央编译出版社 2001 年版,第 186 页。
③ 爱德华·泰勒著,连树声译:《原始文化》,广西大学出版社 2005 年版,第 23 页。
④ 爱德华·泰勒著,连树声译:《原始文化》,广西大学出版社 2005 年版,第 128 页。

对于进步的文化,以及所有的科学文化,比较各层次的态度应该是:尊敬前人,但不卑躬屈膝;从过去获益,但不为了过去牺牲现在。但是,甚至当代的文明世界,也只是学会了这种思想方法的一半;公正的研究,可以向我们证明:我们的观念和习俗中许多东西的存在,与其说是因为它好,不如说是因为它老。

不过要使本来属于不同文化群体的并且有着确定文化身份的人们认识到这一点,不是一件容易的事情,尤其是在封闭的话语环境中。在一个多元文化交流的语境中,通过跨文化实践等方法,人们对于文化价值的认识能够有一个多元社会的立场。

关于习惯中将文化按照优劣进行区分的主要原因是:

1. 将社会制度与文化现象混淆在一起

对于文化价值的认可与对于一个社会制度的好坏之判断是不同的。关于一个社会制度有一个被认可的构成合理主张的基础。这个基础是:

"安全的'好'。为了确保个人生存和基本安全,基于个人的能力,个人应支配食品和其他物品＋享受公共卫生医疗。

'人权'。人权为各国普遍承认的权力,所有人都有这种权利。少数民族在支配文化变革中的利益,从原则上讲,就是基于人权。

战略上的好处。收入和财产,社会地位和受教育的机会,这些都可以被认为是超越文化,被普遍认可的'好'生活的组成部分。

'政治权力'。把政治权力作为一种好的原因,不是个人在自我立法或自治方面具有重大利益。我们必须承认,出于正义的目的,个人在影响社会机构(特别是当有多种选择授予他人时)时与个人利益相关。当前政治权力的分配给穷国人们的少,分配给富国人们和跨国公司的多。"①

文化是在某一特定时期普遍存在于人类群体的一组思想和行为模式,这些模式可以被观察,是精确的,但又是在发展过程中被认识到的,所以不具备操作性。例如,游戏规则可以改变,但是游戏过程不能改变。文化是一个过程,强调了规则性。文化作为一个民族的特殊偏好,主要是在自然状态下的潜意识选择的"爱好"。例如,爱好喝酒、爱好中餐,信仰佛教、信仰基督教这

---

① 关世杰等译,联合国教科文组织《世界文化报告——文化的多样性、冲突与多元共存(2000)》,联合国教科文组织、北京大学出版社 2000 年版,第 33 页。

些与前面谈到的制度中的安全、人权、收入、政治权力等没有直接关系。

2. 由于文化定义为复杂的系统

文化这个系统包括了知识、信仰、艺术、道德、法律、习俗和每个社会成员所需的能力、必须遵守的习惯等。这时候文化的价值随着群体文化内部成员彼此的认同具有的内聚力,使得同一群体中的个人之间达成一种默契,本能地维护自己的文化,使得文化因为取向不同导致差异。民族认同、个人自尊都会导致人们对文化进行价值优劣的判断。

如果说个人价值取向和生存环境决定了你的文化属性,你就说你所属的文化是优秀文化的话,其后果容易导致种族歧视。

3. 文化与知识有着多重的和复杂的关系

把信息加工成知识是一种创造性的文化行为,因为所利用的文化正是知识给予的。由于文化的认同和对文化的熟悉都可以在学习中获得,知识的多少造成的差异,移置到文化的范畴内,形成了人们以知识多少论文化多少的习惯。有一则广告表现了人们将文化与知识相混的现象,这是以爷爷和孙子的知识差异表现两代人的文化"高低":

> 背景——黄土高原。身穿对襟土布褂的爷爷与孙子。
>
> 孙子:爷爷,山的那边是什么?
>
> 爷爷:是山。
>
> 孙子:山的那边又是什么?
>
> 爷爷:还是山。
>
> 孙子:再那边是什么?
>
> 爷爷:是大海。
>
> 孙子:爷爷,我长大了要去看海。
>
> 背景——大海。
>
> 孙子(手拿电话,身穿西服):爷爷,我看到大海了!

从山到海,象征着文化的不同层次。这些层次的变化是通过背景的变化、孙子的服装变化体现出来的。山与海的对比,对襟土布褂与西服的对比,意味着孙子从山中走了出来,而走出大山的合法渠道就是求学。

如果仅从知识层面谈文化,文化是有优劣之分的。一个受到过正规教育的后辈,比他的父辈或祖辈有文化。如果文化是社会成员需要具备的能力,是一种可以习得的知识，文化是有区别的。但是，这似乎只应该限制在同一文化群体中个人之间对本群体文化认识的多少这样一个范畴内。不同的群体之间的文化没有优劣之分。

每一种文化对于群体中的成员来说都是有价值的。每个个体身上展示的文化特质，来自于他认同的本土文化。文化作为一种社会的表达方式，作为一种生活方式，并无所谓优劣。因为我们不能说爷爷是没有文化的。否则的话，像希特勒的日耳曼民族的优先论、勒庞①的法国人优先等种族主义的思想就成了合理的说法。

从社会活动的角度看文化的内涵，社会活动所包含的行动、思想、感受，是外在于个人的具有强制个人力量的一些成规。反映在个人身上表现出个人对社会的隶属性，或者叫归属感。归属感作为一种强制力量，常常会给个人带来快乐，也会形成压力。文化身份犹如身上的胎记，只不过这个胎记会随着所属文化群体的变化发生变化。

在一个大文化圈中，不同文化背景的群体由于其话语的支配程度不同，会遭遇不同的对待。

4. 文化与物质的关系

虽然"文化并不是独立于物质考虑之外的，但也不是安静地在物质考虑的后面，等待自己的出场"。② 人类的生活层面也有文化的问题，例如，饮食习惯、衣着装饰、房屋建筑等，这些内容的变化总是在一种经济背景下完成，文化与经济的关系自然十分密切。这种关系导致人们在对文化做出判断时，考虑到许多经济因素。因此，在很多地方，经济发达地区易被视作文化发达地区。

第二节　文化的形成

文化作为一种系统为人们提供了陈述意义、解释行为、总结经验、架构知识、解决问题的思维工具。因此，文化也被称作"人们思维的集体化程序或思

---

① 勒庞极右的主要特征之一，就是提倡偏狭的民族主义观，认为只有剔除"不良"元素"去芜存菁"，就能恢复民族的光辉，是以他们最常谈的就是排外反移民，强调所谓"本国人（实际只是主流族群）优先"。而这正是欧洲当今两位最臭名远扬的极右人物——法国的勒庞和奥地利海德尔的核心主张。参阅 http://news.sohu.com/28/08/news200600828.shtml。

② 联合国教科文组织编著，关世杰等译：《世界文化报告——文化、创新与市场(1998)》，联合国教科文组织、北京大学出版社2000年版，第265页。

维软件"。①

一、文化要素

文化系统由两个互相循环的层面构成,即显性层面和隐性层面。显性层面是文化的表层,具有物质性。人们可以通过语言(文字、声音、图像等)和事实所构成的成品中认识或者熟知文化。到一个新的地方,人们首先接触具有文化因素的建筑、衣着、言谈举止、习俗礼仪。节日、婚庆的不同形式比较集中地表征了文化的意义。例如,中国人在过春节时喜欢挂红灯笼,以红为喜庆色,结婚喜宴也是如此。在韩国,我们看到传统婚礼上人们穿韩服参加婚礼。取韩服表达郑重、庄严、古老等意义,也表现了韩国人对传统习俗的重视和文化方面的保守态度。当我们进一步了解到韩国是一个单一民族的国家后,我们对于韩国文化中传统要素的保持和沿袭给出了一个解释。这个解释来自显性层面的行为。显性层面的存在为后来的解释提供了足够的支持。显性层面提供的文化意义相对隐性层面比较容易理解。

隐性是一种二级或者二级以上的抽象。隐性层面由价值判断、义务判断和规范、倾向诸要素构成。价值判断是文化的核心部分,它不是直接与人们的行为相关的,它涉及人与动机、意图、品格等类似的事情。例如,"人不能说假话"体现的价值要素。

价值判断告诉我们什么是善的和什么是有价值的。价值判断确定了一个社会对人们行为的期盼,也是人们对一个社会的期盼。价值判断是人们一切行为的底限。与价值判断相对应的义务判断则告诉我们做什么是对的,或我们应该做什么判断、应该做的或者不应该做的、一种义务或者职责。它决定了人们对于"好"与"坏"、"重要"与"不重要"的一般看法。

在古希腊哲学中规范(nomos)有别于自然(phusis),因为规范通常也指法律或惯例,也用来表示成文法或不成文法,以及习俗、习惯与惯例等。这些东西都是人为的,而且是由人来制定或者修正的。

倾向——是指在一定的范围内变化的可能。每一种文化都有一种倾向,倾向有大范围或者小范围。

能够用来表现这些文化要素的有各种作品,主要包括文学作品、影视作

---

① 张新胜,王爱等著:《国际管理学——全球化时代的管理》,中国人民大学出版社 2002 年版,第155 页。

品、绘画、雕塑、建筑等。对于一部作品的评价常常来自人们共同认定的各种价值：如道德价值、终极信仰①、知识价值、产品价值等。另外，从人们的行为模式中也可以表现出文化要素。例如，公交车上给老人让座的行为，被看做是奉行尊老爱幼的生活价值观。

二、文化的获得

文化的获得通过三个方面：认知，教育，语言实践。

1. 认知

认知是指把外部世界带进意识并且给予其意义的活动，也就是我们常说的"搞懂它"，换句话说，认知是一个把外部世界的人、事、物转化成有意义的内部经验的过程，在这个转化过程中，人们经常使用的方法是选择、评估和组织。② 文化的获得是指在已经有的文化基础上的习得与实践。直接影响选择、评估和组织过程的是人的价值观、世界观、社会组织。

价值观被定义为一种持久的信仰，这种信仰支配人或者社会对一种行为方式或存在的终极状态的偏爱。价值观是可以习得的。文化价值观一般具有规范性，告诉其成员如何判断好坏、认识对错、什么值得做、什么不值得做等，文化价值观既赋予意义也提供标准。③ 吉登斯认为："规范是反映和体现某一文化的价值的行为规则。价值和规范共同塑造了一个文化成员在其环境中的举止。"吉登斯举例说，"在高度重视知识的文化中，文化规范鼓励学生在学习上付出更多的精力，支持父母为子女的教育做出牺牲。"④

世界观是一种对上帝、自然、生命、死亡、宇宙以及其他有关生命、"存在"的哲学问题的态度、认可和概念。"世界观帮助我们确定我们在宇宙中的地位和方位"⑤。例如，我们关于死亡、疾病和环境的概念，始终指导我们个人或者社会做出选择和确认追求目标。

---

① 终极信仰是指一个历史性生活团体的成员，对于生命与世界的意义的终极关怀，是与个人生命的最终价值取向相一致的信念，它没有功利性。终极信仰回答人为什么生存与如何生存的问题。
② 参阅拉里·A.萨默瓦，理查德·E.波特主编，麻争旗等译，《文化模式与传播方式——跨文化交流文集》，北京广播学院出版社2003年版，第12～15页。
③ 参阅拉里·A.萨默瓦，理查德·E.波特主编，麻争旗等译，《文化模式与传播方式——跨文化交流文集》，北京广播学院出版社2003年版，第13页。
④ 安东尼·吉登斯著，赵旭东等译，《社会学》，北京大学出版社2003年版，第30页。
⑤ 参阅拉里·A.萨默瓦，理查德·E.波特主编，麻争旗等译，《文化模式与传播方式——跨文化交流文集》，北京广播学院出版社2003年版，第15页。

社会组织(social organization)是指人们为实现特定目标而建立的共同活动的群体,也称为次级社会群体。当社会组织指各种类型的社会群体时,它包括政治组织、经济组织(企业)、文化组织、军事组织、宗教组织等。在人类社会早期阶段,社会总体发展水平低下,社会组织是以血缘关系为纽带的原始群、血缘家庭和家族,稍后出现的是以地缘关系为纽带的村社等。这些是人类发展的初级社会群体形式。随着社会分工的发展,阶级的出现,人们之间的社会关系以及人们的社会活动日趋复杂,社会组织适应社会及社会成员的需要逐渐形成并发挥作用。但是,这时人们的社会关系和共同活动的形式还是以初级社会群体为主。人类社会进入工业社会以后,社会生产力飞速发展,社会分工越来越细,社会生活和社会关系越来越复杂,初级社会群体在很多方面已无法适应社会发展和社会活动的需要。因此,形成完成特定目标和承担特定功能的社会组织。

社会组织的功能:(1)通过制定稳定的规则与规章制度,规范人们的认知与行动,包括感觉与信仰:应该如何思考,在各种情况与关系当中应如何行动。规范的目的是使社会生活中的互动行为标准化。(2)帮助个人或团体确认在社会关系所处的位置。现代社会中,人际之间的互动基本上是地位基础上的互动,社会组织的互动方式也由地位而确立。社会地位包括归属地位和成就地位两种形式,其中后者处主要位置。(3)确定角色。角色是指按照一定社会规范表现的特定社会地位的行为模式。角色是地位的动态表现,地位则是角色的静态描述。社会组织就是由一组互相依存、相互联系的角色构成的。(4)权威是指一种合法化的权力,是维持组织运行的必要手段,它使成员在组织内受到约束和限制。①

文化是可以习得后积累而成,知识构筑了人的文化实践能力。例如,解读一首歌要掌握音乐方面的特定代码,绘画、雕塑、摄影、舞蹈也是。一个人有了知识,就有了用来编制艺术品的技能,能够阅读艺术品的代码,一件艺术品对于他才有意义呈现。

2. 接受教育、习得知识

接受教育有三个主要渠道:学校教育、家庭教育、社会教育——媒介。

学校教育提供系统的知识和技能。学校教育有等级,这种等级是每个人今后谋职的前提条件。每个人都会为完成学校教育投入资金,期待在将来获

---

① 参阅 http://baike.baidu.comview183605.htm

取回报。学校教育作为一种集体教育,对每个人提供同样的知识,使得完成相同等级教育的人都具有了某种工作资格。

家庭教育是非正规化、系统化的教育。主要体现在家庭日常生活的行为准则和处世方法上。这种教育没有集中的时间和场地,侧重经验的积累和家庭成员的言传身教。家庭教育在一个人的道德教育与社会责任感的培养方面显得特别重要。《三字经》中关于教育的语录突出了学校和家庭两个方面,曰:子不教,父之过;教不严,师之惰。

社会教育是除去学校教育、家庭教育以外的各种获得知识经验的教育。大众传播媒介已经承担了社会教育中重要的角色。社会教育往往成为个人检验学校、家庭教育是否得当的有效场所。社会教育透过接触、行为与观念交互影响使人们认知社会不同层面彼此的关联,构成个人文化的背景,培养人们的文化品位。

社会教育还通过文献资料、实物、博物馆保存和展示,通过社会的机构如图书馆、展览会、学术演讲会、报告会等来实现。

大众传播媒介犹如拉康的"镜子",在人们的成长期作为个人形塑的"镜子",直接或者间接影响着个人思想、习惯、判断力、行为模式的形成。"大众传播媒介的介入和扩张给社会成员和社会机构都带来了变化,它使得无论'人'还是'社会'都变得更容易接受社会变革,更'现代',也更'发达'。"①关于产生这种变化的媒介作用也有多种说法,心理学解释为"移情能力的提高";社会学解释为"传播概念、移动货物、资料以及其他商业物资能力的提升"等。

文化是一个意义生产的过程,随着社会环境的变化,物换星移,这个过程也在变化。如从服装的变化中体现出的观念、意识。文革期间流行的黄军装,表示了当时军人在社会中的地位。清一色草黄也与当时政治作为唯一标准的单一意识形态相吻合。现在服装的多样化与社会的多元化发展取向是一致的。当大众传播被定义为"信息的大规模生产和分配"时,公众分享的信息大部分来自大众传播媒介。从这个意义上讲,大众传播创造了大众文化。

3. 语言实践

获得文化的方式取决于使用文化的方式。文化实践区分了种种不同的、没有高低之别的文化行为模式。因为在人类学意义上的文化,要求将人们对

①　奥利佛·博伊德·巴雷特、克里斯·纽博尔德编,汪凯等译:《媒介研究的进路》,新华出版社2004年版,第115～116页。

于最精美物体的高雅趣味与人们对于食品的基本趣味重新联系起来，文化没有了高低区别。

事实上，认知过程与语言实践过程难分彼此，侧重略有不同。

语言过程包括彼此交流、内在思考模式建立、意义选择等方面。语言作为一种组织化的符号系统，它的意义是社会共有的，掌握语言要经过学习。语言本身又可以代表某个民族或者地区的生活经验，也是传承文化的工具。同种语言的人彼此之间受文化影响较容易。

内在思考模式是用来形成理智的、解决问题的能力。语言被人类学家比喻成观看世界的特殊的"眼镜"①：

> 实在对于我们大家来说都应是相同的。然而，我们的神经系统受不同的种类、不同强度、不同延绵的持续的感觉流的冲击。显然，所有这些感觉并没有达到我们的意识；某种过滤系统使它们衰退为可控制的主题。……这一过滤系统是人的语言实际上，我们的语言提供给我们一副特殊的眼镜，它使某些感觉更突出，而使另一些感觉变得模糊。因此，尽管神经系统接受到所有的感受，但是只有一部分在意识层面上出现。

例如，一则关于针对"粮食"这个中心词展开的讨论：请美国、欧洲、非洲、中国的小朋友谈粮食。讨论的题目是：如何解决全世界儿童缺粮食、饿肚子的问题？以下的回答告诉我们语文过程与文化的关系：

美国小朋友：什么是世界？

欧洲小朋友：什么是饿肚子？

非洲小朋友：什么是粮食？

中国小朋友：什么叫自由发言？

根据"我们的语言提供给我们一副特殊的眼镜，它使某些感觉更突出，而使另一些感觉变得模糊"这种观点分析来自四个地区的小朋友对"粮食"做出的不同反应，我们可以说这些小朋友在看待粮食问题之前已经有了自己的一副特殊眼镜，这副眼镜使他们分别突出了问题中的不同感觉：世界？饿肚子？粮食？自由发言？

---

① 威廉·A.哈维兰著，瞿铁鹏等译：《文化人类学》，上海社会科学出版社 2006 年版，第 115 页。

个人的语言实践都是在一个更大的语言之网下进行的。每一次的语言实践使这张网更加牢固。文化可以理解成由人自己编织的意义之网,而人就生活在这张网上。

第三节 文化的特性

根据对文化构成的描述,文化的特性可以从以下四个方面认识:文化的共享性、文化的习得性、文化的符号性、文化的相关性。[①]

一、文化的共享性

"文化是一套共享的理想、价值和行为准则。正是这个共同准则,使个人的行为能力为社会其他成员所理解,而且赋予他们的生活以意义。"[②]社会是人们共享文化并且相互依赖的群体,所以社会也可以定义为分享共同文化的人群。因为人们分享一种文化,所以他们能够预见他者在个别环境中可能会如何行动,并且做出相应的反应来。同时他们每一个人都有属于这个社会的自己的身份,并且站在特定的文化背景前。来自不同地方的人在一个新的环境中不约而同相遇时,或是因为分享同一种文化而结成新群体,也会因为新的群体的特殊"任务",形成新的"共同准则",相逢的哲学[③]也说明了这一点。

---

① 参阅威廉·A.哈维兰著,瞿铁鹏等译:《文化人类学》,上海社会科学出版社 2006 年版,第 34 ～45 页。

② 威廉·A.哈维兰著,瞿铁鹏等译:《文化人类学》,上海社会科学出版社 2006 年版,第 34 页。

③ 例如,在各种相逢中,人们秉承的"朋友"(朋友是相逢的结果)原则,总是被诗意地歌颂:从前,有一个脾气很坏的男孩,他的爸爸给了他一袋钉子,告诉他,每次发脾气或者跟人吵架的时候,就在院子的篱笆上钉一根。第一天,男孩钉了 37 根钉子。后面的几天他学会了控制自己的脾气,每天钉的钉子也逐渐减少了。他发现,控制自己的脾气,实际上比钉钉子要容易得多。终于有一天,他一根钉子都没有钉,他高兴地把这件事告诉了爸爸。爸爸说:"从今以后,如果你一天都没有发脾气,就可以在这天拔掉一根钉子。"日子一天一天过去,最后,钉子全被拔光了。爸爸带他来到篱笆边上,对他说:"儿子,你做得很好,可是看看篱笆上的钉子洞,这些洞永远也不可能恢复了。就像你和一个人吵架,说了些难听的话,你就在他心里留下了一个伤口,像这个钉子洞一样。插一把刀子在一个人的身体里,再拔出来,伤口就难以愈合了。无论你怎么道歉,伤口总是在那儿。要知道,身体上的伤口和心灵上的伤口一样都难以恢复。你的朋友是你宝贵的财产,他们让你开怀,让你更勇敢。他们总是随时倾听你的忧伤。你需要他们的时候,他们会支持你,向你敞开心扉。"告诉你的朋友你多么爱他们,告诉所有你认为是朋友的人,你的行动可以从邮寄这个小小的故事开始。有一天,当这封信回到你的信箱里时。你会发现你有一个很大的朋友圈。朋友的美不在来日方长;朋友最珍视瞬间永恒、相知刹那;朋友的可贵不是因为曾一同走过的岁月,朋友最难得是分别以后依然会时时想起,依然能记得:你,是我的朋友。　　——来自古老印度的故事

例如，一次跟团的旅行，游客彼此之间因为共同准则而结合成群体，在旅行的过程中彼此互相依赖，维护这个准则。旅行结束后这个群体就解散了。

文化的多样性（多元性）是人类历史的一部分。文化多样性的产生是因为人类生活刚开始时就存在着多样性。"原始人与智人之间的区别就是文化。"①有学者以生物的多样性对比人类的多样性，认为人类作为一种物种，基因的突变给了他们学习知识和把知识代代相传的能力，可能这些突变给了我们祖先打猎、看护儿童、照顾老人、适应和迁徙到不同的地区提供了便利。这是对人类成功扩散到多个地区的历史的解释。考古学还证明：性别是人类多元化的第一种形式。

对于社会的形成最简单的理解是人为了生存集合并且团结在一起。集合有大规模的和小规模的。任何的集合意味着放弃某些本能、欲望和爱好，这种放弃同时也意味着彼此的依赖。小规模的集合除了像大规模集合一样也意味着有所放弃。但是，社会还需要维持。为了社会的稳定还需要形成社会契约——法律和秩序。

在社会学家看来，社会系统是人的行动系统的基本系统之一。②人的行动是"文化"的，这句话表达的意义是：虽然行动是个人的，例如，在法律上每一个人都必须为自己的行动的后果承担责任，但是行动的主要图式及意义的后果是以符号系统的形式构成的，而符号系统的中心是语言。尽管人的机体有学习能力和创造能力，但是个人不能创造一个文化系统。文化的主要图式"总是被一个较大的集团所共有，从来都不是为某人或少数人所独享的"。个人学习这个文化图式，"只能对这种文化系统的改变做出边边角角的创造性贡献或破坏性贡献"。③

文化既是行动系统的结构图，类似人的基因图谱一样，它规定了人的社会性发展的可能与前景，又成为文化人——社会人自身的身份式烙印。

二、文化的同一性与差异性

文化的共享性强调了在个人那里文化形式的多样化，也就是说文化的多

---

① 关世杰等译，联合国教科文组织《世界文化报告——文化的多样性、冲突与多元共存（2000）》，联合国教科文组织、北京大学出版社2000年版，第23页。

② 一般人的行动子系统包括：机体系统、人格系统、社会系统和文化系统等。参见苏国勋，刘小枫主编：《社会理论的诸理论》，上海三联书店2005年版，第5页。

③ 联合国教科文组织编著，关世杰等译：《世界文化报告——文化、创新与市场（1998）》，联合国教科文组织、北京大学出版社2000年版，第281页。

样性既包括了文化的同一性,也包括了文化的差异性。在文化的多样性发展过程,人们努力建构自己的文化同一性。各种同一性表明两个人之间和两个群体之间的关系。例如,"我是中国人"表现出"我"与生活在中国土地上的人们的认同,也表示出"我"与中华民族的认同。这种认同确定了某人与某地区、某一国家的一定关系。例如,积极参加全球化文化交流的人,对文化多样性的认识使他们把个人的文化特质意识作为感受其他文化的出发点,以一种理解的姿态接受其他文化,通过接受过程丰富自己的文化。对于他们而言,文化是一个过程,不是一个产品。在这个过程中,不论是自己的文化,还是其他的文化都有存在的理由,而且彼此欣赏,互相渗透。因为,对于生活在同一个地球的人类来说,仅仅这一点就足以使他们保持着不可分割的联系,这种联系是居住在同一个地球的基本条件。例如,联合国宪章的精神、绿色和平组织的行动都与这样的共识相联系。

同一性也意味着对一种差异的确认。"我是中国人"意味着我不是"美国人"、不是"日本人"。"我不是美国人"或者"我不是日本人"在国别区分时意思是单纯的。如果是带有偏见地说这句话时,可能是一种对抗性的确认。"我是中国人"除了强调"我"与"他人"的区别,同时也是"我"与"同人"的认同。认同与差异总是相伴而行。

社会性别作为文化的一部分一直维持着某些差别。随着社会发展,两性角色差异的生物学基础越来越小,除了与生殖直接有关的差异外,关于能力、体力、智慧等方面的差异也越来越小。

与性别相关的年龄也是一种文化变量。虽然年龄是一种自然现象,因为年龄的自然性,人生分成四个阶段:儿童、青年、中年、老年,并在不同的文化中都有表述,但是,四个阶段对应的年龄段却有差别,对不同年龄段的社会期待差别更大。例如,在中国成人是以 18 岁为标准,有些国家比较早。而关于各国的成人仪式差别更大,这些仪式都表征着对成人的不同文化解读。例如,日本政府决定每年的 1 月 15 日为成人节。1 月 15 日,是日本的法定国民日。年满 20 岁的青年,男穿西装,女穿和服,到公堂、会馆参加成人节。大堂充满节日气氛,仪式开始,首先由当地政府官员发表讲话,祝贺青年们进入成年期。接着,参加仪式的青年男女宣誓。青年们宣誓以后,便举行丰富多彩的庆祝活动。经历"成人式"后的青年人,从此就有了选举权。德国把 14 岁看做人生旅途中的重要转折点,为 14 岁男女少年举行成人式,是日耳曼民族世代沿袭下来的古老传统。原民主德国政府十分重视对 14 岁少年的教育,每年为年满 14 岁的学生举行"成年节"仪式。"成年节"内容也有政府官员和校长致辞,举行宣誓,师长、亲友祝贺等。参加成人仪式后,男孩子允许系领带,女孩子获准涂口红、穿高跟鞋。前东德成人仪式的特点是重视少年在 14 岁以前的成人预备期教育。日本和前东德是根据政府法定的成人节,由政府和学校出面组织成人仪式的,属于社会形成。我国现行的 18 岁成人仪式活动,虽然是共青团组织,还没有正式确定"成人节",但从今后发展看,也可属于这一类型。①

图为中、韩、日三国成人仪式。②

---

① 参阅:http://www.bzrzy.cn/cgi－bin/article4/DisplayArticle.asp? BoardID＝74&ArticleID＝2089

② 图片来自"Google"。

　　文化差异渗透在日常生活中。"我们"和"他们"是文化界定与建构的，"对差异的感知和分类一直是统治的基础。在一个社会内，存在着阶级、性别、年龄等各种类别，还存在着由种族界定的不同类别，意味着种族的统治和歧视"。① 父权和种族优越的意识形态一直被用来证明这些分类的正确性。而《人权宣言》提倡的人类平等的观念也正在被人们逐渐接受。

---

　　① 关世杰等译，联合国教科文组织《世界文化报告——文化的多样性、冲突与多元共存(2000)》，联合国教科文组织、北京大学出版社 2000 年版，第 24～25 页。

　　差异性的认知导致三种结果：一是差异作为多元化的基础，使人们可以在同一性的共识中获得理解差异的好奇心和学习差异的欲望。例如，在了解了中韩日三国成人仪式的不同规程后，只要是不以排斥态度对待"他者"，各自都有特点。二是对"自己人"的格外照顾，对他人的极力排斥。在这样的认同中，自己人享受特权，甚至可以任意指派和驱使其他人，强调他人不能与自己不同，取消这些人独立的存在空间。三是表现出极端认识，其他人不被看做是完全的人，不能获得平等的生存权利，这样就导致了种族灭绝与屠杀；或者强迫他们全部同化于另一种文化，导致他们自己的文化特征的消失。人们因为自己所属职业群体、阶层群体和地域群体不同，各自都按照自己独特行为准则履行职能，同时也在分享某些共同的准则。

三、文化是一种符号

　　罗兰·巴尔特认为，符号和语言一样，包括了能指/所指两个部分。从意义建构过程来看，可以分成表达层面（plan d'expression，E）和内容层面（plan de contenu，C），这种表达被制成表1-1。

表 1-1

1. 能指（E）	2. 所指（C）
3. 符号（ERC）	2'所指（C'）
3'符号（ERC'）	

　　这个表说明，当我们进入使用符号的实践过程后，有一些符号早已在使用之前就建立了对应的关系（能指 E＋ 所指 C＝符号 ERC），例如，在各种字典或者词典中，一个字或者词语具有的基本意思（本意、延伸意等）。在进入第二层表意活动后，符号学研究不是要对这些已经形成的原始对应关系采取拆解工作，当它发现了原始对应关系建立的规则后，告诉我们今天在使用的符号大部分已经不在原始对应的关系中心，它们已经离开中心很远的距离。有些词还保留回去的路，有些已经对过去的样子模糊不认了（符号 ERC＋所指 C'＝符号 ERC'）。不论它们现在是哪一种，它们又都可能成为新的对应关系建立的原始基础。依次继续，不会完结。

　　当人们使用符号时，就是在不断地建立能指与所指的关系，这个过程被称作是意指（the signification）过程。

　　能指与所指的关系模式主要有三个层次。

1. 直接意指（Denotation）

能指同时既是意义又是形式。例如，照片是通过把所指的外在形象延置到相纸上，这张照片与被摄者的基本关系得以确立。在这个层次，能指本身的价值首先是具备足够的合理性（文字符号中树具备的"木本植物的总称"这一意义也由于集体的约定俗成而合理化）。它还提供了知识、记忆，还有事实、理念、相对秩序等。①

2. 含蓄意指（Connotation）

罗兰·巴尔特强调符号构成的一个基本的要点：形式—能指并未剥夺它的意义，只是使意义贫乏化。在第一个层面上建立的意义在第二个层次失去了一些价值却保持着被激活的生命元素，为接纳新的意义做准备。对形式而言，意义总是在历史的瞬间保留过，在快速的更迭中被移离。在含蓄意指层次上，符号意义的产生是由其所指移位的无限性所致。即符号能指与所指的第一个关系确定后，以第一层符号外延的意义为基础，并将另一层意义附加其上，构成另一个所指。

3. 主体间的互动

巴尔特分析使用符号的双方——制码者和解码者之间的"彼此可进入性"，认为"心灵的共同性和共享性"可以在共同的文化背景或者不同的文化背景下得到证实。在共同的文化背景下，彼此相同相悉的程度大。巴尔特认为，不论编码者还是解码者对符号意义的感知在本质上并不是因人而宜，他们首先是臣属于一个文化群体，共同的文化背景为他们提供了互相影响的意识。不论是制码，还是解码，都可以意识"彼此传达信息的意向"。解读就是两个或者两个以上心灵彼此进入，然后获得"共享世界"。在文化平等、同一文化群体成员之间"进入性"越大。

这一类"共同性和共享性"为同一文化群体成员所有，因为这个世界的主体性"对于许多个体来说是共有的，因此其本身就包含着主体性"。② 相互的共同性深受文化的左右，也是文化影响群体所有成员的路径，而文化的成员属性也由此产生。③

下面让我们根据符号学的这些概念观看 4 幅照片，并且进行符号学的解读。

---

① 罗兰·巴尔特著，许蔷蔷译：《神话——大众文化诠释》，上海人民出版社 1999 年版，第 176 页。
② 伽达默尔著：《真理与方法》，第二部分，3，b（格兰·多培尔译）1975 年，第 219 页。转引自尼古拉斯·布宁，余纪元编著：《西方哲学英汉对照辞典》，人民出版社 2001 年版，第 518～519 页。
③ 参阅李岩著《媒介批评》，浙江大学出版社 2005 年版，第 20～26 页。

长城（图片来源：北京晨报 2006—10—27）

自由女神（图片来源：news. xinhuanet. com/photo/2006—01/20/xinsrc）

埃菲尔铁塔(图片来源：news. xinhuanet. com/photo/2006—01/20/xinsrc)

金字塔(图片来源：news. xinhuanet. com/photo/2006—01/20/xinsrc)

中国的长城代表中国悠久的历史、辽阔的疆域和民族的坚韧等；美国的自由女神代表了美国的独立精神等；法国的埃菲尔铁塔代表了法国的浪漫、时尚和前卫等；埃及的金字塔代表了神秘、庄严等。这些不论是古老的象征还是现代的象征，它都与一种精神、一种价值和一种理想联系在一起；基督教的十字架、伊斯兰教的新月、犹太教的大卫之星等是宗教的象征，它代表一种宗教信仰、一种信条、一种生命的态度。所以说这些都是文化，而文化最主要的符号是语言。

语言记录了文化的整个历程，从古代到现代。语言保留了积累和经验，为人们学习服务。语言作为人类最独特的交流方式，使丰富多彩的文化被我们所知成为了可能。

具有不同文化背景的人们说各种语言，语言是社会各种变项的表达，同时也规定着不同阶层、性别和地位的人说符合自己身份的话。"我们的语言用法影响着我们的文化，我们的文化也影响着我们的语言。"①

第四节　主流文化与非主流文化

主流文化与非主流文化这两个词相比没有高低区别的含义，只有支配性的差异。非主流文化也常常被称作亚文化（subculture）。②一个社会有它的整体利益，各个阶层也有自己的利益，同时也有共同性。谈到主流文化与非主流文化，意味着承认社会是由不同的阶层构成的，在主流文化中存在着社会差异和不同的等级。"人们不是平等地在相同层次上参与群体的利益和负担。"因此，主流文化的支配性表现在期待属于边缘文化的群体能够采用主流文化，或者要求其他文化进行全面的合作进入主流文化，这种做法往往会摧毁其他文化，破坏多元文化存在。

非主流文化与主流文化共存于一个更大的文化范畴中，非主流文化面对主流文化的支配或抵抗，或服从，或被同化。

---

① 威廉 · A. 哈维兰著，瞿铁鹏等译：《文化人类学》，上海社会科学出版社 2006 年版，第 91 页。
② "亚文化是指一个群体在较大社会内实行的一套独特的准则和行为模式。"引自：威廉 · A. 哈维兰著，瞿铁鹏等译：《文化人类学》，上海社会科学出版社 2006 年版，第 38 页。

一、文化的区分

1. 社会的阶层划分

"我们知道,在一般社会中都存在着根据权力和身份划分的不同的阶层……阶层代表着一个等级级别的秩序过程。"[①]在我们使用的词语中有许多是表示阶层身份和随之相伴的权力的,例如"大人物"、"一号人物",俗话说的是"有钱的人"、"有权的人"。从经济层面讲,可以分成富人阶层与穷人阶层。从文化层面讲,可以分成精英阶层与大众阶层。

中国社会科学院 2001 年关于《当代中国社会阶层研究》课题报告中,划分出中国当代"十大阶层":国家与社会管理阶层;经理阶层;私营企业主阶层;专业技术人员阶层;办事人员阶层;个体工商户阶层;商业服务人员阶层;产业工人阶层;农业劳动者阶层;城乡无业、失业、半失业者阶层。尽管这种划分不是强调等级差异,但是划分本身意味着承认中国社会存在不同的阶层。

阶层的区分是文化现象,不同阶层的文化有共同性,也有差异。以知识、经验、信仰、价值观、社会组织、人工制品、媒介传播内容的形式表现出来的文化,解释并且维持已经形成的秩序,并且将其制度化,成为社会多数人自觉接受的规章制度。

2. 多种文化并存

各种社会和自然因素造成了各地区、各群体文化的特殊性。除了阶层原因之外,还有民族、宗教以及居住环境的不同,都可以在统一的民族文化之下,形成具有自身特征的群体或地区文化即亚文化。

以民族而论,在多民族居住的地方,根据民族传统、信仰、习俗、价值取向等不同,形成不同的文化。例如中国 56 个民族,在中华文化的大背景下,不同的民族都有表达自己民族特色的文化以区别于其他民族;宗教方面有基督教文化、伊斯兰教文化、佛教文化等;以地区而论,在中国形成北方文化、南方文化等。

二、主流文化的形成

主流文化是指在社会中占支配地位的文化。它体现了主流阶层的意识

---

① 拉里·A.萨默瓦,理查德·E.波特主编,麻争旗等译:《文化模式与传播方式——跨文化交流文集》,北京广播学院出版社 2003 年版,第 154～157 页。

形态、信仰、价值观、利益,在社会中起主导作用。主流文化还包括了继承下来的传统文化部分。主流文化不是指统计学意义上的人数,而是指代表了那些在社会上占有"被认为最有价值的和最必要的东西"①的利益的表现形式。主流文化不是指数量而是指谁主导了权力。所以说,谈到主流文化这个概念时,就是在谈论文化权的问题。在西方马克思主义意识形态理论的解释中,主流文化的主导权还在于它有权力决定吸纳那些与主流文化相一致的、或者可以被主流文化支配的其他文化。

大众传播媒介在相当大的程度上总是代表主流文化的价值,这是大众传播媒介的社会责任、受众需要和媒介利益决定的。

今天,大众传播媒介不仅在履行自己的社会责任,同时也在利用履行责任的权利,为媒介集团牟取经济利益。从这个意义讲,媒介一方面要尽量摆脱自己的阶层身份,使媒介成为真正意义上的不分阶层的大众传播工具。但是,事实上,媒介在利益市场的机会和权力,注定它一定会依赖主流文化获得更多的传播资源,包括信息资源和受传者——份额。

主流文化的传播经由许多渠道,大众传播媒介显而易见是主要的传播渠道。今天人们已经清楚地认识到任何信息的传播同时也在加强人们的学习,这种学习形成和规定人们的行为与思想,这些行为和思想被一再强调成为有秩序的和合理的。这是人类社会化进程的一个主要步骤。需要强调的是大众传播媒介在传播主流文化的同时,也积极参与建构这种文化的过程。

主流文化总是会从自己所代表的阶层利益出发,获得与边缘文化不同的特殊优待。整体上看,主流文化与边缘文化并存于一个社会,本身也体现出文化的多样性。

三、非主流文化的形成

非主流文化作为总体文化的一个分支,具有所属整体文化的基本特征,如语言文字、行为模式等,又具有自己的独特性。非主流文化一旦形成便是一个相对独立的功能单位,对所属的全体成员都有约束力。所以说非主流文化是一个相对的概念。从总体文化的角度看,主流文化与非主流文化是平等的文化,一种非主流文化包含着与主流文化相通的价值与观念。从主流文化

---

① 拉里·A. 萨默瓦,理查德·E. 波特主编,麻争旗等译:《文化模式与传播方式——跨文化交流文集》,北京广播学院出版社 2003 年版,第 154～157 页。

在总体文化中的支配性看,非主流文化在总体文化中是臣属文化。当然主流与非主流的区别还有一个范畴问题。例如,一个文化区(地区)的文化对于全民族文化来说是亚文化,而对于文化区内的各社区和群体文化来说则是总体文化,后者又是亚文化。研究亚文化对于深入了解社会结构和社会生活具有重要意义。

1. 非主流文化的相对性

称其为非主流文化时,人们常常指这种文化与主流文化相对应的那些非主流的、局部的文化现象,有属于某一区域或某个集体所特有的观念和生活方式,也有属于自己的独特的价值与观念。亚文化有各种分类方法,有人将亚文化分为人种的亚文化(以人种为特征的东方人、西方人,以及与此相关的东方文化、西方文化、年龄的非主流文化(青年人文化、老年人文化)、生态学的非主流文化等。地理、生态学的非主流文化可分为城市文化、郊区文化和乡村文化等。由于非主流文化是直接作用或影响人们生存的社会心理环境,其影响力往往比主流文化更大,它能赋予人一种可以辨别的身份和属于某一群体或集体的特殊精神风貌和气质,因此个人与集体的相互依赖的需要更迫切。

例如,人们谈到的都市非主流文化(或者叫都市亚文化)是指在都市处于非中心——或者说处于边缘地位的人:同性恋、残疾人、流浪者、失去劳动能力的又无亲属赡养的上年纪的老人、无正当职业和固定收入的人、农民工等,他们共同形成和享有一种特殊文化。一般情况下,这些文化很少有机会享受到与主流文化同等的传播待遇,专业出版物、媒体与展示单位对它们的介绍也很少,它们极少进入专业研究领域。"非主流群体在不同形式、不同程度上容易被社会主流忽视,同时还被打上了等级制度的烙印。这种等级制度的标记代表着低级的身份,它通常是主流文化的成员赋予的。"[①]

2. 非主流文化的价值

不过,主流文化也必须吸收非主流文化,不论是在潜移默化中吸收,还是在对抗中吸收。例如,著名的爵士乐与摇滚乐都曾经是亚文化,但随着专业人士与文化学者的不断介入,它们到后来都成了主流文化的一部分。这说明主流文化总是在吸收亚文化的过程中发展起来的。

---

① 拉里·A.萨默瓦,理查德·E.波特主编,麻争旗等译:《文化模式与传播方式——跨文化交流文集》,北京广播学院出版社 2003 年版,第 154~159 页。

由于非主流文化涉及社会生活中的许多层面,近些年来,非主流文化作为总体文化的另一支的观念被更多人接受,也越来越受到人们的关注。例如,同性恋文化以及渐已趋于主流的女性文化等问题已经成为了社会学和法学等关注的焦点。

非主流文化因为非主流群体不是自然长期存在的群体,所以没有形成完整系统的非主流文化,它会因为群体待遇的变化逐渐消失,或者被主流文化吸收,成为主流文化的一部分。犹如牛仔裤从西部走向全美国,从蓝领阶层走向白领阶层一样。非主流文化有直接对立于主流文化的,也有与主流文化相结合的边缘,社会文明进步推动者们的理想是不断扩大结合的边缘处。当然,这种努力主要在于主流文化群体成员的诚意和非主流文化群体的迫切性。

亨廷顿在《文明的冲突与世界秩序重建》一书中分析了在全球范围主流文化与非文化的差异、冲突:

> 本土化和宗教的复兴是全球现象。然而,它们在亚洲和伊斯兰世界的文化自我伸张及其文化对西方的挑战中表现得最为明显。它们是 20 世纪最后 25 年中充满生机的文明。伊斯兰的挑战表现为穆斯林世界普遍出现的伊斯兰文化、社会和政治复兴,以及与之相伴随的对西方价值观和体制的抵制。亚洲的挑战表现在所有的东亚文明——中华文明、日本文明、佛教文明与穆斯林文明——都强调自己与西方文化的差异,有时也强调它们之间的共同性,这些共性常常认同于佛教。亚洲和穆斯林都强调他们的文化优越于西方文化。相比之下,其他非西方文明的人们——印度文明、东正教文明、拉丁美洲文明和非洲文明——可能肯定自己文化的独特性。亚洲和伊斯兰有时单独地,有时携手对西方国家表现出日益自信的自我伸张。[①]

非主流文化根植于一个独特的社会群体。这个群体被边缘化的原因不同,或是因为属于少数民族,或是没有经济实力,或是没有话语空间,或是叛逆式对抗等。但是,应该看到非主流文化也提供主流文化没有的经验、价值和期待。追溯主流文化的长河,上游处有非主流文化的支流已经进入。

---

① 亨廷顿:《文明的冲突与世界秩序重建》,新华出版社 2002 年版,第 103 页。

第五节　文化公正与不公正

关于文化的公正与不公正问题总是在关于政治权利、经济资源和社会利益斗争的大背景下遭遇或者讨论的。人们在日常生活中普遍感觉到生活收入、拥有财富、投资机会、接受教育的权利、接受健康服务的权利、接触传媒和获得并享用信息、学习和使用现代社会必须的技术——信息技术等方面日益增加的不平等,尤其是对这种不平等带来的各种冲突和破坏充满担忧和焦虑。

在联合国教科文组织《世界文化报告——文化的多样性、冲突与多元共存(2000)》中,将文化的不公正定义为"是对不同的共享生活价值模式的群体在可以利用的资源基础方面的不平等。这种不平等可以是历史遗留,也可以是文化的歧视,即根据文化特点不给予获得资源的机会。文化不公正的直接表现是文化特权和统治"①。

美国新社会调查学院政治学系讲座教授南希·弗雷泽对于公正的看法是"今天的公正问题既需要再分配,也需要承认"。② 分配是经济方面的问题,承认是文化问题。承认是一种态度,一种意识,它包括对某种文化的统治、不承认、不尊重。建立其上的经济分配政策,自然贯彻了这种意识,形成不平等的社会。

关于公正问题的解决有两种方法,一种主张再分配,通过对资源和财富的再分配,通过直接提供所需支持寻求公正。或者提高能力获得机会,解决不平等。另一种主张"承认政治",它的目标是友好对待差异,"不以被主流文化规范同化而牺牲相互尊重。例如,承认各民族、种族、性别弱势群体的特征以及性别差异"③。

关于文化的公正问题放置在以下范畴得到讨论,获得的共识是:

一、文化公正必须与政治、经济、伦理道德相联系

在政治方面,政府要促进社会民主化进程,包括承认个人和群体参与政

---

① 关世杰等译,联合国教科文组织:《世界文化报告——文化的多样性、冲突与多元共存(2000)》,联合国教科文组织、北京大学出版社 2000 年版 。

② 关世杰等译,联合国教科文组织:《世界文化报告——文化的多样性、冲突与多元共存(2000)》,联合国教科文组织、北京大学出版社 2000 年版,第 47 页。

③ 关世杰等译,联合国教科文组织:《世界文化报告——文化的多样性、冲突与多元共存(2000)》,联合国教科文组织、北京大学出版社 2000 年版,第 47 页。

策的制定,提供参与制定"游戏规则"的机会。这样的民主有助于公民建立自己参与社会进步计划的意识;有助于公民建立自己的社会归属感。[1] 当然这些政策的贯彻有一个前提,确保社会和一国所有成员都享有平等的权利。例如,在许多城市政府在调整一些直接关乎民生民计的物价(水费、电费)时,组织的各种类型的听证会等。

文化公正需要经济上的重新分配和承认。经济不平等造成的两极分化,只会加剧矛盾和冲突。如果经济上的不平等而导致个人或群体的自卑感,他们在社会上正当生存的能力会因此削弱。同时,个别人也会因此采用不正当手段获取财产。

平等的权利与尊严不仅在行政的各种关系中得到实施和承认,也要成为社会日常生活的一部分。在日常生活中,"和谐相处"的原则"应该作为一项非正式的、交往联系的伦理道德,应该把这种道德作为发展社会各种关系的基础。"[2]

文化公正是政治公正、经济公正和社会公正的一部分。

二、理解文化的多样性,培育创造性

创造性是人类适应自然社会和不断改变自己的生存条件的能力。创造性包括了延续和发展自己的文化与认同他者的文化。例如,在"同一个地球"的意识中,既包含了文化的差异,又包含了文化的同一性。今天的人们越来越清楚地看到自然的同一性(生态、环境、疾病——艾滋病、流行病等)对人类同一性的要求。例如,任何一个国家都没有权力倚仗自己的实力对南极进行开发式占有,因为臭氧层是不分国界的。对南极的考察和研究都是国际性的行为,善待南极也取决于人类的共识。

创造性还包括了"想象差异"。"想象差异是接受他人的第一步。他人有同样的权利自由构建自己的意识,只要他们这样做并不妨碍你享受同样的自由。'并不是我们必须相互爱对方,或者争个你死我活……而是我们必须相互了解,并以这种知识生活在地球上……我们必须学会领会那些我们不能接

---

[1] 这里关键的概念是公民的职权。公民的职权首先和主要的是:一个社会给予每个成员的基本权利是平等的。引自关世杰等译,联合国教科文组织《世界文化报告——文化的多样性、冲突与多元共存(2000)》,联合国教科文组织、北京大学出版社 2000 年版,第 33 页。

[2] 关世杰等译,联合国教科文组织:《世界文化报告——文化的多样性、冲突与多元共存(2000)》,联合国教科文组织、北京大学出版社 2000 年版,第 38 页。

受的东西。正是在这方面,加强我们的想象力,领会我们所面对的世界
……'"①

我们可以看到的情景是通过互联网,一个国家的不同地区、不同领域和
全球各地正在发生越来越密切的联系,在这种联系中,除了已经存在的国家
性的、地区性的、国际政治性的联系,还有超越这些范畴的不同群体的联系。
一个全球化的文化正在构成。作为这种文化的明显的标志是:私人和公共话
语的转变、新技术的全球性推广、对国家角色的矛盾情绪、跨越地理边境的多
元联系、教育的国际化等(例如经常谈论的国际接轨、国际化)。

三、倡导人类共同享用的精神特性

在日常生活实践中,人们很容易被那些涉及人们悲喜哀乐的事件或者艺
术作品所吸引(例如韩剧在亚洲地区受到的欢迎,在很大程度上依赖于韩剧
中体现的这种精神),人们也常常慷慨解囊,帮助受灾的群体。这些行为都说
明人们具有同情和移情的能力。在社会政治和日常话语中不仅要承认这种
精神,而且要通过大众传播媒介积极培植这种精神。

同情与移情能力是多元文化和谐共存的基础。因此,在全球社会的政治
话语、文化话语中都应该给予全面的承认。

不仅如此,当发展已经超越地域界限成为全球化的行为时,一个地区的
发展也成为全球发展的一个部分。例如,在全球气候变暖的现实面前,任何
发展都不再可能强调这是自己的事情,许多发展都要在防止全球变暖的语境
中得到合理性、科学性论证。对于艾滋病等疾病的防治也不是一个国家、一
个地区的事情,人们获得的更多共识是:艾滋病是整个人类共同关注的疾病,
因为它威胁着生命。正是因为"人类的弱点和遭受的苦难构成了几乎所有文
化传统的核心和反复出现的话题。'己所不欲,勿施于人'是减轻人类苦难的
普世伦理的源头,也是人们必须服从法律的源头"。②

正因为生命是人类共同珍惜的,任何危害生命的行为也必然引起人类共
同的抵抗。与此同时,在自然灾害面前,人类的互相关怀和帮助也证明了有
这样一种精神。

---

① 关世杰等译,联合国教科文组织:《世界文化报告——文化的多样性、冲突与多元共存
(2000)》,联合国教科文组织、北京大学出版社 2000 年版,第 25 页。
② 关世杰等译,联合国教科文组织:《世界文化报告——文化、创新与市场(1998)》,联合国教科
文组织、北京大学出版社 2000 年版,第 21 页。

第二章

传　播

　　传播是一种古老的行为,用当代人们对于传播的解释来看,传播活动一直伴随人类成长的过程。对于传播重要性的认识和研究是 20 世纪以后发展起来的。传播"由伴随着工业化、大企业和全球化而来的诸如无线电、电视、电话卫星和计算机网络等传播技术的兴起而产生。显然,传播在我们这个时代有极大的重要性"①。传播有十分广泛的概念,它经常与交流放在一起被互换使用,随着大众传播事业的发展和日益增长的影响力、渗透力,传播学研究的兴起,传播这个词出现的频率更高。传播可以说是人类社会个人与个人、群体与群体交互、理解、合作、达成共识的最主要的过程,如衣食住行一样,传播是人类社会生存的基本活动之一。

　　尽管科学地给传播定义比较复杂,但是,人们对于传播的理解和认识有许多是心照不宣的。当我们谈到传播时,依然被联合国教科文组织在《多种声音,一个世界》的报告中的一段话所激励②:

　　　　交流(即传播——笔者注)维持人们的生活,并活跃人们的生活。它也是社会活动和文明的动力和表现;它通过各式各样的探索、掌握、控制的过程和方法使一国和多国人民从限于本能的阶段发展到了富于灵感的阶段。它创造着共同的思想财富,通过信息的交换而加强人们的共存感。它把人们的思想转换为行动,反映出人们的各种情感和需要:从维持生命的最低活动直至创造性——或破

---

　　① 斯蒂文·小约翰著,陈德民、叶晓辉译:《传播理论》,中国社会科学出版社 1999 年版,第 5～6 页。

　　② 肖恩·麦克布来德等著:《多种声音,一个世界》。中国对外翻译出版公司、教科文组织出版办公室 1981 年版,第 3 页。

坏性——的最高表现。交流能把知识、组织和力量结合到一起，而且像一根无形的线，通过人们为改善生活而进行的不懈努力，把人类最古老的历史和最崇高的理想贯穿起来。……

第一节　人类传播发展概述

传播被视为人类各种天赋中最突出的一种，这种天赋使人们一直以来关注信息传播的效果如何更好、方式如何更多，使接受者更加方便和迅速地获得传播内容。

一、信息传播的努力方向

从最初借助身体发出的简单信息，到今天虚拟网络中海阔天空的信息漫游、链接和摘要，人类所有的努力始终朝着两个方面：首先是不断改进自己或者群体对于周围事物的信息的接受能力和获取能力；其次，设法提高自己或者群体传播信息的速度、清晰度，还有方式的多样化。

随着世界文明和技术的进步，世界格局的多元化和同一性，不同文化差异与冲突，使传播的使命也越来复杂：它可以帮助人类的相互了解与支持，使人类彼此达成更多的共识，获得彼此的认同感；它可以帮助人类摆脱贫困、压迫和恐惧，在"同一个地球，同一个梦想"①的口号下，彼此接受、包容、尊重。只有如此，传播技术的进步以及这种进步带来的社会利益才能够被大多数人充分享受。

二、人类传播的五个阶段

人类传播发展用以下五个阶段表示，见图２１。

---

① 2008 年北京奥运会的口号。

依赖于人体结构进行信息传送：简单的声音——叫喊、哭声、笑声；人的表情、动作等	语言传播：口头语言传播；书面——媒介传播（部分依赖人体结构并且延伸其功能）	有线电子媒介传播：进一步延伸人的肢体功能，依靠机器实现延伸	无线电子媒介传播：摆脱有线的限制。实现国际传播	数字网络时代：海量信息，消除传播过程空间与时间延误。传播者与受众界限模糊，互动传播

图 2-1

　　人类最早的传播方式来源于其身体结构的声音和姿势，例如非口头语言形式的各种声音：简单的喊声、舞蹈，以及依靠手击鼓传信等。还有火光（烽火）、图画、结绳等一套非口头形式传播信息的手段。

　　语言的出现分两个阶段：口头语言阶段和口头、书面语言阶段。口头语言依然依赖于人的身体结构——声带发出各种表达意义的声音，这些声音与人体存在的不可分离，依然限制了传播的范围和精确、准确程度。

　　书面语言——表意符号的出现是人类传播史的一次革命性转变。它使信息传播的内容在范围和深度方面都有了质的变化。它不仅使信息当下传播更加精确，范围更大，并且使这两个方面具备了无限的潜力。更加重要的是它使口头语言得以长期保留，使历史得以延续，使知识和思想得以传承。

　　印刷术的发明有两个引人注目的地方，一是促进知识与思想的扩散与传播（当下的传播与历史的传播）。在 9 世纪出现于中国的印刷术，为人们展示了将一本书复制成许多册，不需要经过手抄这种费时的过程的奇迹。那些有思想和影响力的书"逐渐成为许多在一定教育水平以上的人所共有的知识装备……书籍的可以获得，促进了人们的文化程度"①；二是大量传播消息情报。在第二方面，传播信息情报和生产信息情报相辅相成。有了书籍、小册子，后来又出现了报纸。这些早期的报纸为资本主义经济活动提供服务，刊登的内容有：贸易、商品、船舶航期之类的消息。另外，为提供社会和政治舞台的各种内幕消息、丑闻和讽刺性评论。还有传播先进思想，动员舆论，支持民主事业。

　　现代社会的一个重要标志是现代通讯事业的发展。新的用于通讯的技术接踵而来，改变了信息传播的速度、范围和方式，同时，也改变了人们对于

---

　　① 肖恩·麦克布来德等著：《多种声音，一个世界》。中国对外翻译出版公司、教科文组织出版办公室 1981 年版，第 9 页。

空间、距离和关系的认识。莫尔斯的电码和电报问世(1840—1844)、贝尔的有线电话通话(1876)、爱迪生的留声机(1877)、马可尼与波波夫成功使用无线电收发报(1895)、费森德尔用无线电传送话音(1906)等。20年代初第一个无线电广播网问世,30年代开始了电视广播,1954年彩色电视开始定期播送。

在近30多年信息技术的发明与使用更加丰富多彩,极富想象力。两大国际卫星系统——国际通讯卫星和国际同步通讯卫星开始运作(1965,1971)、着陆于月球的载人与不载人宇宙飞船、着陆于金星与火星的飞行器(1967,1980)为实现各种传播目的展示了意想不到的可能性,同时也将人们在传播方面的欲望刺激起来,勇往直前。1976年通过对光导纤维传送电话通讯和电视的实地实验,同时又有光导纤维与电子计算机控制网络配合使用的系统,应用于家庭双向传输视频信息;1969年发明了盒式录像带,1971年这种录像带开始在市面出售。带有小型电子计算器的传真机、不同类型的微处理机的制造,对数据收集、储存、检索和传送做出了很大贡献。[①]

这些信息技术的发展大大增加人们掌握消息情报的数量,搜集、储存、发送信息的数量也是无法预计的。这些不断繁殖般增加的数据占据的面积却越来越小,携带也越来越方便。二进制代码创造了新的语言,也消灭了时间的延误。"这些发展不仅把情报寓于娱乐的资源,而且把科学、医学、所有学术分支、各行各业以及一般社会部门的资源增加到了一个过去所不能想象的程度。"[②]新闻传播对于公共生活的各个方面、对于私人生活都是意义重大的。"没有新闻的传播,所有行政管理、商业、教育、经济和军事领域所取得的发展成就,都是难以想象的。"[③]

但是,传播技术的发展以及带来的"过去所不能想象"的变化,从根本上说还是一种累计,每一种新的语言都把自己融入到以前的语言中,而不是抛弃它们。从声音传播到声音与文字同时传播,再到影像传播,我们看到的是表达形式越来越多样,表达越来越精致、丰富、准确。依靠新的通讯技术,信息能够保存留传,知识得以积累,文化得以薪传。传播的时间延误和空间距

---

① 参阅肖恩·麦克布来德等著:《多种声音,一个世界》。中国对外翻译出版公司、教科文组织出版办公室·1981年版,第16页。

② 参阅肖恩·麦克布来德等著:《多种声音,一个世界》。中国对外翻译出版公司、教科文组织出版办公室1981年版,第16页。

③ 肖恩·麦克布来德等著:《多种声音,一个世界》。中国对外翻译出版公司、教科文组织出版办公室1981年版,第3页。

离被消灭。信息传播需要的大市场,把知识从少数精英分子掌握中拿出供大众享用。大众传播媒介使知识大众化、平民化,导致社会权力分散,社会结构发生变化。传播发展史与科技发展如此密切的联系,也构筑了人与社会、社会发展与技术的新的关系,麦克卢汉关于"媒介即人体的延伸"与媒介即技术的观点是对这种新关系的解读。

第二节 传 播

讲到传播人们最容易想到的是大众传播,是电视屏幕上从清晨开始到午夜一直播放着的各种节目;是外出旅行时汽车中的广播节目;是互联网上无数链接的信息;是报纸上变成铅字的围绕在你身旁的"他者"事件;是手机没完没了的短信,还有穿梭于高耸林立的楼宇之间的广告牌、霓虹灯、闭路电视中的广告节目;公交车上的移动电视……人们通过这些媒介几乎与美国人同时知道了恐怖分子正在袭击世贸中心的大楼;与美国人同时观看姚明在 NBA 的比赛;与全世界的人一起目睹印尼海啸的疯狂,感受人类的共同命运和担当的义务;通过网络知道了被"黑砖窑"强迫劳动的孩子和弱者需要正义的救助……当信息已经成为人们的基本需求,成为城市、农村的呼吸系统时,传播的魅力、穿透力和建构力一起发动,不断验证麦克卢汉"媒介即信息"的著名论断。传播已成为我们的生存须臾不可离开的营养液。

因此,关于传播的讨论已经渗透到各个学科,不论是作为通道的直线传播,还是作为意义生产过程的传播,在人际之间、大众之间、组织之间与组织内部之间、国与国之间传播沟通的意义愈加凸现;在社会事务中政治传播、疫情传播、危机传播、健康传播等内容也不断出现于日常生活的词典。传播的过程、效果与文化形成彼此的关照和影响。关于传播的理解也越来越复杂和丰富。

一、传播概念

传播作为动词(to communicate),在普通的词汇中使用已久,和传播意义相近的词还有交流、交通等。例如,在基督教活动中,人们把分享信仰、交流体会称作交通。所以传播作为科学用语时,单一的定义很难概括了。

在研究过程中给传播下定义主要包括了三个方面:其一,概括性与约束性对应的。例如,传播被概括为"把生命世界不相连的部分联系起来的过程"。传播又被约束性地定义为："通过电话、电报、无线电等手段传送信息、命令等的手段。"其二，有目的的传播。有目的性的传播定义为："信息提供者为了实现影响信息接受者行为的意图，向接收者传输信息。"其三，不为目的的传播定义为："一个把为一人或某类人所垄断的变成两人或更多的人共知的过程。"①

如果用最简单的说法，"传播就是一个把信息从信源传递给受者的过程"。② 拉斯韦尔用五个问题的排列描述传播意义：

> 谁（Who）
> 说什么（Says）
> 通过什么渠道（In which channel）
> 向谁说的（To whom）
> 产生了什么效果（With what effect）

本书关于传播的理解有两个方面，一是将传播看做一个过程，在这个过程有三个点：传播者、接受者、传播通道——媒介。传播者将信息送给接受者，并对接受者产生一定影响。由于传播的是信息——意义，意义与接收者的理解能力、态度有关，一般的传播不仅产生效果，而且是多种效果；二是将传播看做是意义交换、沟通、协商与达成某种一致意见的过程。在这个过程中，不论是传播者还是接受者，在约定俗成的基础上都有不同程度地参与传播活动。因此信息、有文化身份的人、环境之间发生互动，形成意义或完成理解。

传播的正当性应该是基于这样的动机：将传送和接受双方都可以理解的信息，通过联络彼此的通道——媒介传达，以建立共识（consciousness）。传播是人类交换意义的互动过程。

当传播以达成共识为目的时，共识可以被理解为"用来表示社会与文化经由彼此认同（agreement）特别是那些集体层面的认同而形成的一致性，这种一致性是处于种种社会群体以及作为一个整体的广大社会中人们通过论辩、

---

① 以上几种定义参阅斯蒂文·小约翰著，陈德民、叶晓辉译：《传播理论》，中国社会科学出版社1999年版，第9～10页。

② 斯坦利·J.巴伦著，刘鸿英译：《大众传播概论 媒介认知与文化》，中国人民大学出版社2005年版，第5页。

努力与协商而形成的"。① 没有这种共识,传播活动不论在何种文化形式中都是不可能的。因为传播要求传播者和接受者对于传播符号能指与所指基本对应关系有最低限度的约定俗成。而传播过程又使参加传播过程的每一个人或者一个群体在接受新的信息补充后,对自己的共识框架进行修改。

由于共识形成的历史与现实原因,共识的倾向性问题也受到关注。例如政治、文化、经济在形成"共识"的过程的"参预和导向"等。

媒介既有工具性,纯粹起信息通道的作用,又具有角色性,媒介有自己的宗旨和运作目标。

二、信息、传播者、接受者

当我们把传播看做是意义构成过程时,接下来要提出的问题是构成意义的主要因素是什么,它们彼此之间的关系如何。这些因素主要由三个部分构成:

1. 信息(符号 sign——符码 code)与文本

经由传播的信息是被符号化的"事实",所谓符号化是指原本事实以符号的形式出现时,符号的特征决定了它的存在。符号具有三个基本特征:有某种物质形式,这个形式具备代表自身之外的另一物——意义的合法性(被人们承认并且可以使用)。例如"高山流水"一句。通常情况下高山和流水是指自然地貌形成的物状,如果把"高山流水"放在俞伯牙与钟子期因一曲《高山流水》成知音之交的故事中,便具有了知音之意。

俞伯牙与钟子期的故事　　　《高山流水》风景写意图　　　《高山流水》双重表意

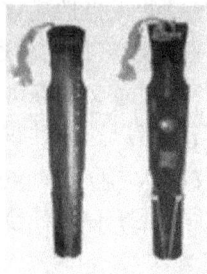

① 约翰·费斯克等编撰,李彬译校:《关键概念 传播与文化研究辞典》,新华出版社 2004 年版,第 55～56 页。

一种符号系统被称作符码,它包括了使用这些符号的文化成员约定俗成的规则。例如联想。联想只要是具有逻辑性和合理性,一般就可以获得分享。

符码有表意符码、行为符码和其他专业符码。

表意符码以语言为代表,是所有符码中最基础、最重要的。表意符码的主要特征是:具有意义的最小单元。例如:孩子、大山、道路等;这些单元根据排列组合规则构成一个基本信息或文本。例如:大山里的孩子寻找到走出大山的路;这些信息或者文本的意义是在交流者彼此的认同或分享的文化经验中获得;具有被传播的条件,经由任何传播媒介进入意义解读过程;它们可以是一种分类、组织与理解其他素材的方式。例如,"大山里的孩子寻找到走出大山的路"这句话至少有两种意义被解读:在行程的语境中,可以解释为一个在山区的孩子找到走出来的路。在解决贫困地区儿童入学的话题中,被解释为走出落后的生存环境。

公共服务方面一些常见的符码因为其图像化程度较高,可以被看做是行为符码和表意符码。例如,公厕的标识,作为行为符码它直接对应了人们的行为;作为表意符码,它保留了一个符号代替另一符号的可能。①

专业符码是指在某个专业领域人们符号的意义和组合规则。例如,地图册的识别、医院的医疗器械等。

信息可以被理解成由一系列符号组合而成的意义。文本是意义所在地,文本也包括了符号与符号的排列、被标识的形状大小(如图像)、待遇的区别(篇幅的大小)等。

2. 传播者与受众

传播者类似一位作者,他可以是一个有文化身份的"作者",或是一个社会认可的职业人,但不是一个单纯的"写字"的人,例如,过去在邮局门口摆小摊专门给人代写家信或者告状文的先生。在日常传播行为中,许多作品真正的作者是很难确定的,因为在生产过程中,有许多人都以不同的方式参与写作。大众传播媒介更是如此。例如,电视作品有编剧、摄像、剪辑、播出,更有电视媒体的时间价值左右作品的内容、方式和诉求。所以,"作者身份是加诸写作领域的一种社会制度;它不是书写的行为与职业……作者是劳动的一种社会分工的产物,而作者身份是一种意识形态的观念,其功能不仅在于赋予

---

① 参阅约翰·费斯克等编撰,李彬译校:《关键概念 传播与文化研究辞典》,新华出版社 2004 年版,第 258~259 页。

某些作品与作家以特权,而且更重要的是赋予某些思考文本意义的方式以特权"。① 当传播者在一个工作领域从事传播活动时,是在"一个具有自身历史、生产方式、类型、习俗以及既定实践的自为领域"。在这个领域,传播者与作者一样在"很大程度上受制于他能利用的话语资源",②传播的信息产生意义依赖于它的传播条件和使用情况,其意义也总是超出传播者自以为设定的范围。

传播者作为一种社会分工的产物,其身份的概念一旦被确认,它就拥有一种"权利",获得信息的权利,对真相描述的权利、对事实解释的引导舆论的权利等。如果这些权力成为传播者控制舆论继而控制意见市场的"专利",又没有另外的监督系统的话,就形成"霸权"。在对传播者的身份作如此揭示性理解后,我们还必须承认信息对于我们的重要性同样也意味着传播者对于我们的重要性一样。

一般传播活动中的受众与传者的角色不固定,他们依据话题随意转换身份。例如,网上聊天室里的情形。大众传播过程的受众不同。这种不同将在下一章中讨论。

我们可以从两个层面分别研究传播者与受众在传播过程中发生的行为(见表 2-1)。

表 2-1

传播者	受传者
无功利性的传播行为:向陌生人派发礼物;公益捐赠;言语的关爱;无偿献血;免费信息等	不需要付出成本代价,接受传播者的传播行为,成为意义的享用者。产生满足并且会扩大这种满足。媒介社会形象好,有美誉度
有功利目的的传播行为:传播是要索取报酬的。有的报酬是直接的,有的是间接的。直接的报酬是指获得信息要付费,间接的是指作为受众要成为收视率(阅读率)的数字之一,包括付费频道等	与传播者在某种意义上建立了买卖关系,对于付出报酬的传播行为有权利提出批评,理直气壮地拒绝

传播与受传行为彼此互动的情形有三种:受众不予理睬传者传播的信

---

① 约翰·费斯克等编撰,李彬译校:《关键概念 传播与文化研究辞典》,新华出版社 2004 年版,第 20～21 页。

② 约翰·费斯克等编撰,李彬译校:《关键概念 传播与文化研究辞典》,新华出版社 2004 年版,第 20～21 页。

息;受众以半信半疑或者漫不经心的状态接触信息;认真对待各种信息。产生这三种情况的原因是多方面的。除去个人以往和正在经历的事情直接或者间接的影响,在传播者与受众彼此的文化背景中给予考察,得出的结论是信息传播之所以获得预设的传播效果,是经历了传播者与受众已经形成的、复杂的文化通道。例如,一场橄榄球比赛的实况转播与一场世界杯足球比赛的实况转播在不同国家产生不同的效果。橄榄球在美国会出现观看盛况。足球在中国观众较多,橄榄球观众较少。又如以麦当劳和肯德基为代表的美国快餐概念为例,它们对于儿童和年轻人更有吸引力和影响力。

三、传播的形式

传播形式因人、因时、因地、因事而异,完全的重复是没有的。如果我们忽略细节的差异,可以归类的形式是:

1. 移交/传输/交换过程

一个人把对事物的看法移交给另一个人,依次继续下去。一个人或多个人独自占有的意义变成更多人共同享用的。问题的关键是观念/看法的移交与物质的移交不同,物质的移交基本不增加或者减弱物质本身的质量,例如一封邮件的寄送,除了在时间上有区别外,信的内容不论经过多个移交环节,基本上没有改变。信息的移交必须介入解码过程,也就是意义第二次生产过程(第一次是指事件变成信息文本的过程)。

2. 连锁/链接过程

连锁是指在不同的地点以相同的方式传播共同的内容。例如,肯德基店实施全球连锁出售。连锁式传播,可以使生活在不同地区、不同时差的人们获得相同的信息,达成共识和了解。在信息全球化的背景中,这样的连锁式传播,依靠覆盖的强势,也容易导致信息使用的同质化。

在互联网技术支持下,链接是传播者与受众同时可以进行的信息增值过程,或者是将信息深入解读的过程。在日常生活中,事事彼此相关,处处彼此相连。传播总是在寻找彼此的相关部分,在背景、在过程、在关系、在系统、在历史、在社会生活的任何一个点都可以找到这种链接的可能。传播的链接过程是建构社会的整体意识的过程。例如,新闻深度报道就是把许多表面孤立的事件链接起来给人们看。

3. 接受/认同的互动过程

接受信息在第一个层面是丰富自己的阅历、增加知识"库存"、获得经验的过程。第二个层面是两个或者多个参与者彼此进行意义交换与协商的过程,是符码、规则的制定者、使用者之间的传播与交换,也就是互动的意思。这样的互动可能是面对面及时交换、反馈与协商,也可能是在一个人获得传播意义后完成的这个过程。例如,当我们面对摄像镜头接受采访的时候,我们所说的话被定在某种互动的语境中。包括话题、具体内容和语境。

话题:这是根据媒介的报道需要事先预定的。

具体内容:这是针对某些在场(观看电视的人也是一种在场)的他人说的,他们对我们所说的话感兴趣与我们说他们感兴趣的话。

语境:是指我们进行传播交流时,对我们的话语倾向(表述、判断、态度)进行限定的力量,一种来自社会构成与制约的力量。它体现在两个方面:一是"某种社会情景或环境的直接而具体的特征"[①],例如,当你被问及北京申请举办 2008 年奥运会成功的感受时,你的回答已经被北京申奥的社会情景所限定,你的感受与这个情景相一致,也许你的表述方法不同;第二种情景是一个更大的范畴,它由社会、历史、政治综合构成一个意义,前面提到的话题、言说内容也在这个语境的限定之下。

四、传播的效果

效果是指媒介信息对个人产生的假定的直接后果与影响。大众传播媒介在日常生活中所扮演的角色越来越重要,对这个社会的影响也得到普遍认识。例如,对政治、文化、教育的影响,对社会群体与个人的影响。传播效果主要有三个方面的影响。

1. 引起受众对信息的注意,并且有所反应

这种效果通过收视(听、阅读)率的调查可以提供证据。例如,多少人在看、喜欢不喜欢等这样的简单结果。

2. 产生刺激

信息传送者有选择提供可能引起刺激的信息进行传播,假设这些信息可以促使受众作出回应。例如,西方新闻传播的一条"人咬狗"新闻原则,就是强调新闻信息的趣味性、奇特性和意外性,通过不断刺激培养依赖性。

---

① 约翰·费斯克等编撰,李彬译校:《关键概念 传播与文化研究辞典》,新华出版社 2004 年版,第 58 页。

3. 影响意识、价值判断

传播信息不仅传播信息本身的价值取向,同时信息的选择原则、表达方式、叙述角度等也有一定的价值取向,传播过程也是在强化这种意识。

随着人们对于媒介认识的深入,对于传播效果的研究发生了变化。一开始对于媒介效果的描述和结论,表现出人们对强大的媒介势力的敬畏与震慑,关于媒介效果的"皮下注射"理论被广泛接受,并且运用到舆论的形成、政治见解等方面的学术研究中。这种观点倾向在于把个体与他所在社会的复杂关系割裂开来看,将社会群体与个体的复杂关系忽略到最低的程度。但是这种思路导致的研究结果,很难提供令人信服的事实,以证明直接的没有经过人际关系中介的传播效果的假设。事实引起的反思,使人们重新思考个人与媒介、与媒介意外事务的复杂关系,把个人的信息解码过程放置在社会关系与话语关系的语境方面,假定个人的解码行为和对媒介的反应是在这样的情形中发生的。这种转向在理论上的突破,本文将在关于大众传播效果理论的介绍中详细阐释。

第三章
大众传播

　　关于大众传播的界定是一个比较复杂的过程,因为对于大众传播既有常识性的解释,例如将其理解为报纸、广播电视、杂志、网络、广告等,有时还包括书籍、流行音乐。因此,在使用这个概念时,大众传播经常与大众媒介混在一起。其实,大众传播可以理解为大众媒介与受众之间意义共享的过程。大众媒介就是指大众可以同时共享的媒介。如果从更加宽泛的视野对大众传播下定义,它也包括了教育、宗教、话语本身。

　　大众传播是指"在现代化的印刷、银幕、音像和广播等媒介中,通过公司化的财务、产业化的生产、国家化的管理(集团化管理——笔者注)、高科技、私人消费化的产品等形式,向某种未知的受众(不确定的大多数——笔者注)提供休闲式娱乐和信息产品的过程"。①

第一节　大众传播的特性

　　大众传播与一般意义上传播的主要区别在于其使用的媒介必须是公共的,不论是有线传播还是无线传播时代,或是网络传播时代。公共使用的媒介本身就涉及公共道德、公共价值、公共信仰和公共管理等方面的问题,也与管理和体制、系统运作、维护经营密切相关,这些构成大众传播的特性。

---

　　① 约翰·费斯克等编撰,李彬译校:《关键概念 传播与文化研究辞典》,新华出版社2004年版,第158页。另外一种解释:"大众传播由一些机构和技术所构成,专业化群体凭借这些机构和技术,通过技术手段(如报纸、广播、电影等)向为数众多、各不相同又分布广泛的受众传播符号的内容。"引自丹尼斯·麦奎尔等著,祝建华等译:《大众传播模式论》,上海译文出版社1997年版,第7页。

一、组织化、职业化的传播者

我们知道大众传播是一种有机构、有组织的、职业化的传播活动。是职业传播者使用大众媒介(广播电视、报纸、杂志、网络等)广泛、迅速、连续地传播信息。传播的过程是需要有专门的技能的,以期在大量的、各种各样的传播对象中唤起传播者预期的意念,试图在各方面影响传播对象的过程。

其组织化的程度在于传播者的信息必须是经过组织,或者叫机构才能传播。这种传播是有组织立场的传播。

二、广泛、公开、快速、连续的信息传播

从其"生产"过程看,大众传播的过程包括生产供大众和私人消费的信息产品和娱乐产品,也生产出需要这些产品的人数(收视听率)。从其公开性讲,大众传播体现出公众的知情权和信息使用权,因此,真实、客观、公正成为大众传播的基本原则。

大众传播的接受者人数众多,背景各异。

从其预期效果看,大众传播的产品作为消费品与物质消费品的根本区别在于它在任何的消费过程,都会影响人们的观念,价值、信仰与社会共识等。因此,尽管大众媒介的产业化生产越来越倾向娱乐化、商业化,人们依然有理由限制这种媒介被利益集团操纵,放弃社会责任。

三、传播者与接受者利益诉求不同

传播者与接受者之间关系疏远,传播者不直接与接受者发生信息交换行为,他们彼此有共同的文化背景和目的,也有不同的利益诉求。信息在传播过程可能根据传播者与接受者彼此的社会默契决定传播内容、传播方式、传播范畴。也可能根据支配传播过程的市场需要进行操作。尤其是大众传播作为大众文化①的一部分时,大众文化的产业性质(在西方学者的一些论著中,"文化工业"和大众文化之间的边界并不十分明晰,这也从某种程度上说明它们两者关系之密切)。"文化工业"是大众文化和大众传播媒介的结合)决

---

① 关于大众文化的理解,费斯克在《理解大众文化》一书中分别进行如下表示:1. 大众文化是由大众在社会体制内部创造并流通意义和快感的积极过程;2. 大众文化必须关系到大众切身的社会境况;3. 大众文化是大众在文化工业的产品与日常生活的交界面上创造出来的。参阅约翰·费斯克著,王小珏等译:《理解大众文化》,中央编译出版社 2001 年版,第 28—31 页。

定了"文化工业"与大众文化是一个事物的两面，对整个社会的文化体系来说是"文化工业"，文化工业的"产品"与为鉴赏和表现社会价值、人的精神价值的文化作品不同，这里的"产品"是为消费市场服务的日常休闲娱乐产品，需要批量生产和经由市场买卖，它的价值由"产品"出售后生产出的收视率、收听率和阅读率体现，这个时候，接受者成了消费者。

这种文化工业（或者叫文化产业）对艺术的反叛表现在两个层面：一是在技术（传媒）意义上对艺术真义的瓦解，追求同质化、大众化、娱乐化和感官刺激；二是着眼于社会的"文化工业"生产的逻辑，"机械复制"改变艺术的本质——独一无二的差异性、真实性和权威性，追求大众化的趣味，用同质化反对个性化。

从共同目的讲，首先存在着接受者的信息需要，接着出现为满足信息需要的传播者。大众传播媒介中的传播者是职业传播者，他们隶属传播机构，是传播机构雇用的职业人员。他们靠传播信息的职业获得社会地位和相应报酬。

在信息传播市场化运作下，传播者与接受者彼此直接的共同性发生了变化，市场的需要通过媒介的传播试图潜移默化成接受者的需要，接受者的需要决定媒介的产品，正在逐渐改变成媒介制造接受者的需要。

四、有预设、有目的、有策略的传播过程

关于媒介"议程设置"（agenda setting）的理论解释了这个特点。议程本意是指各种委员会按照轻重缓急的顺序进行讨论的话题——问题。任何没有进入这个议程的话题——问题都得不到正式讨论，也可以理解为得不到解决，或不被认识。媒介的议程设置是指媒介有能力通过新闻、时事与评论等报道行为，将公众的注意力聚焦于经由报道的、或者得到解释的一系列话题——问题上，制造社会的焦点（热点）话题。选择了这些焦点话题，同时意味着忽略了其他未被选择的话题。结果是被选择的话题在媒介引导下超越媒介在更广泛的领域得到讨论，其他话题则被忽略。

议程设置理论主要讨论两个方面的问题：（1）研究媒介公众提供了什么话题，在什么范围、多大范围的观点、现象、问题被选择出来后，媒介将其制作成新闻、评论、纪实性节目等。关键是这些内容是如何被合法地公认为是有重要性的。（2）这些话题是如何呈现的。以一份报纸为例，头版、头条、篇幅、字体和是否配发评论等都表现出对选择话题的重视程度。媒介议程不断将

所选话题内化为受众对重要性判断的标准。因此,媒介议程涉及媒介解释社会时的角色,媒介如何扮演意识形态中介角色等文化问题。①

第二节 大众传播的功能与基本要素

功能论是社会学研究的一个重要理论视角。功能论首先将社会看成是一个可以互相协调、彼此融合、达成共识的整体或者系统。社会可以分成各司其职的子系统。这些子系统的理想功能是共同维护社会整体的"健康"状态。因此,功能论者在研究社会各个子系统时,都要追问这个部分对社会整体而言发挥什么样的功能。例如,大众传播的功能是什么?

一、大众传播功能论

1. 功能论说

(1)拉斯威尔(Harold Lasswell)的功能说

传播学的"四大先驱"②之一拉斯威尔(Harold Lasswell)把传播的功能分成三种:

侦察功能(监视环境,如新闻报道),协调功能(联系社会,如深度报道、新闻评论),传播、延续经验的功能(传承文明,如家庭、学校、教会等)。

(2)W. 施拉姆(Schramm)的功能说③

传播学理论的另一位奠基人物 W. 施拉姆(Schramm)推出五种功能:

守望者功能。守望人类似哨兵,他守候在地平线或者高点,眼观六路,耳听八方,环视周遭环境,随时报告异常情况——危机或者机会。媒介对于社会整体而言,它始终负责把社会环境发生的各类事情告之于大众。功能是帮助人们认识复杂的事物与环境,适应或者调整自己的存在方式。因此,人们把大众传播媒介当做自己五官的延伸,靠它认识环境。在突发事件的报道中,其功能更加明显。媒介在公共危机事件中的作用越来越受到重视。

---

① 参阅约翰·费斯克等编撰,李彬译校:《关键概念 传播与文化研究辞典》,新华出版社 2004 年版,第 7 页。

② W. 施拉姆(Wilbur. Lang Schramm)将美国社会学家罗伯特·默顿(Rorbert Merton)、社会学家拉扎斯菲德(Paul Felix Lazarsfeld)、政治学家拉斯韦尔(Harold Lasswell)、社会心理学家卢因(Kurt lewin)和霍夫兰(Carl Hhovlan)称为传播学的"四大先驱"。引自约翰·费斯克等编撰,李彬译校:《关键概念 传播与文化研究辞典》,新华出版社 2004 年版,第 114 页。

③ W. 施拉姆著,陈亮等译:《传播学概论》,新华出版社 1984 年版。

决策功能。媒介把各种社会中出现的问题提供给大众(例如,批评报道、揭露性报道等)或者选择重要的社会问题发表意见(评论、链接),引起社会大众对这些问题的注意。媒介在此过程中实现劝服的目的。对受传者而言,提供或者选择既是代表大众的意见(或者说是大众根据社会分工授权媒介代替自己做选择),也是在引导大众的重要意向,大众根据劝服意见自己做出决定。

社会化功能。媒介提供知识和经验,传承文化遗产,提高大众的教育水平。大众传播使人们达成社会共识,包括道德共识、历史共识、文化共识和集体记忆,同时也认识差异。

娱乐功能。大众传播媒介利用技术发展在愉悦大众方面提供越来越多的内容和形式。因此,媒介在提供娱乐节目,供大众欣赏,使人愉悦,获得享受等全面服务项目上占有不可替代的优势。

商业功能。大众传播的商业功能有两个方面:刊登、播放广告;提供商业信息。媒体在商业化运作过程中,往往依赖广告维持正常运营,并且从中获利。因此,在商业逻辑支配下,传播信息变成了副业。以电视为例,节目会成为镶嵌在广告播放单中的"插播内容"。例如,某频道为了赚回买断一部电视剧首播权的钱,并且获利,根据电视剧发行方的要求,增加关于这部电视剧剧情的"神算节目",电视台在宣传该片期间,新闻主持人也要穿起剧中人物的戏服,在新闻节目中定时穿插此片的拍摄片花等。

2. 大众传播功能与传播学的经典命题

根据社会结构功能论,我们将传播功能区分为显性的功能与隐性的功能两个部分。默顿认为,社会需要的功能是显性功能,不需要的是隐性功能。社会想要的或者不想要的标准来自对社会某些制度或者群体是否有利。[①] 所以说,社会需要的功能虽然是正常功能(功能正常 functional),不需要的功能是非正常功能(功能障碍 dysfunctional),但是,对于不同的群体而言,属于一个群体的正常功能,对于另一个群体可能是一种障碍。这也是对功能论过于强调各社会群体彼此之间的共识性的不足提供的一种修正。根据修正的理论分析以上几种功能,我们得出这样的结论:大众传播媒介的几种功能在传播过程中不是对等的关系,任何一种功能的突显与媒介运作的宗旨有关。每一种功能的重要性也因为使用人群不同产生区别。

---

① 约翰·费斯克等编撰,李彬译校:《关键概念 传播与文化研究辞典》,新华出版社 2004 年版,第 114 页。

大众传播功能涉及传播学的如下经典命题①：

什么是大众传播	(1)显性的(manifest) (3)功能
	与 与
	(2)隐性的(latent) (4)功能障碍
它如何进行	
	(5)监视(新闻)以利于 (9)社会
	(6)联系(选择) (10)个体
	(7)文化传承 (11)次级群体(subgroups)
	(8)娱乐 (12)文化系统

今天人们对于功能论的批评主要集中在以下两个方面：(1)这个研究视角过于强调社会各部分之间的共识，共识的基础是社会各群体之间的基本利益的一致性。这个基础被更多的学者认为是一种理想，不是现实。(2)它对于社会变革和转型出现的问题不能给予合理的解释。尤其是在文化研究的视角中，许多结论直接否定这个"共识"的可能性。

二、大众传播的基本要素

大众传播作为一个过程其实施的基本要素如下。

1. 讯息、内容、形式

讯息(消息)是指在大众传播过程中传递的内容，也是唯一的承载意义的文本。讯息是大众传播过程发生的第一理由。对于传播者来说，讯息是进入编码程序之前的初始内容，编码者将其转换成能够被传播的形式，例如，文字形式、图像形式、声音形式等。对于接受者而言，讯息是解码之后的初始内容，接受者将其还原成初始状态。讯息又是传播者借以影响接受者的中介。讯息可以实现传播的目的，体现媒介的用途。

对于讯息又可以被理解为内容与形式。之所以把内容与形式放在一起讨论，是因为这两者难以从解释中分开。如果硬性地将二者分开，就像已经产生的误导那样，把内容看做是先在的，形式是赋予内容的一种包装。犹如先有糖果，再给包装糖果纸一样。按照这样的解释，传播者给内容(初始讯

---

① 约翰·费斯克等编撰，李彬译校：《关键概念 传播与文化研究辞典》，新华出版社2004年版，第115页。

息)包上通行的传播模式,传播后经由解码者将"包装纸"去掉。

事实上由于内容与形式的彼此影响,区分二者难以得出准确的结论。一个颇具说服力的例子是当一部影片被冠以纪录片时,观看者把影片中所讲的故事看做是真实的故事。如果是一部艺术片,观看者不再将其当做真实的故事对待。区别在于给该片归类的形式。

对于大众传播所传递的讯息我们可以从三个层次理解:

第一个层次是作为初始讯息传播的层次,例如,新闻业务(采、写、编、评)主要教授掌握新闻语言的技能。这种技能一般要强调讯息的抽象性或者单纯性,类似小学到初中阶段的语文学习。这些教科书式的知识认为有一系列具有普遍意义的新闻情节、结构和表达模式,这是新闻从业者的入门知识。它们可以被汇编成册,供后学者参考、借鉴。

第二个层次是媒介话语层次。在这个层次讯息的意义不再是简单的"时刻表式"的表达,媒介的内容/话语是结构化的、互相关联的话语。在传播者进行新闻采、写、编、评之前,已经存在既定的媒介话语结构,任何一条讯息都是按照媒介话语结构得到表述的。新闻报道同样栖居(inhabiting)在"有关阶级、性别、国家、种族、年龄、家庭、个性的话语"中。①

第三个层次是文化层次。从文化研究的层面看话语问题,任何话语都不仅仅是指涉一种具体事物——实物,话语是制造与再造意义的文化循环过程。米歇尔·福柯的理论对这个过程有深刻的揭示。福柯强调话语是社会化、历史化及制度化形构的产物,意义就是由这些制度化的话语产生的。我们所认可的许多意义都经历了话语之间的意识形态斗争,通过媒介、交谈、学校教育等领域展开的斗争既受制于某个领域的话语结构,又受制于整个文化领域话语结构。某些话语也为赢得承认,哪怕是一点承认而进行艰巨的斗争。例如,已经取得合法化、自然化地位的父权与争取平等的女权之间的话语斗争。

2. 职业传播者

大众传播媒介的传播者作为传播事业的从业者,与其他专业人士一样,有自己的专业理念和专业精神。

关于专业有三种解释:根据科学分工或生产部门的分工把学业分成的门

---

① 约翰·费斯克等编撰,李彬译校:《关键概念 传播与文化研究辞典》,新华出版社 2004 年版,第 85 页。

类;产业部门中根据产品生产的不同过程而分成的各业务部分;专门从事某种工作和职业的。专业是社会分工的结果。专业包含了专门的知识与技能。

关于专业(profession)的特征一般包括以下内容:[①]

基于理论化的、非常识性知识的专门技巧;

这些技巧是通过全面的、往往是深入的教育而获得;

这种教育使得常以"专业"名义对职业准入的控制成为可能;

它也通过伦理符码对从业者的行为进行控制;

它更强调与个人利益相对的公共服务。

专业的普遍要求是专一、独用。强调专业的职业性,是强调它拥有系统的知识和技能,而这些知识和技能可以通过教育和训练而获得;专业应该向一切需要它的客户和公众提供高质量的、单纯的服务(没有任何附加条件,如,医生与患者的需求关系满足治病)。

其中,个人与专业的关系一般指个人专业技能与专业工作需要的满足程度,它包括了谋生——获取相应的报酬。由于专业技能包括了服务质量,所以在专业服务过程中只强调专业精神——平等对待一切服务对象,超越阶层、类型、财富等社会偏见。在这个层面,又涉及专业(职业)道德问题。在19世纪中期,美国新闻从业者不仅视自己犹如医生、律师、神职人员那样的专业人员,而且在建立了新闻的专业协会后,通过不断强调大学新闻教育和职业伦理标准,以进一步促进专业化。

专业主义(professionalism)就是强调专业的优先位置。新闻专业主义往往把新闻工作的道德信仰、职业操守、社会责任等词放置在一起,彼此在一个纵聚合的范围,也有了相互可替换性。关于新闻的技能和系统知识基本不在考虑之内。这种关注在强调专业主义的时候,希望新闻工作能够以上述概念所指意义为优先原则,期待着新闻与政治和市场的脱离。

任何一个专业的最高信仰都应该是体现了人本精神的。一个简单的逻辑是:一切为了"人类的共同利益",医学把救人放在了优先的位置(救死扶伤);律师把不冤枉人放在优先位置(法律面前人人平等 ——公正);建筑把安全放在首位(安全第一);新闻把真实、客观、公正放在优先位置。在这样的表述中,我们发现一个问题,新闻与人的生命安全不存在直接关系。新闻的最

---

① 约翰·费斯克等编撰,李彬译校:《关键概念 传播与文化研究辞典》,新华出版社2004年版,第224页。

高信仰是在另一个层面谈到的。这个层面涉及人的思想的自由和权利。因此，新闻专业主义一开始就把自己重点放在职业道德与行为规范的建设和坚守方面，意味着它在乎新闻专业与其他专业一样是一项神圣的事业，不是就业的工具。由此，真实、客观、公正、社会责任、良知、独立、自主等词汇与新闻专业主义互唤着，成为其核心内容。

今天我们谈到专业这个概念时，已经不是对专业假定的状况的想象。"一种专业不是一种职业，而是控制职业的一种方法"①，这个时候专业在道德层面涉及一个与外部的关系，这种关系涉及内部与外部两个层面：内部主要与知识技能有关；外部包括：专业组织与政府的关系、权力部门的关系；与公众的关系。

就此而言专业也关系到一种权力。一种职业具有对一个相对应领域的权力与控制，这种权力与控制"最终用来使从业者（与专业）而非顾客（公众益）受益。专业知识与实践，首先用于确保从业者与顾客之间不平等的权利关系，同时也为从业者所宣称的自主与报酬提供一个重要的依据"。② 媒介专业人员（记者、编辑、主持人等）所具有的专业知识确保他们在信息的获取和处理方面拥有更多的权利，这些权利包括：独家占用的频道资源、在信息传播交换市场占据优势，刊号资源和随之而至的市场利益。所以，专业主义作为一种职业观的重要性是两个方面：一方面强调专业化的价值、习惯和实践可以反抗来自复杂的制度化与组织化语境的控制，进行理想的大众传播；另一方面，成为为专业的权利、地位与报酬进行抗争的策略。

3. 传播代码

传播代码是指每一种传播媒介所独有的符号系统。例如广播使用声音符号，电视使用声音与图像符号，报纸、杂志使用文字与图像符号，网络传播可以传播各种符号等。对于各种符号的研究，可以是美学意义的，即研究表达方式与表达效果的关系，并且经常提供范例为指导。另一种作符号学方面的研究。这一点本文已经有了前述。

4. 媒介（medium/media）

大众传播媒介在确定了大众身份后，可以在三个层面得到解释：

---

① 约翰·费斯克等编撰，李彬译校：《关键概念 传播与文化研究辞典》，新华出版社2004年版，第224～225页。
② 约翰·费斯克等编撰，李彬译校：《关键概念 传播与文化研究辞典》，新华出版社2004年版，第224～225页。

一是指传播活动得以发生的公共机构,这个公共机构是为社会传播所需讯息的中介(mediation)。中介是大众媒介的基本效用之一,这意味着媒介作为一个制度性的公共机构,首先应该是为大众传播信息、社会知识和文化价值,其次是作为社会各个阶层、不同利益集团和等级之间的共同中介。

二是指媒介是专门从事讯息传播、不断扩大传播范围、提高传播速度的一项科学技术。广义讲,声音、文字、姿势、表情、服饰、表演等都可以被视为进行传播活动的媒介。狭义讲,媒介作为一种技术的存在,其传播活动社会化、公共化对技术的依赖越来越多,尤其是大众传播媒介。媒介即讯息揭示了媒介技术以及由这种技术所规定的传播方式和特点大于具体的传播内容。

三是指传播方式,例如,纸质媒介还是电子媒介。在这层意义上我们经常谈到的有:广播媒介、电视媒介、报纸媒介,还有书籍、电影、照片、唱片等。

5. 把关人(gatekeeper)

把关人是指在新闻机构内部拥有决断权力,可以筛选、修改或者中止讯息的编辑。在新闻机构,记者、责任编辑、部主任、主编等是不同层面的把关人。新闻是经过选择性过滤或"门区"的成品,新闻不再是原始讯息。新闻从业者占据机构内部组织的不同位置,完成将原始讯息变成新闻产品的工作。这个流程第一阶段是新闻采集,由记者根据新闻专业知识要求采集到原始的讯息(其实这个阶段也已经是在浩繁的讯息流中有所选择了)。第二阶段是由把关人对素材进行选择和编排(增补、节选与删除),把关人通过选择性的控制制造媒介所需的新闻。把关也意味着对一些讯息开门,对另一些讯息关门。

由此可见,把关人对于最后传播的新闻内容是至关主要的位置。以新闻的纯粹性讲,把关人根据专业知识对采集到的新闻素材做出客观、公正的判断,因为客观、公正被视为新闻存在的根本。但是,把关人实际上受到的压力不仅仅来自专业职能方面,还来自政治、经济、传统、利益、偏见等方面的压力,常常使把关人放弃或者部分放弃来自专业职能方面的神圣要求。因此,对于把关人的研究,也侧重在寻找与分析这些压力如何影响把关人的行为。

6. 受众(audience)

受众是关注媒介的个体或者群体。受众最初的意义是指人数不确定但是具有公众性的听众群体。我们把大众传播媒介的传播活动比喻为一个没有剧场限制的露天剧场的话,受众类似观看演出的观众。再看受众与观众的区别:受众彼此不相遇,所处地方不同,观看方式随意。但是,他们却能够同时观看同一场"演出",他们与传播的内容形成互动,能够形成初步的共识和意见。他们通过传播带有现代社会的基本标记形成共同的需求。

关于受众的研究一直是大众传播媒介研究的核心问题之一。早期的研究把受众看做是分散的、消极的、没有个人主见的媒介接受者。面对庞大的媒介机构,受众像是无缚鸡之力的弱者,任意由媒介左右其认知。这种来自传播效果的关注,把受众对于媒介的反应看成是直接的、没有中介的结果,刻意强化媒介的作用。今天,人们对于受众的解释已经在一个有互动关系和因果关系的社会结构框架中进行,强调"不同群体成员与大众传播媒介文本间的解释性关系"。[①] 在继续的研究中,受众的主动性地位不断被提升。

7. 解读

解读是包括创作与阅读整个过程的一种活动。文本创作向阅读开放,期待其全部的内涵和"文本肌理"被赏识。阅读因为与创作者的社会地位、文化背景相近或者相同,保持了文本的倾向。因为与创作者的社会地位、文化背景差异,产生不同的倾向。一个文本虽然向若干潜在的解读开放,但是通常倾向于某种解读或者多种解读。根据艾柯的理论,文本分成开放式和闭合式两种。闭合式的倾向一种解读,开放式的倾向多种解读并取。大众传播媒介的讯息文本倾向于闭合式解读。例如,新闻报道保证其真实、公正、客观,力求人们关注事件本身的要素,避免歧义。

在文化层面理解解读,不论是针对文学作品,还是新闻作品的解读,都受到社会条件的限制。霍尔关于电视文本的制码和解读方式的分析中,将解读分成三类:[②]

(1)主控——霸权式解读。这种解读是按照编码者的设定和倾向,完全、彻底地接受文本。这叫作倾向性解读。政治宣传类的文本创作期待这种解读。

(2)协商式解读:首先承认主控符码的合法性,然后根据自己的社会地位和环境调整主控符码使其适应自己的需要。例如,对于物价上涨、房价高升等关乎民生的新闻文本的解读,作为个人阅读行为,由于受到信息来源的限制,无法获得更多的真相,因此对于媒介文本基本保持一种信任,对其中一些

---

① 约翰·费斯克等编撰,李彬译校:《关键概念 传播与文化研究辞典》,新华出版社 2004 年版,第 18~19 页。

② 参阅斯图亚特·霍尔著,王广州译:《编码,解码》,载于罗钢等译:《文化研究读本》,中国社会科学出版社 2000 年版,第 355~357 页。

明显倾向地方政府的表述,读者仍然保留自己的不同看法。

(3)反抗式解读与倾向性解读完全相反,反抗式解读表现出一种激进情绪,对于文本认为正面的思想,往往给予否定的解读。

在一个多义的文本中,以上三种解读不是泾渭分明的,其中多个信息由于与解读者的关系不同,也会形成不同解读。

例如,在城市道路扩建活动中,对于扩建机动车道路,缩小自行车和人行道的报道,会得到不同解读。基于主控——霸权式解读,认为这是迅速解决城市行车难的最佳办法,这种看法来自大多数私家车主;协商式解读认为这是解决城市行车难的一个办法,但是同时应该控制车辆增长速度,也要保证人行道的宽度和质量;反抗式解读认为此举是在保护富人的利益,不惜剥夺穷人的走路权,是不平等的。

之所以对一个事件(文本)能够产生出三种解读,从理论上讲是因为任何的解读都被看做是意义生成过程,整个过程是文本的结构、读者的知识和情感倾向、语境,以及上述二者同时根植的社会意义系统在解读中的相遇,而"读者总是用其意义系统的资源以产生他们'自己的'解读"。①

8. 影响

影响是指作为个体或者群体对媒介传播内容做出的反应和采取的行动。媒介的作用正反两个方面都有。或者有利于主体文化传播的影响——加强认知,或者有悖于主体文化的影响。例如,人们对于电视媒介暴力镜头的批评,认为暴力镜头渲染流血、武力和仇恨,对于青少年而言是在培植他们的暴力倾向,诱导他们的暴力行为,对于青少年的成长和社会都是不利的。

9. 噪音

噪音是传播学中的一个概念,它是指附着于信息之上干扰编码和解码行为的一种"杂音"。噪音在传播过程有两种类型:一种是因为技术水平或者设备质量导致的机械性噪音。例如,电波出现干扰,屏幕出现雪花点,声音失真等。另一种是指原本意义在传播过程受到的破坏的现象。例如,由于编码者与解码者文化差异导致的理解偏差:在西方公共场合男性可以亲吻女性面颊,在中国可以握手。在中国的礼节中,男士当众吻女性的面颊会被认为是失礼的行为;还有在传播信息时故意拿腔拿调地说话,产生滑稽效果或者嘲

---

① 约翰·费斯克等编撰,李彬译校:《关键概念 传播与文化研究辞典》,新华出版社 2004 年版,第 220 页。

讽效果，直接影响解码者准确理解原本信息。

10. 神话

神话在符号学层面指理解叙事"主题"时，人们借助已经形成的某些概念产生的联想。神话的主要功能是使被制作的事件（经由媒介传播的）成为自然事件。例如，媒介在报道一事件时，可以突出事件的某个环节，这样会导致这个环节成为主导性环节。突出某个人的官职、地位，可能导致他所说的话具有权威性，或者使解码者出于威权而无条件服从。

11. 反馈

反馈是来自控制论中的一个术语。所谓反馈，是指把被控制对象在控制信息作用下产生的输出信息返回传送给控制器，根据反馈的方式和特性的不同，可以分为负反馈与正反馈、软反馈与硬反馈、单路反馈与多路反馈、输出反馈与状态反馈等等。反馈一般与效果相提并论，根据反馈来调整控制作用。如果反馈信号的变化方向与输入信号的变化方向相反便是负反馈。反馈可以用来减少或消除被控制对象的运行状态与预期的目标状态的偏差，保持系统的稳定性，改善系统的控制性能，克服外界干扰的影响，完成有目的性的控制任务。

大众传播过程的反馈主要是针对受众对传播内容的意见。媒介使用搜集反馈的手段，获得数据和批评，然后分析得出关于控制效果的信息，检验控制作用是否达到了预期目标。例如，媒介频繁使用的收看率、收听率和阅读人数等信息，这些数据有一个大家基本认可的数字，即百分点。一档节目反馈的数据是在基本百分点以上，就是成功的，反之，效果与预期有距离。

以上 11 个要素形成圆形结构，它们不是静止的关系，彼此有互动发生。在一个具体的传播过程，11 个因素不是平均地发挥作用，某一功能会占据统治地位。这种统治地位在一次传播过程也会发生变化。

三、大众传播媒介分类

人们在日常生活中接触的大众传播媒介有五种：报纸、广播、电视、杂志、网络等，也有人认为手机也属于大众传播媒介。如果按照这些媒介的技术和信息承载、传播方式分类的话，可以分成三种类型。一类是平面媒介，以纸质为标志，如报纸、杂志；二类是电子媒介，如广播与电视；三类被称作新媒体，以数码技术为基础，包括互联网信息发布平台、互联网博客（播客）、电子杂志、网络视频、IPTV、数字电视、手机电视等等。

1. 印刷媒介

印刷媒介主要指报纸和杂志。报纸（newspaper）是有一定的编辑方针，把各种新闻信息分版面编排、印刷、定期发行的印刷媒介。报纸又分日（晚）报、周报、月报等。

报纸的特性归纳为以下几种：①报纸是定时出版物；②报纸根据编辑方针对新闻进行编制；报纸不受篇幅的限制，从理论上讲，可以无限量扩版；③报纸对阅读没有时间限制和阅读顺序的要求，重复阅读方便；④报纸的新闻具有解释性。报纸可以深入地解释某个新闻事件，或者对某个事件进行调查，提供读者尽可能完整的信息资料和深刻理解。

报纸与其他媒介相比较，不足之处是：传播速度比电子媒介慢，对读者有文化要求。与电视比较，因为缺乏图像动态传播和现场直播与目击，感染力较弱。

杂志是把不同的文章搜集在一起，根据编辑方针把文章安排在不同栏目中刊登、定期出版的读物。杂志与报纸比较，具有以下特性：①专业性。在媒介竞争激烈的时代，杂志无法在实效性和全面性方面与报纸媲美，杂志推行专业化的发展方针，阅读对象相对确定，有稳定的读者群。②印刷质量好。杂志相对于报纸而言，纸张和制版追求精致，印刷水准高。③阅读有重复性。杂志与报纸一样，依赖文字的固定性，读者不受阅读时间限制，随时随地翻看都可以。④权威性。对于专业杂志来说，其读者可以根据不同的群体设计，现在一些印刷质量精美的杂志主要为社会高端人群（有钱的、或者某种圈子的人）服务。在信息方面针对性较强，追求小众化服务。例如，时尚杂志、汽车杂志等。

杂志的主要不足是：出版周期长，时效性差，不能迅速报道新闻事件。对读者的文化水平要求高，成本也略高于报纸。读者群相对狭窄，不具备广泛性。

2. 电子媒介

传统的电子媒介主要是指广播与电视媒介。

广播是指利用无线电技术或有线电技术（电缆）向广大地区传送声音信息的媒介。广播的优势是：①传输和收听设备简便、易携带；②不受空间限制，电波可以超越国界传播，收听不受时间、地点限制；③传播速度快，在传播新闻方面，广播因为无线电不受空间限制的特性，加上收听工具的便利和收听场所的随意性等，新闻传播的时效性是其他媒介不能比的；④广播面向最广大的人群，对听众没有文化水平的要求；⑤广播还可以利用方言进行信息传播，容许听众参与。广播在社区或者小城市发展，成为城市的声音，比印刷媒介更加有面对面传播的感觉,成为理想的人际沟通和提供各种服务的工具。

广播与电视比较最大的不足是没有图像,缺乏电视图像传播的感染力。在读图时代这个不足更加突出。

电视是指利用无线电或有线电技术,向广大地区同时传送声音和图像的媒介。电视的特性是:①提供声画并俱的信息,生动活泼。电视因为提供活动的声音和图像,使人们接触电视时,获得与日常生活接触事务时相同的感觉,电视具有非常大的吸引力;②电视可以利用具体场面、情绪设计和感人的镜头,在阅听人中获得移情作用;③电视对比其他媒介更容易到达儿童,电视是针对儿童提供教育的最好工具;④电视渗透力强,收视率高,商业活动利用电视传播可以获得购买力较高的人群;⑤电视插播新信息比报纸媒介方便,图像对于人们观看习惯的回应,使观众不易忘记。

电视的不足表现为:顺序收听;对收看场所有要求;携带不够方便,一次性成本和使用成本(有线电视)比报纸、广播高。

3. 新媒体

新媒体包含的项目很多,因此很难简单概括新媒体定义。《新媒体百科全书》导言中关于新媒体是这样表述的:有人可能认为新媒体之所以新是因为它们是新出现的。可是,当我们要去了解是什么使它新出现,历史就显得至关主要。新媒体不是直接来自工程师、营销人员、程序员头脑中完全成熟的想法,它来自之前的媒体,来自人们使用新、旧媒体的经验。即麦克卢汉所说的,一种媒体的内容往往取自于另一种媒体。①

虽然给新媒体下定义比较难,但是人们却很容易举出新媒体技术与产品来。例如,数字技术、互联网、光盘、流媒体、MP3、博客、播客、蓝牙、宽带、电子商务、聊天室、电子邮件、多媒体、虚拟空间、远程教育等等。数字技术和网络传播是新媒体的核心部分。

美国《连线》杂志对新媒体的定义为:所有人对所有人的传播。这个定义打破传播者与接收者之间、人际传播与大众传播之间、公共领域与私人领域之间的界限。2006—2007年新媒体产业高层研讨会上,由北京软件与信息服务业促进中心与互联网实验室联合推出了国内首部新媒体产业的研究报告——《2006—2007中国新媒体发展研究报告》,提到的新媒体包括:博客、电子杂志、网络视频、IPTV、数字电视、手机电视等。有学者把新媒体定义为"互

① 参阅:斯蒂·文琼斯著,熊澄宇、范红译:《新媒体百科全书》导言部分,清华大学出版社2007年版。

动式数字化复合媒体"。

新媒体的理念和模式：

新媒体与传统媒体最大的区别在于传播状态的改变。新媒体可以与受众真正建立联系,具有交互性和跨时空的特点。新媒体使点对点的传播变为一点对多点、多点对多点的网络状传播。

新传播理念的产生。从传播学的角度来分析,新媒体传播产生的新理念有四个方面：个人利用网络技术进入大众传播的平台,个人式(非专业的、不固定的、随意链接、随时链接、随意组合)的非传统性的大众传播链形成;媒介即"信息"而非"意义";接受信息与传播信息形成互动,每一个使用者拥有选择的权利,主动性大大增强;因为"话题—主题"而聚拢的"新部落"(如QQ群)构成"话题受众",受众聚合与分散过程加速。以博客为例,博客(播客)这种新的传播形式几乎囊括了传统信息传播的所有样式,又可以利用互联网、数字技术将这些样式的活动状态彻底改变,建构起虚拟世界。例如,博客中的日记、书信大部分已经不再是"私密",呈现公开化。家庭相册也走出家庭空间,"晒"①给众人看。博客是把私密解开来给公众看的信息互动空间。

博客的即时性、自主性、开放性和互动性为人们提供了一定程度的话语自由,这种自由颠覆了"把关人"的概念,使博客成为较理想的公共话语空间,访问次数多的博客或者博客话题很容易成为公众的网络信息代言人。当然,博客世界里的自由同时也带了很多负面的东西,需要网民有自律的意识。

在信息爆炸的互联网中,博客既是一个信息集纳点,也是一个传播点。与传统媒介不同的是,在这里传播是随心所欲,没有定数的。对于上传者而言,可以完全凭着兴趣参加传播活动。因为这里聚集起一批非职业性的"信息打理人",他们搜集、阐释、整理信息。

信息传播成本低。新媒体(网络传播信息)信息发布费用近乎于零,受众使用多为免费(免费登陆、免费邮箱),这对传统媒体的新闻产品制作和传输成本造成挑战。

媒体融合。"伦敦爆炸案"个案体现了新媒体——多媒体整合态势。英国市民威廉·达顿拍摄了手机照片②,在朋友的博客上以近乎于图片直播的

---

① 博客多设有"相册"一栏,可以选择"公开"与"否"。

② 美国《时代周刊》公布的2005年年度的最佳照片,24张获奖照片中涉及2005年多种重大灾难,例如"卡特里娜"飓风、巴基斯坦地震、南亚海啸、伊拉克战争、伦敦7月7日爆炸案等题材。伦敦7月7日发生地铁和巴士连环爆炸案,照相手机使许多爆炸幸存者成为了记者。

方式"报道"了灾难现场状况。这些照片很快进入各大电视网的新闻头条。在这次"报道"中,手机、博客、互联网以及"播客"密切配合,将"第一时间、第一现场、第一事实"掌握手中。多媒体联合传播的巨大威力体现在传播速度快、波及面广,获得成本低。在这个过程,信息通过链接汇聚起来,经过无数个键盘编辑处理成多个样本,接收、编辑、发送、储存循环往复,有序、无序地增长起来。

2005 年 7 月 7 日在伦敦发生地铁和巴士连环爆炸案时,目击者用手机拍摄的照片①

500 万像素手机 催化全民"咔嚓"时代②

————————

① 照片来源:http://news.beelink.com.cn/20051213/1992833.shtml
② 照片来源:http://bj.beareyes.com.cn//2/lib/200708/20/20070820078.htm

第三节　大众传播与文化的相互作用

文化构筑了我们的现实社会。文化又是通过传播媒介建立和巩固的。由于今天人们对于信息的依赖(信息产业化为例)、信息的获得与媒介、传播的关系密切,使得大众传播与文化的关系越来越突出。

一、大众媒介讲述文化的"故事"

大众传播媒介不但传播信息,也讲述故事。任何一条信息都有自己产生的背景。媒介讲述一条信息出来,就已经包含了媒介的文化态度。

这个广告传递的信息是——应该买这里的楼盘。为什么要买,广告认为的买点是什么?

这个广告在推销"一夜瘦"的针灸。为什么要"瘦",看了这个与之在一起的文化信息是什么呢?广告使你对于"瘦"有哪些认识呢?①

大众传播媒介讲述我们的故事,尤其是新闻类的故事——新闻报道、专题报道、评论、纪实等为我们提供现实的定义,"为我们的思维、感受和行动制订出可循之路。故事的讲述者有极多的创造文化的机会,他们对其所编制的

---

①　图片来源于百度。

故事尽可能地承担其有职业道德的专业工作者应该承担的责任"。①

作为受众——听故事的人,一方面收集到故事中的信息,例如,一条股市信息,它直接告诉你的是股市开盘价或收盘价。你从开盘或者收盘价中知道了股市变化与银行利率有关,又知道了利率调整与社会经济发展有关等等。你的每一次媒介接触,除了信息外,还知道了周围的世界,知道了什么是价值,事情发生的原因。你同时还有权利对事件进行批评式解读,你对传播"煽、腥、色"(煽情、血腥、色情)的新闻提出批评意见。你关注新闻报道的性别意识、暴力问题、真实问题等。这也是你对个人进行文化身份塑造的过程。

二、大众传播是文化大讲堂

再没有比大众传播媒介更适合做文化大讲堂的了,事实上媒介通过许多议程设置和讨论,已经在承担讲堂中主讲的角色。例如,在新闻会客室里,我们被引入讨论各种问题:关于艾滋病,关于农民工,关于公费医疗,关于社会道德、关于荣耻观、爱国思想等。这些讨论不仅刺激多种观点的表达,也逐渐形成支配性看法,或者叫做最有力的声音。

哈贝马斯在《公共领域的结构转型》这本书中,引用了这样一段话表明电子媒介对公共领域互动结构转变的影响:

> 我们"信息时代"的许多特征使我们与大多原始的社会和政治形态,诸如狩猎与采集活动十分相似。作为游牧人民,狩猎者、采集者与土地之间没有紧密的纽带。狩猎与采集社会和电子社会都缺乏疆界,这就导致两者之间许多惊人的平行现象。在涉及男性与女性、儿童和成年人、领袖和追随者的角色时,狩猎和采集社会是我们之前所有社会形态中最具有平等趋向的社会。要维系众多不同的地域或者不同的社会场所是非常困难的,这就使个人介入其他个人的事务之中。②

正如以上所述,作为单位的集会已经被局域网络互动信息享用与传递替代,属于专业的知识也可以通过网络搜索。社会各个部门的信息可以在网上

① 斯坦利·J.巴伦著,刘鸿英译:《大众传播概论 媒介认知与文化》,中国人民大学出版社 2005 年版,第 20~21 页。

② 哈贝马斯著,曹卫东等译:《公共领域的结构转型》,学林出版社 1999 年版,第 31~32 页。

获取,包括出国旅行需要填报的表格、银行付费、网络购物、购票等等。网络把部门之间的界限、职业之间的界限打破后,个人与组织之间的关系、组织与组织之间的关系的纽带也不紧密了。这个时候,公共事务由谁来关心、以什么方式、在什么地点集合、个人关注的公共事务如何浮现等问题,在大众传播过程中被表现,寻找答案。大众传播媒介在弱化"疆界"的同时,已经开始承担"召集"和策划公共讲座的事宜。

"大众传播已经成为一个基本论坛,那里进行着'我们的文化是什么的辩论'。"[①]关于这个社会的议题经由论坛认定、提出,通过讨论,彼此互相了解,达成某种共识,进而影响社会的重大决策。甚至改变人们的观念和价值判断标准。

问题是"受大众传媒控制的公共领域是否能够以及在多大程度上能够为市民社会的载体提供机会,使他们能够与作为政治和经济入侵者的传媒力量对抗,也就是说使他们能够改变、创意地拓展和批判性地筛选受外界影响的价值、观点和原因"[②]。如果他们不是有备而来,很容易被大众传媒俘获。因此,作为讲堂的听众——受众,需要有思考能力,用批判的眼光对待每一条信息。

三、大众传播对个人文化认同的意义

文化是个体由自然人到社会人的转变过程的尺度,即个人认同(identify)并接受(accept)社会价值体系、社会规范,以及行为模式,并内化(internalize)到个人内心,成为个人价值观与行为的准则的过程。也是每个人经过社会实践使外在于自己的社会行为规范、准则内化为自己的行为标准的过程。

从心理学来看,个人的文化塑造就是社会现实个人内部化的过程。这个过程不仅使人学习和接受社会规范,获得人的语言、思想、感情,适应社会,认同自己的文化身份,而且使历史文化代代传承,使上一代人的思想、技能、经验能传给下一代,维持代际关系。大众传播媒介渗透其中的每个环节。

对文化的认同在传播意义和价值基础上进行。当一个人能够认识许多社会行动和自身价值含义的时候,他才可能开始享有文化。信息满足并且制

---

① 斯坦利·J.巴伦著,刘鸿英译:《大众传播概论 媒介认知与文化》,中国人民大学出版社 2005 年版,第 20~21 页。

② 哈贝马斯著,曹卫东等译:《公共领域的结构转型》,学林出版社 1999 年版,第 31 页。

造文化需求。在社会化过程中,各种文化模式——仪式、规则、价值、思想和实践得以代代相传,依靠群体内部个人与个人之间、群体与群体之间的传播。传播效果导致人们彼此之间的文化欣赏与认同,成为进一步传播的文化背景。

当今,信息社会将信息的重要性放在首位,大众传播不论是其角色定位还是主要功能,都是以传播信息为要旨。随着电视、电影、广播、报纸、杂志、书籍、电脑深入家庭,大众传播与所传信息对于个体的影响从幼年就开始了。信息本身的可解读性,又给予信息外延意义的功能。任何一个信息都可能负载着文化的意义被传播。例如,关于饮食的信息,除了提供饮食的具体内容:食物材料构成、制作方法、营养价值等,还会传递饮食文化的意义。例如,关于一个地区饮食习惯变化的报道,可以获得关于这个地区人们日常生活水平改善或者降低的意义。

从心理学的角度来看,电视、电影等媒介提供的视觉符号依据其直观的特点,对于儿童的影响力比较大,因此,关于电视、电影中暴力行为对观看电影、电视儿童的影响的研究一直引起诸多社会学科的重视。许多研究结果都证明了接触有暴力行为的电视、电影的儿童中,有侵犯行为者(暴力行为)比未看过有暴力行为的电视、电影而有侵犯行为的儿童多。虽然也有研究表明,看有暴力行为的电视节目未必导致侵犯行为,侵犯行为的发生还有其他原因。不过从儿童、青少年学习阶段模仿式学习大于抽象思维这一点来说,暴力行为容易被模仿在理论上也是有依据的,例如,儿童看《蜘蛛侠》模仿飞人的游戏。不论成人还是儿童,被媒介培养出来的"看图"习惯更是如此。

四、大众传播媒介的角色期待

我们的现实生活需要大众传播媒介,这种需要与满足需要之间形成一种关系,这个关系的具体内容可以理解为大众对媒介的角色期待。

1. 角色扮演

社会对一种职业或者一类人规定的期待,或者集体的期待叫做角色。角色包括两部分:在特定条件下,由其他人引起的某个人的可能行为;给予行为一种必不可少的标准。如我们的文化如不委派我们去充当各种角色,人类就不可能有表现相互作用的群体生活。

角色是一种文化现象。文化群体归属的一项主要内容是角色认同与角色执行。在一个新的环境工作,人们需要很快找准自己在新机构的角色,承担其社会赋予这个角色的任务。社会各种功能由各种角色执行。例如,家庭系列包括:妈妈、爸爸、爷爷、奶奶、叔叔。其中每一个角色在社会角色类型中规定了具体功能。父亲角色包括一个男人在与子女关系中应该承担的责任与义务、言谈与行为模式符合父亲的称谓,也是名副其实。对这种角色期待的实际反映是角色执行。双亲也是一种文化传播的代理人,他们要求子女怎样做,限制他们的行为,告诉了他们的期待与他们认可的文化价值是一致的。子女从双亲的角色执行和对自己的要求中,读懂父母要求注意的东西。所以说,在父母的期待中加入了大量的文化期待和行为的规定性,他们运用各种标准、价值、风俗和习惯判断子女。这些附加的东西成了孩子努力的标准。

角色是我们的奋斗目标,是希望。角色使我们找到被社会认可、接纳的感觉。我们不再孤独,不再彷徨。

角色扮演还有功利性质,一个人如何在角色执行过程,符合角色期待,符合要求的话,他会受到鼓励甚至奖赏。社会也会因此制定许多标准,确定角色期待的具体内容。例如,三好学生奖励、优秀××××集体奖励等。

角色扮演首先要求你具有认识期待的能力。个人角色执行是指认识期待的能力和执行过程。这种认识的获得与大众传播的关系密切。家庭角色期待、学校角色期待、社会角色期待、职业期待、个人角色想象在大众传播的信息中都会有所表示。例如,大众传播关于现代偶像的塑造,可以通过各种选秀体现。风靡一时的"超级女声",使许多女性青年从中获得鼓舞,从能够上荧屏的欣喜到成为"明星"——梦想成真的个别案例中,为自己虚拟一个成功者的角色期待,希望成为新的"李宇春"等。①

2. 传播媒介扮演角色的效果

前面已经提到这样的观点:媒介不仅是信息传播者,也是知识的传播者。"媒介不是传递'空间信息'(messages in space)的手段,而是社会与时俱进(maintenance of society in time)的中枢。大众传播'不是重要知识的体现,而是分享信仰的表示'。"②

从信息对于我们日常生活的意义上讲,大众传播媒介提供的信息关系到

---

① 2004年湖南卫视推出了以"不分唱法、不计年龄、不论外形、不问地域"为原则的电视歌赛类节目"快乐中国超级女声"。李宇春是2005年度超级女声总冠军,是由大众推选出来的明星。她在总决赛中共获得全国观众公开投票352万余票并最终夺得2005年度超级女声的总冠军,被认为是最具个性的超级女声,被媒体称为2005年娱乐圈的最强音。

② 斯坦利·J.巴伦著,刘鸿英译:《大众传播概论 媒介认知与文化》,中国人民大学出版社2005年版,第19页。

我们的决定、行动、思想、人际交往、文化认同等。因此,大众对媒介的角色期待包括:媒介要有职业道德素养和职业技能,为大众提供各种真实、客观、公正的信息。由于信息本身的偏向性,需要给予各种真实信息以公平传播的机会。由于传播者个人的文化身份局限,需要客观传播信息。传播媒介对这种角色期待的实施就是角色执行。

五、媒介信息的文化解读

如果大众传播作为一项公共事业的话,它履行自己的社会责任,站在客观、公正、真实的立场传播各种信息,并且恪守自己的职业道德。但是,当媒介作为一项产业,它的角色受市场的牵制,有可能违背其宗旨,导致其角色的偏离:错误的抉择、确定事务的优先顺序、选定不适当的基础结构或者把力量用于没有实际需要的革新方面。今天,对这些内在联系的认识比任何时候都更为普遍。

大众传播媒介在传播过程的角色扮演可以从两个方面分析:传播信息、通过信息和传播活动本身产生的意义。

传播信息方面,新闻传播技能的表达有规范性要求和基本原则的限制。包括真实、客观、公正的原则;采访、写作、编辑、评论等技能;新闻写作的五个基本要素、专稿、特稿、评论的写作格式等。传播活动产生的意义除了信息传递外,包括受制于政治、经济、媒介利益等的信息选择过程,传播者个人的文化习性和价值标准。当传播者进入角色后,角色会提出应该怎么做、不应该怎么做的要求。文化背景影响传播者的正确判断和公正描述。

以下是关于体操名将霍尔金娜参加体操世锦赛的两条消息,阅读者可以从中看出这两条消息的主要区别,判断哪些句子是纯信息的内容,哪些句子是带有媒介或作者个人偏好的内容。

《这个女皇很郁闷》

特约记者 胡 敏

时报美国专电 现在看来，15 日在平衡木练习上的一次失误绝对让霍尔金娜有了心理包袱，在体操世锦赛所产生的各单项决赛名单中，曾经的"女皇"霍尔金娜竟然无一入选。对全世界的"霍迷"来说，这绝对是一个天大的意外。站在阿纳海姆体操馆内的霍尔金娜依旧是场上的主角，只是随着岁月的流逝，往昔的体操皇后已渐渐面带倦容。一个亲临现场采访的同行这样形容他眼中的霍美人：她完全是一个生病的天使。很难想象，这个如今看起来疲惫不堪的"老大姐"就是那个曾经在场上风情万种、美艳动人的绝代佳人霍尔金娜。

24 岁的霍尔金娜的确老了，面对差不多要小 10 岁的一大群灵气十足的对手，够得上"祖母级"选手称号的霍尔金娜已实实在在感到了岁月的无情压力。就像 15 日训练中发生的典型的"桑兰式"头朝下坠落的严重失误，如果不是霍美人应对及时，恐怕现在我们已无法再在现场觅其芳踪了。

单项比赛全军覆没，团体预赛也仅列第五，霍美人目前唯一的欣慰就是个人全能进入前三，这样惨淡的局面令平时看起来冷冰冰的霍尔金娜更郁闷了。

《霍尔金娜圆梦 张楠改变历史》

特约记者 林青峰

时报阿纳海姆专电 首次参加世锦赛的中国小将张楠在昨晚举行的女子全能比赛中发挥稳定，夺得铜牌，改写了中国世锦赛女子全能项目上奖牌零纪录的历史，俄罗斯老将霍尔金娜凭借最后一轮自由操的出色发挥夺得金牌，美国选手卡里帕特森夺得银牌。

第三轮跳马比赛是张楠的弱项，拼尽全力也仅得到 9.25 分，落到了第三名。与此同时，决赛开场比分落后的俄罗斯老将霍尔金娜一点点追了上来，积分仅次于帕特森列第二位。最后一轮，张楠必比的是高低杠，由于想法太多，张楠在做杠上动作时曲腿，只得到 9.262 分，在现场观众把注意力放在中美两国的竞争上时，霍尔金娜一套表演性极强、典型的"霍尔金娜招牌自由操"不仅引得了现场观众的喝彩声,也征服了裁判的心,凭借 9.675 的高分,这位俄罗斯老将一举夺得金牌,为自己最后征战世锦赛画上圆满的句号。

第一篇报道由于使用了过多的带有作者个人情绪色彩的语句:往昔的体操皇后已渐渐面带倦容、疲惫不堪的"老大姐"、"桑兰式"头朝下坠落、"祖母级"选手称号、冷冰冰的霍尔金娜更郁闷等,给出的信息是霍尔金娜因为年龄的缘故,在女子体操比赛中彻底失败。但是,在第二篇报道中我们看到的事实是:在这一届世锦赛女子全能项目中霍尔金娜得到金牌。第一篇报道的作者有比较强烈的年龄偏见,在对比赛过程的细节描写中多处流露出这种偏见。

类似传播的偏见造成的传播偏差,没有向人们提供更为广泛的知识和自行选择观点的机会,使人们对现实社会产生错觉。

当传播权力掌握在既拥有资料又拥有情报来源而且控制了传播媒介的少数人手里时,很可能牺牲独立思考和批判性判断的情况下,促使人们接受业经认可的思想。这种单方向作用的传播媒介向大众传播统治集团所提倡的准则和规范,在很大程度上并不能反映大众的切身利益和理想。

六、麦克卢汉①的媒介文化观

麦克卢汉被称作信息社会、电子时代的先知,20 世纪的思想巨人。他的许多观点成为语录式的经典给人以启发,令人着迷,也引起深入讨论。

1."媒介是人的延伸"

麦克卢汉在《理解媒介——论人的延伸》一书中这样描述人与媒介的关系,他认为上古时代人们发明的斧子,是人的手的延伸,印刷品是眼的延伸,电子媒介是人的中枢神经的延伸。任何一种新的媒介的出现都是人的某一种器官的延伸。任何一种延伸,改变了本来的器官均衡使用的状态。某一种感官的突出,凌驾和压抑其他器官,造成人们对空间和时间认识的改变,从而塑造了人类了解环境的新方式,同时触发社会的变化。

从这个概念出发,麦克卢汉把西方历史分成了四个时代:

口耳相传。指在文字出现以前,生活于部落的人们,靠声音传播信息。

---

① H. M.麦克卢汉(Herbert Marshall Mcluhan,1911—1980)加拿大人。先后执教于威斯康星大学、圣路易斯大学、阿桑普星大学、圣米歇尔大学、多伦多大学等。

生活在声音的空间的人们,直接依赖听觉接受信息。身体的直接接触,易动感情,凡事共同参与商议。

文字出现。指古希腊荷马时期开始以后两千年,这个时候有了文字。视觉可以阅读文字接触信息。文字创造了新生存环境,人开始了脱离部落式习惯的过程。在此之前,希腊人的成长以部落为方圆,受益于部落式的百科全书,口头相传,世代承袭。说书人、行吟诗人承担传播责任,类似桃花园中人:"不知有汉,无论魏晋。"

印刷时代。印刷时代也是文字横行的时代。印刷使知识跨越部落的"围城",打破部落的界限,使部落分化。有了知识,有了非部落化的、有了富有个性的人,有了对新的教育的需求。例如,柏拉图为读书人制订了新型的计划:借助拼音字母表,分类智慧——分门别类接替了部落式百科全书。从此,资料式、分类式教育一直成为西方教育计划(系科的划分)的基本构成。这些变化体现了印刷术同一性、连续性和线条性原则。文字的统一性在中国历史上也提供了有力的说明,秦始皇统一中国的文字,是中国不同地方相互认同的主要基础。今天在中国辽阔的土地上,地区之间方言千差万别,有了文字的统一,有了彼此认同的基础。

电子时代。电子媒介是人的多种感觉的总延伸。电视屏幕上无数的光点需要人们动用感官和中枢神经,将它们组织成与现实形似的图像,带来整体感、移情感和知晓感。因此,它使人深入参与其中,难以反身自省。卫星传播使时间和空间的距离缩短,分散的世界因此被拉近距离,重新聚合,形成再部落化,形成"地球村"。麦克卢汉关于媒介是人的延伸的论说,使我们看到媒介对人的作用和影响,理解这种延伸既是媒介对于人的能力的扩展,也是人媒介化的开始。

2. 媒介即信息

麦克卢汉认为传播科技决定着历史发展的轨迹与特质。真正支配人类历史文明的是传播科技本身,不是它的内容。每一种媒介都是人的延伸,它使人的感官能力根据科技发展而延伸——部分地延伸,而且触发社会组织的巨变,于是有了多媒体时代、电子时代、"知本"时代。

媒介的发展始终伴随着技术的发展,互联网时代这一特征更加明显。回顾历史,人们可以这样认为:活字印刷术的发明对宗教改革的兴起和欧洲天主教会力量的削弱起到了推动作用,活字印刷导致了现代报纸的问世,无线电技术催生了广播和电视,数字技术将互联网深入千家万户。由于这些变化对我们生活的影响如"润物细无声"一样,当我们停下来环顾时,才会发现我们的生活发生了什么变化。

互联网、手机通讯改变了家庭成员、朋友之间的交流方式,也成为我们日常生活的一个发言者。以电视报道的政治选举为例,电视图像强调了观看的效果,并且对上电视提出具体要求。所以政治人物出现在电视中越来越注意自己的形象,甚至雇请形象设计师提供出镜建议。

技术与大众传播互相支撑的关系,使得任何一次传播都会对技术的理念和规则进行有意或者无意的强调。因为我们的每一次媒介接触首先是技术性接触,如打开、关闭等,我们使用媒介必须先接受其技术要求、遵守技术规则。技术的理念在潜移默化中改变我们。

媒介即信息强调了依赖媒介的人同时也被媒介铸造和控制着,例如,人们依赖电视,自然要受电视观看技术的控制,根据技术的要求实现观看。麦克卢汉认为每一种媒介的内容不是它本身,而是另一种媒介。一种媒介形式是后一种媒介形式的内容。例如,印刷媒介的内容是话语(媒介),电影的内容是说唱表演能力。如现代战争,通过多媒体,把我们从面对面带入到面对图像、面对解说的战争,因此,我们可以一边听着电视机中播出来的爆炸声,一边喝茶,悠闲地议论,甚至可以等到广告结束后,再继续观看战争。

强调媒介即讯息,意指媒介的运作方式改变着我们的观察角度和接触事实的方法,把我们置入报纸、广播电视、网络等媒体塑造的世界里。如麦克卢汉所说:"任何媒介或技术的'讯息',是由它引入到的人间事物的尺度变化、速度变化和模式变化。铁路的作用,并不是把运动、运输、轮子或道路引入人类社会,而是加速并扩大人们过去的功能,创造新型的城市、新型的工作、新型的休闲。"[①]

3. 媒介世界与"地球村"(global village)[②]

麦克卢汉认为,新出现的电子技术互相依赖的关系,会将世界改造成地球村的样子。麦克卢汉关于"地球村"(又译为世界村)的概念,被许多人解读为对电子时代到来的赞赏,认为"地球村"与麦克卢汉之前所言的"部落化——非部落化——重新部落化"相关。部落时代人们的各种感官是平衡的,到了非部落化时代,有了拼音文字和机械印刷以后,五官的平衡被打乱

---

① 埃里克·麦克卢汉等编,何道宽译:《麦克卢汉精粹》,南京大学出版社 2000 年版,第 228 页。
② 麦克卢汉著,周宪主编:《理解媒介——论人体的延伸》,商务印书馆 2000 年版,第 22 页。

了。阅读使人过分使用眼睛,"两耳不闻窗外事,一心只读圣贤书"会导致四肢功能的衰退。近视眼的出现也标志着感官平衡被打破。到了电力时代,人的视觉与听觉同时使用,这两种感官是平衡的,使重新部落化成为可能。因为电力时代——电视声色并重的特点调动了各种感官,虽然不能使近视眼们恢复视力。通过 E-mail、MSN 能感受到"天涯若比邻"的部落生活①。

这种认识把"地球村"看做人类向自然的回归,它的出现打破了传统的时空观念,使人们与外界乃至整个世界的联系更为紧密,人类变得相互间更加了解了。例如,我们在网络上看到一条有兴趣的信息,并且产生看法,就可以立即加入关于对这个信息的讨论群中发表个人意见。如同我们使用 BBS,在那里看到各种文章,可以及时回应该文,这些回应成了该文的注释。这种非面对面的交谈,不仅达到面对面交谈的效果,也省去了距离和到达成本,信息流通的距离感和时空限制几乎消失。在这个过程,人们接收到很多知识,虽然这些知识不是全面的,但是却使你发现原来这件事有许多想法,交流想法比获得知识更加重要。久而久之,人们在分辨事情的真伪和意义方面会有进步。这是麦克卢汉对"地球村"的积极评价。

如果用麦克卢汉关于"媒介即讯息"的思想来解释由媒介建构的"地球村"的话,我们不能够简单地将这个"地球村"与"部落"等同。电影《楚门的世界》②类似这样一个"地球村",虽然整个"村子"没有被摄像机包围,但是按照

---

① 麦克卢汉著,周宪主编:《理解媒介——论人的延伸》,商务印书馆 2000 年版,第 74～75 页。麦克卢汉认为:人用轮子代替脚,就是对脚的截除。——作者注

② 导演克里斯多夫阐释这部电影:人们已经看腻了传统影视作品中演员们的虚假情绪卖弄,也厌倦了夸张煽动且充满人为特效的情节,因此,他要造就一个全新的角色,一个活生生的、在现时生活中自然出现的角色,这就是他所选中的楚门(Truman)。楚门从出生到长大成人,都处于一个称为"海天堂岛"的巨型卫星拍摄机构的严密监视之下,一共约有 5000 台摄像机从不同的角度对着他。"1.7 亿人目睹了他的诞生;220 个国家和地区同步收看他学会走路;举世都窥视到他偷情的初吻……"他整个生活的点滴,都被隐藏的摄影机完整地记录下来,甚至他的妻子梅丽和好友马龙都是编导预先安排好的人物。该节目每日 24 小时全天候地向全世界现场播出。这是个被精心炮制的"楚门秀"(The Truman Show,即真人的表演),30 多年来这个"秀"一直创下了极高的收视率,同时也产生了巨额的收益。总体赢利甚至超过了一些小国家的国民收入!在产生惊人收视效果的同时,这样的编排在法律与道德上引起了非议。曾与楚门有过交往的女友苏薇亚,在电话里与导演克里斯多夫就有一番唇枪舌剑的交锋。苏薇亚说:"你有什么权力让一个人从婴儿开始就变成一种商品?你这样做不觉得有罪恶感吗?"克里斯多夫则这样辩解:"我给楚门一个引领他去过普通生活的机会。这个世界人们所生活的地方,是个病态的地方。而海天堂岛演示的才是真正世界的样子。你所发出的不平之鸣是多余的,因为我们没法阻止他,楚门会喜欢他自己的处境的。"而当楚门本人得知自己被如此愚弄时,愤而逃出镜头,隐藏起来。顿时电视画面变成"雪花"而中断。最后经过大搜捕,"海天堂岛"的摄头终于在海上又捕捉到了楚门,直到这部闹剧有个终结。

电子技术或者网络技术需要建构的"村子"和根据技术规则实施的"村规民约"让人们驯服在媒介世界里，包括人的延伸也被技术要求了。生活在"地球村"的人，犹如生活在电视机里的人。区别仅在于"地球村"比"海天堂岛"大。麦克卢汉的不同在于他看到技术带给人们欣喜的同时，也看到技术改变了人们自然形成的各种功能间相互配合、协调工作的平衡关系。他认为，其中任何一种功能的延伸，都会削弱其他功能，甚至使其他功能逐渐衰竭。所以，所谓的"延伸"是技术的力量植入人体后借助人体的寄生力量，人体对于这种力量往往是失去控制的。例如，美国影片《后天》的警示一样。因为，"人对自己在任何材料中的延伸会立即产生迷恋"，延伸还会使人麻木，延伸是一种"自我截除"，是为了抗衡实际生活中的刺激和压力。① 这是麦克卢汉对地球村的一种批判。

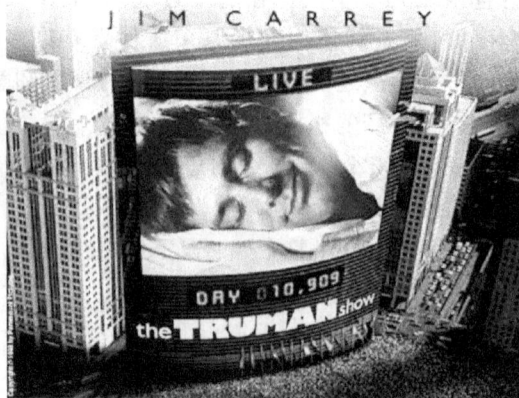

《楚门的世界》剧照（图片来源：百度）

---

① 麦克卢汉著，周宪主编：《理解媒介——论人的延伸》，商务印书馆 2000 年版，第 272～273 页。

第二部分

文化与传播实践

第四章
传播与文化偏见

　　大众传播理论一直致力于研究大众传播对于我们的个人生活与文化、社会制度的关系建构中的作用,并且做出解释,提出预见。关于大众传播的研究总是受到哲学、社会学、心理学、文化理论的影响。在谈及个体如何理解世界,接受成为同一社会文化环境下的成员共享的互为主体性的规范时,阿尔雷德·舒茨(Alfred Schuetz)提出个人校验世界的标准,称这个标准为背景性预期,"个人提倡习惯性地以一系列背景性的预期为校验标准去理解世界,而这些背景性预期会对他们的经验作出分类,并使之变得可以理解。无论个体的日常生活看起来是否具体、明晰和自然,'实际上'这些事实早已被建构出来",舒茨指出,"所有的思维都包含建构,同样,那些与思维如何根据这样的建构进行思考有关的规则实体,也处于不断变化之中。"①

　　舒茨所言的背景性预期应该是从出生开始习得的。背景性预期来自于知识,知识包括专门化的知识和常识化的知识,它们构成同一文化背景下成员们"互为主体性的规范"②。

　　大众传播对个人的观念、态度、价值体系的形成有一定的影响,这一点基本达成共识。但是,关于大众传播对个人、社会的影响到底有多大却争论不已。有人认为影响很大,例如,电视暴力、偏见与歧视、政治态度、国家民族认同等;也有人认为大众传播的影响是有限的。因为在我们的预期性背景中,经由学校教育、家庭教育和社会其他组织的教育以及以往自己的实践积累成

---

　　① 奈杰尔·拉波特,乔安娜·奥弗林著,鲍雯妍等译:《社会文化人类学的关键概念》,华夏出版社 2005 年版,第 48 页。

　　② 奈杰尔·拉波特,乔安娜·奥弗林著,鲍雯妍等译:《社会文化人类学的关键概念》,华夏出版社 2005 年版,第 48 页。

分更多。来自大众传播的效果理论经历了不同的阶段。这些经历本身不仅提供了思考这些问题的角度,也见证了对这些问题认识上的变化。社会学家安东尼·吉登斯(Anthony Giddens)说:"像报纸和电视这样的媒体,之所以对我们的经验和公众舆论具有广泛的影响,不仅是因为它们以某种特定的方式影响着我们的态度,更因为它们是我们了解社会活动的重要途径。"①

第一节 文化与认知

认知关系到人们用知识给世界以意义,也关系到人们用知识建构自己的文化身份。因此,认知"包括人类经验的所有形态:人们的思考方式、感知和认识方式,这些令他们的生活富有意义,并具有或多或少的秩序"②。拉康的"镜像理论"认为,人的自我认识过程类似于"照镜子","镜子"是一种知识、一套生活经验和社会的规范系统,人在镜子中完成自己身份塑造和自己的认识模式。从这个意义讲文化与认知有重叠之处。认知是建构文化的过程,文化既是结果也是认知的基础。

一、"镜像理论"与自我认知

镜像理论是法国著名的精神分析学家拉康(Jacques-Marie-Emile-Laca)早期思想的一个重要概念。拉康从观察猴子和孩子对镜子的不同反映开始,研究人的自我认知问题。他的观察设定儿童在语言前阶段对自己一无所知,到语言阶段开始发生的变化。研究结论指出:语言前阶段孩童没有自我感觉,没有人称的区别,"我、你、他"三种人称在孩童那里是一回事情。因此,孩童也把自己和母亲视为同体。通过照镜子孩子知道了自己,知道了如何讨人喜欢,开始符合一种要求。这就是语言阶段的开始。拉康说:"对于一个猴子,一旦明白了镜子形象的空洞无用后,这个行为也就到头了。而在孩子身上则大不同,立即会由此生发出一连串的动作,他在玩耍中证明镜中形象的种种动作与反映的环境的关系以及这复杂潜像与他重现的现实的关系,也就是说与他的身体,与其他人,甚至与周围物件的关系。"③镜像阶段的功能就是

---

① 安东尼·吉登斯著,赵旭东等译:《社会学》,北京大学出版社 2003 年版,第 570 页。
② 奈杰尔·拉波特,乔安娜·奥弗林著:《社会文化人类学的关键概念》,华夏出版社 2005 年版,第 42~43 页。
③ 参见《拉康选集》,三联出版社 2001 年版,第 89~97 页。

意象功能的一个特殊例子。这个功能在于建立起机体与它的实在的关系,或者如人们所说,建立内在世界与外在世界之间的关系。镜子中的"影像"是内在的你与外界的知识共同构造的。

二、文化认知

在谈到认知问题时,人们又将其与理性、文化联系起来思考。列维·斯特劳斯(Levi-Strauss)提出"野性思维"是"具体性的科学"。通过考察原始思维"原始人"使用词语的情况,列维·斯特劳斯认为,这些人给植物命名着眼于实际方面,是根据他们的使用经验来的,例如,他们知道"大量的植物、鸟类、牲畜和昆虫的种的识别,而且还包括关于每一种动植物的习性和行为的知识"[①],他们对于有些多不被他们使用的或被认为是没有用处的,就不去命名。例如,我们在专业语言中见到的那些概念:碳水化合物、氢二氧等。列维·斯特劳斯指出,这一特点不是为了说明"原始人"智力弱,而是强调这种认知的价值。不过人们还是习惯将这种思维看成是使用性思维,有具象性质。另一种是抽象性思维,这种思维过程"极少进行想象,也不野性,满足于在推理和知识基础上解决问题"[②]。

因此,对于现代人而言,认知是指个体对知识的获得与使用的过程,这里不再强调经验而是知识。在这个过程吸收和组织事件与文化的关系,以知晓世界。语言作为有特权的媒介,被作为种种文化价值和意义的载体。我们只有通过语言才能够理解事物,生产和交流意义,通过语言才能够共享意义。

斯图亚特·霍尔(Stuart Hall)在《表征》一书中从文化的角度分析了个人认知通达社会意义的三种关系理论:反映论或模仿论、意向理论、构成主义理论,这三种理论可以被看做是对人类认知途径的三种说法。霍尔虽然是在讨论表征理论时重点分析、比较了三种理论的本质和局限,但是,他始终用语言作为表征过程的"证据",而语言恰恰是认知的基础、认知的工具和认知的内容。所以,我们可以用这样的思路讨论文化认知问题。

反映论(或模仿论)的认知途径:首先,认为意义存在于现实世界的人、物、观念和事件中,认知的过程是将这些意义读出来,也就是获得和使用这些

---

① 列维·斯特劳斯著,李幼蒸译:《野性的思维》,商务印书馆 1987 年版,第 7 页。
② 奈杰尔·拉波特,乔安娜·奥弗林著:《社会文化人类学的关键概念》,华夏出版社 2005 年版,第 6～7 页。

知识。即苹果就是苹果。其次，反映论得以立论的基础是语言符号确实承担了被认知之物外表和质感的某些关系。但是，它遇到的难题是取消了人与人之间的差异，尤其是文化差异。简单的例子，一种文化中有玫瑰这个词，另一种文化中没有玫瑰这个词。这样一来，一种文化中玫瑰这个词无法通达另一种文化中植物园中那个具体的植物。

意向理论也叫意向性途径陈述，它有与反映论不同的理由。意向性途径是指说者通过语言把他认为的独特的意义传播给他人的过程。说者认为这种独特的意义本来已经存在于词语中，这是它们应该有的意义。这种观点强调我们大家都是通过使用语言进行传递和交流，任何个人意向的意义不进入社会约定俗成的语言规则。反之，个人的游戏，他者无法参与其中。

构成主义理论首先认识语言的公共性、社会性这个特性。不论是物自身还是说话者都不能随意指派任何一个词的意义，或者任意建立一个词与一个具体的指称对象之间的关系。霍尔认为："传递意义的并不是物质世界，我们用来表征我们的各种概念的是语言系统或别的什么系统。正是社会的行动者们使用他们文化的、语言的各种概念系统以及表征系统去建构意义，使世界富有意义并向他人传递有关这世界的丰富意义。"①认知世界也是建构世界的过程，认知不是依赖记号的物质性，例如，玫瑰的花瓣是多层的，色彩鲜艳，枝条上有刺等。认知依赖记号的符号功能，例如，玫瑰这个词表征爱情等。那么，玫瑰表征爱情的功能我们又是从何处获得的，以什么方式确定的呢？

霍尔使用"共享的概念图"②来回答这个问题。霍尔认为，人们之所以能够交往是因为人们共享很大程度上相同的概念图（这个程度只会越来越大。作者语），也就是说我们会用比较相像的方法理解和解释世界。例如，对于同胞遭遇的灾难，我们会用相同情感去理解，根据理解采取救助行动。因此，对于同一个民族而言，因为用大致相似的方法解释世界，就形成了一个彼此可以共享的文化。对于生活在地球上的人而言，在对待人的生命价值方面也有大致相似的认识方法，人类也形成大致可以分享的文化。即使有差异，也努力通过交流缩小它。

共享的概念图强调类似的认知方法，它并不能直接产生意义。意义的产生需要一种可以共享的语言。共享的概念图被我们接受需要语言，这种语言

---

① 斯图尔特·霍尔编，徐亮、陆兴华译：《表征》，商务印书馆 2005 年版，第 24～25 页。
② 斯图尔特·霍尔编，徐亮、陆兴华译：《表征》，商务印书馆 2005 年版，第 18～19 页。

将我们的各种概念与观点同书写的语词、话语的声音、视觉现象等联系起来。

三、认知过程

关于文化身份的确认与个人或者群体的文化行为几乎是同时进行的。认知过程是指人们认知思想、情感概念、评价思想——选择、评价、组织外来"刺激"的过程。也是外在的人的环境对人产生刺激后转换成个人认识经验的过程。每个文化群体的成员,从小就在他/她的生活环境中建构自己的观点。是人们经过对自己遭遇的社会事件的认识,建立起自己的一套价值观的过程,也是文化形成的过程。这个过程有两个主要渠道完成:告知渠道和反应渠道。这两个渠道就是哲学讨论的两个基本问题:理性与感性。

告知渠道告诉人们在特定的环境中要"看到"什么,提供约定俗成的知识——概念、解释。例如,苹果是一种水果,梨也是一种水果,上帝创造了世界,人民是历史的创造者等概念的形成。从幼儿看图识字,到学龄阶段读书写字,再到使用各种媒介接受和传播信息,人们在不断建构自己的知识库存,包括接触、学习、整理、归类与替换过程。这些知识形成个人的价值观、思考模式、行为准则和话语方式等。认知过程使你知道了这是什么,如何认识和把握它,并且提供他人应用的经验和结果。

反应渠道包括了情感评价、思想评价。情感包括了各种文化概念从外部对个人思想和行为的影响转化成内部的反应,也应该包括人类共同的情感要素——同情心、移情作用等。还有基本的生理反应。从文化方面看,人们普遍容易认可同族、同乡和有过相遇(一回生、二回熟)的人和事情。属于同一个文化群体的人们彼此之间有较多的共同处,他们之间是"酒逢知己千杯少",文化差异较大的人们,彼此之间可能会"话不投机半杯多"。

同时,人们的同情心也使他们能够慷慨解囊,帮助需要帮助的陌生人,尤其是老弱病残者。由此,人们对于善于帮助他者的人会给予较高的道德评价,也容易认同和接近这类人。同理,对于那些强暴他人自由或者欺侮弱小者给予道德的谴责。

一般情况下人们认为喜欢吃什么样的食品是一种生理反应,但是我们依旧可以找到许多例子来说明,对于食物的喜好在很大程度上与生活习惯有关,而生活习惯又来自文化背景。例如,生理反应现象来自腺体分泌、性欲、脉率等。但是,你对某种食物的厌恶可能是源于你对这种食物的认识,而不是实践。因此,鲁迅先生才会赞扬第一个吃螃蟹的人。鲁迅先生一定是觉得螃蟹的味道鲜美，才赞赏第一个吃螃蟹者，因为没有这第一个，鲁迅先生也不会有这种口福了。在"第一个"之前，人们完全可以根据螃蟹的长相拒绝去吃它。

情感反应还包括对什么是令人愉快的、什么是令人不愉快的做出及时的判断，根据判断采取行动等。

大众传播媒介在这个过程起到什么作用呢？人们在日常生活中接触各种类型的人是有限的，对于这些人的了解和认识主要靠媒介。因此，大众传播媒介可以通过传播一类人的负面信息使这类人成为违反社会秩序和破坏合理性的人群；同时，大众传播媒介也可以传播某类人的正面信息，将这类人塑造成社会的榜样。

思想评价是人与动物的主要区别之一。人是会思想、喜欢评价的高级动物。思想评价告诉人们他们所看到的从道德上讲什么是好的，什么是坏的。所有动物只会对现实生活有所反应——本能反应，例如，对于冷热的反应，不会做好坏反应。思想评价在决定行动方面，往往比认知和情感因素更加重要。它决定了你优先考虑什么。有些事情在情感上可以肯定，但在道德上必须禁止（包青天在断案时，遇到的情与理矛盾时，要做出评价，然后决定是情优先还是理优先）。① 有些事情情感上不能接受，道德上必须如此。例如当"泰坦尼克号"船下沉时，人们根据惯例让妇女、儿童先走。个人接受各种行为和"评价"的"刺激"后，会自觉转换成认识经验，这些经验形成信念、价值、

---

① 《赤桑镇》吴妙贞：[西皮导板]见包拯怒火满胸膛，[快板]骂声忘恩负义郎！我命包勉长亭往，与你饯行表衷肠。谁知道你把那良心丧，害死我儿在异乡。有何脸面你活在世上，快与我儿把命偿。

包　拯：[西皮散板]嫂娘年迈如霜降，远路奔波到赤桑。包勉他初任萧山县，[快板]贪赃枉法似虎狼。小弟居官法执掌，岂能做事负君王？叔侄之情何曾忘，怎奈这王法条条……

吴妙贞：你昧了天良！国法今在你手上，从轻发落又何妨？

包　拯：弟也曾前思后又想，徇私舞弊犯王章。

吴妙贞：手摸胸膛想一想，我是包勉他的娘。

包　拯：还望嫂娘多体谅，按律严惩法治伸张。

吴妙贞：你休要花言巧语讲，恩将仇报负心肠。想当年嫂嫂将你来抱养，衣食照料似亲娘。你与那包勉同一样，长大成人念文章。[快板]龙虎之年开科场，高榜得中伴君王。到如今做高官你国法执掌，你不该铡死包勉丧尽天良。我越思越想……[散板]气往上撞，你是个人面兽心肠！

包　拯：[二黄散板]劝嫂娘息雷霆弟有话讲，且落座细听我表叙衷肠。

这段唱词表达了包拯在情与法之间最终选择法的理由。

态度,或者改变这些。①

第二节　偏　见

在许多经典文学作品中,都涉及偏见的主题。奥斯汀的代表作《傲慢与偏见》②,讲述了人们因为生活阶层的不同、文化圈之间的差异,导致彼此认知上的偏见,差一点葬送了年轻人的婚姻幸福。小仲马的《茶花女》讲述了地位差异形成的偏见,贵族对出身卑微的玛格丽特的偏见。③ 莫泊桑的《羊脂球》④抨击贵族偏见的损人利己,揭露和讽刺了贵族偏见的虚伪性。《柏帛丽格子的悲哀》一文,对柏帛丽格子的崇拜来自一种固定的认知,即这是贵族经常使用的一种布料,因此也带有贵族的身份。又因清洁工佩带视其为低俗之物,带有明显的偏见。

---

① 信念——信念作为主观感知,没有对错,如宗教信念。当信念放在人类的道德天平上称一下时,有了轻重之别。天平的另一面是人类的道德共识。价值——是不同的社会环境中实施的一套评价行为规范的标准。有价值评判可以减少不确定性和纷争。态度——为适应某种环境和某类事物而采取的回应——情绪、行为、语言等。

② 奥斯汀在这部小说中通过班纳特五个女儿对待终身大事的不同处理,表现出乡镇中产阶级家庭出身的少女对婚姻爱情问题的不同态度,从而反映了作者本人的婚姻观:为了财产、金钱和地位而结婚是错误的;而结婚不考虑上述因素也是愚蠢的。因此,她既反对为金钱而结婚,也反对把婚姻当儿戏。她强调理想婚姻的重要性,并把男女双方感情作为缔结理想婚姻的基石。书中的女主人公伊丽莎白出身于小地主家庭,为富豪子弟达西所热爱。达西不顾门第和财富的差距,向她求婚,却遭到拒绝。伊丽莎白对他的误会和偏见是一个原因,但主要的是她讨厌他的傲慢。因为达西的这种傲慢实际上是地位差异的反映,只要存在这种傲慢,他与伊丽莎白之间就不可能有共同的思想感情,也不可能有理想的婚姻。以后伊丽莎白亲眼观察了达西的为人处世和一系列所作所为,特别是看到他改变了过去那种骄傲自负的神态,消除了对他的误会和偏见,从而与他缔结了美满姻缘。尊重人格独立和平等权利的追求是消除偏见的根本。

③ 巴黎名妓玛格丽特为青年阿尔芒的真挚爱情所感动,毅然离开社交生活,与阿尔芒同居乡间。阿尔芒之父责备玛格丽特毁了儿子的前程,玛格丽特被迫返回巴黎重操旧业。阿尔芒盛怒之下,在社交场合当众羞辱她。玛格丽特一病不起,含恨而死。阿尔芒读了玛格丽特的遗书,方知真相,追悔莫及。这个故事揭示了身份偏见的荒谬、虚伪和残酷。

④ 小说描绘了1870年普法战争期间,有一辆法国马车在离开敌战区时,被一名普鲁士军官扣留。军官一定要车上一个绰号叫羊脂球的妓女陪他过夜,否则马车就不能通过。羊脂球出于爱国心断然拒绝,可是和她同车的有身份的乘客为了各自私利,逼她为了大家而牺牲自己,羊脂球出于无奈而作了让步。可当第二天早上马车出发时,那些昨天还苦苦哀求的乘客们却突然换了一副嘴脸,个个疏远她,不屑再与她讲话。她觉得自己被这些顾爱名誉的混账东西轻视淹没了,当初,他们牺牲她,之后又把她当做一件肮脏的废物扔掉。无论是前面的羊脂球的食物被掏空,还是后面她被推去跟敌方军官睡觉换来贵族的继续逃亡,羊脂球都被牺牲了。贵族始终看紧他们腰包里的金子,就算是自己的恩人,当威胁到自己的利益时他们都会变成嗜血的恶狼。

《柏帛丽格子的悲哀》

一、偏见的形成

偏见是一个群体的成员对另一个群体的观念或态度,它包括:认识、印象、看法和评价等。一个人的偏见可能是基于传闻,而不是直接的证据,一旦看法形成,即使面对新的信息也顽固不变。偏见根据一定表象或虚假的信息(以经济地位、文化背景、接受教育程度、社会的阶层、个人气质、年龄、健康、性别、宗教、习俗等的不同)、独特的经历相互做出的判断,这个判断失误或判断本身与判断对象的真实情况不相符合。人们可能会包容那些对自己所属群体有利的偏见,而对其他群体尤其是相对立的群体有负面的偏见。

偏见的形成途径与其他意识形态的形成相同。人们通过家庭、朋友、伙伴、大众传播媒介和生活其中的文化环境接触形成偏见。偏见常常通过话语表现,涉及对人的偏见往往不合理地根据先入为主的观念否定他者。如使用侮辱性的言辞称呼:东亚病夫。在许多情况下偏见成为一种意识,甚至成为一种习惯,支配人们的思想和作出判断。

关于偏见的形成,我们可以用柏拉图的"洞穴"寓言来解释。在《理想国》第七卷中,柏拉图以洞穴比喻人类做出判断的依据和本质。

苏格拉底(简称苏):我要你想象下列这个情景,看看人的天性开明或无知到什么程度。想象有一个地洞,洞穴的开口朝外面的阳光,但是洞穴本身在地下很长。在洞穴里有一群从小就被监禁的囚犯,他们的双脚与脖子都被铁链紧紧绑住,以致于只能向前看而不能转头。在他们背后上方烧着火,在火与囚犯之间有一条走道相通。这条通道的前端矗立着一堵墙,这堵墙就像是表演皮影戏时,介于表演者与观众之间的布幕。

再假设这道墙之后有人正在搬运各种东西,包括了用木材或石头制造的人形或动物,很自然的,这些人里有些在谈话,有些沉默不语。

设定好场景后,柏拉图开始描述他想象中的对话。

葛乐康(以下简称葛):真是古怪的景象,古怪的囚犯。

苏:这都是依据真实生活描绘出来的,我可以这么回答你。请你告诉我,这些可怜囚犯,除了火炬的光亮投射在洞穴墙上的影子之外,能不能看见自己或者身边的囚犯?

葛:假若这些囚犯没办法转过头去,那他们怎么能看得见呢?

苏:那么,他们看得见在通道上被搬运的那些东西吗?

葛:当然不能。

苏:如果他们可以彼此交谈,那么他们会不会认为自己看得见的影子就是真实的事物?

葛:这是难以避免的。

苏:假如他们面前的墙会反射声音,你认为他们会不会觉得通道上有人说话时,其实就是由墙上的影子所说出来的?

葛:他们只能这样想。

苏:所以,囚犯们会相信这些物体的影子就是真实的了。

葛:这是难以避免的。

柏拉图接下来继续描述这些囚犯突然获释，来到充满阳光的真实世界时，会有什么样的反应。他们认为这身后的世界，即非影子的世界是不真实的、虚假的世界。这段话用来隐喻我们生活的世界，山洞犹如一个意义环境，洞壁、光线、影子构成了环境——世界的意义，我们的观看姿态——被铁链绑住只能向前看不能转头的看姿，决定了我们把活动的影子作为真实的世界。如果光线亮一点，影子看得清楚一些，但是终究是一些影子。因此，任何关于我们生活于其中的社会和我们关于这个社会的知识为我们提供的是一个有观看角度的知识，它是一个面，不是全部。所以说文化偏见是难以避免的认知方式，也是一种理解意义的知识。

偏见容易导致类的否定——因某个人累及一类人。如对某个城市的偏见，某种肤色的偏见、某类工作的偏见。偏见不仅仅来自经验，更多来自于社会已经存在的认识。对某类人的偏见不是在与他们的长期接触之后，是在极少接触甚至没有接触就产生了。偏见最容易发生在以己为本、以我为是的人身上。

例如，奥斯卡获奖影片《撞车》里所讲述的故事：故事是发生在洛杉矶——这个多民族聚居、多文化交织的大城市。影片的开始是一起看似普通的撞车事件，以及几个与这个事件有关的人。然后，镜头将我们带到这次撞车事件发生的前一天，并分别向我们展示了这几个主要人物在这几十个小时中所发生的事情。

那个洛杉矶警察局的警察（白人），希望能给自己患病的老父亲找到更好的医疗救助，但是，在 HMO，任凭他如何请求，负责处理这件事情的黑人职员就是不签署文件，不允许他父亲去找别的医生。随后，这名警察在处理交通堵塞的时候，将自己心中的怨气通通地爆发在一对黑人夫妻的身上。地区检察官与地位显赫的妻子简（白人夫妇）被两个年轻的黑人用枪指着头，只能无奈地看着他们抢走自己的越野车。回到家之后，心中的恐惧仍未消退的简，无缘无故地对上门为他们换锁的墨西哥裔修锁匠丹尼尔（少数族裔）大为光火。可怜老实的丹尼尔在当天的晚上，又一次让一名阿拉伯裔的商店店主夺去了他的尊严。

安东尼开着抢来的车，向同伴痛斥那些白人们的种族主义；丹尼尔的小女儿，搂着受委屈的爸爸的脖子嫩声说道："爸爸不要担心，我会保护你的。"片中的黑人执著地认为白人做的任何事情都是在排斥自己，于是为了捍卫自身的权益，义无反顾地对社会进行报复。另一个黑人身为著名的电影导演，因害怕种族歧视不敢向世人公开自己的黑人身份，操着一口白人口音苟且活着，即便自己的妻子被白人警官猥亵，也丝毫不敢反抗。猥亵黑人导演妻子的警官有种族偏见，但不是一个坏人，他深爱着自己患病的父亲，他奋不顾身去抢救即将爆炸的客车里的女人。而当客车里的女人认出他便是猥亵过自己的警官时，偏见一刹那消失时，白人与黑人居然可以和平共处，之前却仇视彼此，令人感伤。片中同是种族歧视的受害者为了报复别人而变得丧心病狂的波斯人，被撞了的中国人……每个人都是在偏见中给别人非公正待遇，同时也受到别人的不公正待遇。

影片揭示了种族偏见的怪圈和轮回：受其控制，没有人可以逃脱得出去。影片的剧情错综复杂，诸多主人公看似毫无关联却环环相扣，互相影响，其中的亲情、友情、爱情、父子情等，在这个怪圈里轮回着，同时也在冲破这个怪圈。

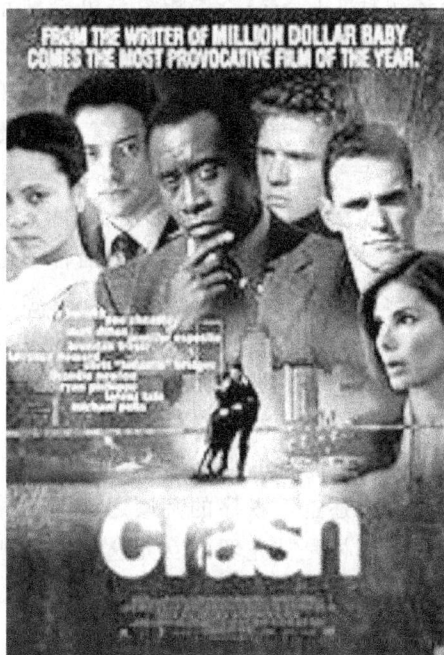

《撞车》剧照（图片来源：百度）

《撞车》告诉我们偏见的顽固性和难以改变性。偏见不是遗传的结果，偏见是习得的，习得途径与其他态度和价值观的习得相同。人们从他们的家庭、伙伴、大众媒体以及他们身处的社会中学会了偏见。

二、偏见的相关理论

偏见不仅存在于不同的宗教、种族、族裔群体,也因为文化背景、道德价值观、社会习俗的影响,存在于不同的职业、职位、学习领域。虽然偏见不同于歧视,但仍然对被负面认识的群体造成伤害。

1. 冲突理论

冲突理论突出社会中分化的重要性,集中讨论权力、不平等和斗争的问题。这种观点受到马克思关于阶级矛盾的思想影响。马克思主义的阶级理论认为,资本主义的核心就是剥削,通过剥削下层阶级获得权力和财富。"马克思指出了资本主义企业中的两种主要元素。第一种是资本,即任何资产,包括金钱、机器,甚至还包括工厂……资本积累与第二种元素,工薪劳动者密不可分。工薪劳动者指那些没有维持生活的手段,必须要找到资本占有者所提供的工作的工人的集合"。马克思认为"那些拥有资本的人,即资本家,构成了一个统治阶级,而大多数人构成了一个工薪工人阶级,或者说是劳动阶级"。① 这两个阶级是剥削与被剥削的关系。

剥削阶级为了维护其阶级的利益,利用所控制的上层建筑的权力矮化被剥削阶级,使他们居于次等位置,使得对下层的剥削合理化,与剥削相关的是阶级制度。这种制度本身就是建立在社会无平等的概念之上的,强调其成员的社会地位是与生俱有的,少有机会可以改变。如印度的种姓分成四类:婆罗门、刹帝利(分属一等、二等。是高级种姓。大多数是僧侣或贵族、武士,分别掌管教权、政权)、吠舍(第三等,主要是农民、手工业者、商人)、首陀罗(低级种姓,大多数人从事"卑微"的劳动,如仆役等)。

泰戈尔的小说《弃绝》讲述这个秩序的荒谬之处:赫门达与妻子库松相亲相爱,如胶似漆。但是,当库松是首陀罗的女儿这个秘密被说出后,出身婆罗门的赫门达不仅气愤无比,还受到父亲的威胁:必须休妻。因为这样的婚姻亵渎婆罗门的种姓,还会导致毁灭。

这样一种结果的制造者波阿利·山克尔正是因为曾经受到赫门达父亲用种姓对其女儿、女婿的不公正待遇,策划了"以牙还牙"的报复计划。之前,波阿利·山克尔的女婿因为偷过夫人珠宝逃走,五年后回来,受到赫门达父

---

① 安东尼·吉登斯著,赵旭东等翻译:《社会学》,北京大学出版社 2003 年版,第 15～16 页。

亲威胁:如果让其女回到丈夫身边,将被罚丢弃婆罗门种姓。波阿利·山克尔百般请求无效,只好辞别家乡去他处生活。后来波阿利·山克尔的侄子准备结婚,赫门达父亲告诉女方家人,他们毁了婚约。波阿利·山克尔发誓要报仇。

波阿利·山克尔看到赫门达和库松热恋,便收养库松,极力促成他们的婚事,并且隐瞒库松首陀罗种族身份。当赫门达妹妹的婚礼一切都安排好了的时候,波阿利·山克尔写信给男方家,告诉他们赫门达娶了一个首陀罗的女儿。波阿利·山克尔被种姓等级所害,又用同样的手法破坏赫门达和库松的婚事,搅和了赫门达妹妹的婚事,都是在名义上维护婆罗门种姓的高贵。

赫门达最后没有选择放弃妻子,选择了放弃种姓。父亲将他们一起赶出了家门。

出自等级制的种姓高低,实际上也是一种阶级制度,这种制度保证了支配阶层——高贵种姓利益和支配的合法化。

2. 社会结构取向理论

每个社会都有各自的规范,规定某些群体是优秀群体,某些疾病是"道德病",某些食物可以使用,某些动物是有害的(麻雀、果子狸遭遇)等。或者某种社会力量操作增加对某种现象的认可或反对。这就是结构取向的观点。

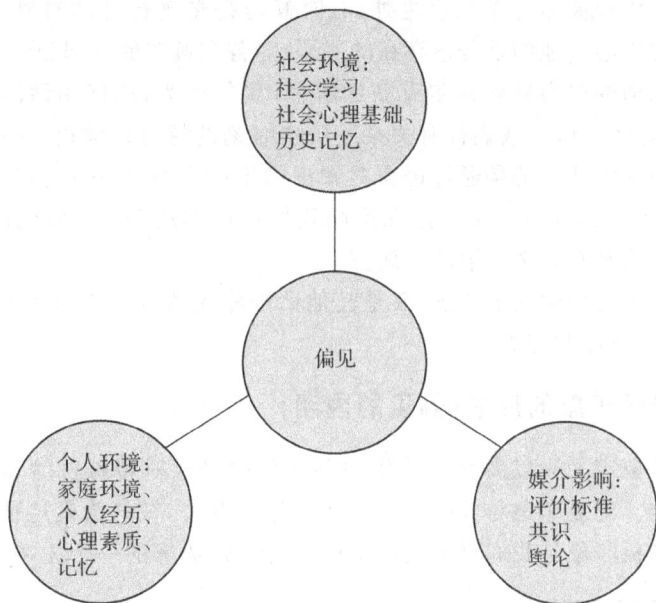

图 4-1　社会结构取向理论图

如图 4-1 所示，偏见的形成是结构型的，三种主要途径支撑偏见，三个支撑点有区别，也常常互为前提：个人的成长环境既有个人性，例如，父母兄弟，也有社会性，例如，邻里街坊、社区，还有历史背景；社会环境对于每个人而言有一定的普遍性，同时也因人而异；媒介的影响越来越突出，这与信息化、互联网等媒介的广泛使用以及公共意见的集中表达等有关。

3. 话语理论

以福柯为代表的话语理论认为，社会的变化来自于社会话语系统的转变。福柯关注"各种权力关系，而不是意义关系"。他看到的权力关系不在组织机构之间或者管理层面，而是知识的权力，真理的权力。福柯从关于知识的"真理"的话语分析中，揭示权力的存在。

话语系统的转变表现为什么是正常，什么是不正常，这是由专业化的控制系统配套的专业人员判断的；话语系统规定了什么是可以说的，什么是不可以说的。这样把一些事物排除在外。例如，媒体对于可以说或者不可以说的事物有明确规定。同时媒体在说一个事物时也必须按照一定的话语秩序去说；话语还是一个权力系统，它规定谁可以对何种问题发表意见，以及发表何种意见。例如，福柯考察关于对贫穷者和患者"规训"的变化。在中世纪，贫穷与患者同样被驱逐于社会之外；有时候也是慈善行为的对象，或者成为宗教训诫的中心。他们是普遍存在的罪恶、痛苦和赎罪的一部分。

对于福柯的权力概念霍尔有新的解释，霍尔认为，福柯用话语表示一组陈述，这组陈述为谈论或表征有关某一历史时刻的特有话题提供一套语言和方法。……话语涉及的是通过语言对知识的生产。但是，……由于所有社会实践都包含有意义，而意义塑造和影响我们的所作所为——我们的操行，所以所有的实践都有一个话语的方面。[①]

偏见不仅是一套话语陈述，又是其他话语陈述的方法。即使是知识、"真理"也难免带有如此偏见。

三、刻板印象的形成（偏见的内涵）

刻板印象定义为以高度简单化和概括化的符号对特殊群体和人群所做的社会分类。刻板印象与分门别类的认知过程有关，被认为是这种过程的特别延伸。刻板印象是我们每个人认识他人、他物、他事的一个先在的（前话语

---

① 参阅斯图尔特·霍尔编，徐亮、陆兴华译：《表征》，商务印书馆 2005 年版，第 45 页。

模式)理解模式,是我们一切认识开始之前的知识。例如,我们经常提到的童年的记忆,这些记忆成为深刻的影响可能伴随人的一生。之后的一些事情反而记忆模糊。重要的原因是这些童年的记忆相当于人的第一次。刻板印象来自这第一次,也成为认识第二次、第三次的基础。人们第一次与一个群体接触时,他们与一两个成员的互动就构成了刻板印象的基础。

刻板印象的获得不一定总是依据个人的亲身经验,也可以从父母、老师、同学、课本及大众媒体习得而来。

"刻板印象"能使人快速地了解一个陌生或不太熟悉的人或群体的特征。在人们了解一个新的地方、接触一批新人时或与形形色色的人交往时都发挥重要的作用。

刻板印象也是对一类人产生的一种比较固定的、类化的看法。它在还没有进行实质性接触之前,就对某一类人或者事情形成不易改变的、概括而简单的评价,这是科学对人群的简单分类方式和普遍化的认识造成的。

1. 社会心理学的解释

社会心理学是研究个体和群体的社会心理现象的心理学分支。个体社会心理现象指受他人和群体制约的个人的思想、感情和行为,如人际知觉、人际吸引、社会促进和社会抑制、顺从等。群体社会心理现象指群体本身特有的心理特征,如群体凝聚力、社会心理气氛、群体决策等。20 世纪初,社会心理学关于态度的研究逐渐成为中心。实验社会心理学出现以后,社会促进的研究成为中心。群体过程、说服、顺从、认知失调、归因等分别成为某一时期的研究中心。

社会心理学对刻板印象的解释是,人们在不断规范自己的言行,同时,也通过言行的后果获得心理认可或者否定,并以此作为新的知识积累。这一切又在社会实践中不断验证,不断修正。刻板印象是一种社会心理机制,协助人们处理从个人生存环境中获得的资料,不断与社会环境进行有效地协调。

社会心理学认为刻板印象的形成,表现在制约人的思想、感情和行为方面。这些方面有历史原因,也有很大的偶然性。例如,"仇富心理"是一个历史的积累:社会分配不均导致不公平的现实、"为富不仁"的事件、传说故事中劫富济贫的英雄、个人情感中同情弱者的情愫、个人遭遇的贫穷歧视等等。

话语问题作为当代思想十分重视的哲学命题,使人们越来越深入认识人类社会实践更多的就是一种话语实践,因为人很难做到"不要往人们说的地方走"。诺曼·费尔克拉夫(Norman Fairclough)以家庭为例论述话语与社会实践的关系：

> 首先，人们总是面对作为一个真实机构的家庭（它带有一定数量的各种形式），它有具体的实践、现存的关系和身份——这些东西本身是在话语结构中建立的，但被具体到各种机构和实践之中。
>
> 其次，话语的建构性效果是在与其他实践的建设性效果的连接中发挥出来的，诸如家务的分配、服装、行为的情感方面（例如谁动感情了）。再次，话语的建构性作用必然发生在某些强制状态之中——即由社会结构辩证地确定话语（在这种情况下，话语的建构作用包括了但又超过了家庭结构的现实），而且，如同我将在下面所论证的那样，这种作用必然发生在特定的权力关系和斗争的范围之内。[①]

话语环境对于群体心理特征的形成与影响更是明显，个人的从众行为加速了影响的过程。

2. 社会学的立场

社会学认为刻板印象是由我们的文化影响中关于类型的理解模式导致的，是归类的结果。"类"（分工、级别、系统、学科、领域）是我们的全部知识体系中非常重要的概念，是认识的基础，是研究的基本方法。分类是社会的需要，是科学认识的结果，类是社会的脚印。当我们个人社会化时，便学会归类模式，按照类的要求努力找到"自己"的社会位置，建构我们的刻板印象。

李普曼认为，身处在外部熙熙攘攘的世界，我们会依循所属文化早为我们界定的内容，也按照文化中的刻板印象的模式观察事物。"我们每个人都在地球表面的一个小小的部位上生活和工作，在一个小圈子里进行活动，只有对很少熟悉的事有所了解。我们看到的任何有广泛影响的公众事件，最多只是一个侧面和一个方面"，"我们处在什么地位和我们习惯的看法决定我们所看到的是什么样的事实"。[②]

刻板印象不仅维持类型的标签，同时也成为一种行动模式。技术社会需要成规，我们对技术的依赖越大，被成规化的程度也越大。例如，在演唱会中，为了演出现场或者转播效果的需要，让演员假唱，音效是事先录制好的。

---

① 诺曼·费尔克拉夫著，殷晓蓉译：《话语与社会变迁》，华夏出版社 2003 年版，第 61 页。
② 李普曼著，林珊译：《舆论学》，华夏出版社 1989 年版，第 50～51 页。

可以用影像技术仿真烟火燃放效果(转播的需要)等。

3. 意识形态观点

从意识形态层面分析刻板印象,刻板印象体现出主流阶层的价值、观念和行为取向。刻板印象针对非主流阶层,往往具有被否定的意义。如本地人与外地人一对概念。当本地人与外地人成为一组观念时,本地人处在优势位置,也就是说外地人是作为本地人对比的方面而存在。本地人往往是地方的主流意识群体,外地人被视为本地人的另类。本地人会以自己的行为方式、价值取向为标准要求外地人,体现本地人的支配意识。

刻板印象的负面特点是错误认识或者理解导致恶性循环。当一个人用他已经有的刻板印象认识事物的时候,同时也在强化、进一步确认这种印象,并且长久保留它。

四、歧视

歧视来自于偏见,与偏见不同的是歧视不仅仅生出对他人的不平等的看法或者评价,歧视是一种行为,是偏见的实施。例如,在招工时出现的性别歧视,导致女性获得工作的机会少于男性,或者对女性的要求高于男性等。有偏见就有可能产生歧视他人的行为,歧视在不同的领域,表现程度不同。

在现实社会中歧视的种类很多,如:种族歧视、性别歧视、地域歧视、分数歧视、特长歧视、血型歧视、价格歧视、姓氏歧视等等。偏见与歧视的主要区别是前者表现在态度上,歧视总是伴有行动发生。

美国著名黑人民权领袖马丁·路德·金1963年8月23日在华盛顿林肯纪念堂发表的著名演讲《我有一个梦想》中,讲到当时生活在美国的黑人所遭遇的歧视,马丁·路德·金的梦想就是黑人不再遭受警察的野蛮迫害;黑人可以在旅馆找到住宿;黑人应该有更大的聚居区;黑人有选举权;奴隶的儿子与奴隶主的儿子一起玩耍;自己的四个孩子将在一个不是以他们的肤色,而是以他们的品格优劣来评价他们的国度里生活等:

"当我们行动时,我们必须保证向前进。我们不能倒退。现在有人问热心民权运动的人,'你们什么时候才能满足?'

"只要黑人仍然遭受警察难以形容的野蛮迫害,我们就绝不会满足。

"只要我们在外奔波而疲乏的身躯不能在公路旁的汽车旅馆和城里的旅馆找住宿之所,我们就绝不会满足。

"只要黑人的基本活动范围只是从少数民族聚居的小贫民区转移到大贫

民区,我们就绝不会满足。

"只要密西西比仍然有一个黑人不能参加选举,只要纽约有一个黑人认为他投票无济于事,我们就绝不会满足。"

马丁·路德·金1963年8月23日在华盛顿林肯纪念堂发表的著名演讲《我有一个梦想》
(图片来源:百度)

基于认为人生而平等,应该彼此和平共处,互相尊重,互相关爱,马丁·路德·金梦想没有偏见和歧视的世界体现了这种精神:

"我梦想有一天,在佐治亚的红山上,昔日奴隶的儿子将能够和昔日奴隶主的儿子坐在一起,共叙兄弟情谊。

"我梦想有一天,甚至连密西西比州这个正义匿迹、压迫成风,如同沙漠般的地方,也将变成自由和正义的绿洲。

"我梦想有一天,我的四个孩子将在一个不是以他们的肤色,而是以他们的品格优劣来评价他们的国度里生活。

"我今天有一个梦想。我梦想有一天,亚拉巴马州能够有所转变,尽管该州州长现在仍然满口异议，反对联邦法令，但有朝一日，那里的黑人男孩和女孩将能与白人男孩和女孩情同骨肉，携手并进。"①

偏见与歧视的两种情况：

1. 有偏见无歧视行为

带有种族偏见的人表面上与不同种族阶层的人相安无事，内心却存有偏见。前面提到的歧视的各种表现：种族歧视、性别歧视、地域歧视、血型歧视、姓氏歧视等等，基于偏见造成，这些歧视的存在也强化了偏见。

例如，有位学者曾经跟随一对中国中年夫妇旅游，了解他们所到之处是否受到歧视。看到的与事后询问有别。这对夫妇所到之处没有受到歧视。随后电话访问入住过的宾馆是否愿意接待黄种人，有九成回答是否定的。

人们的偏见之所以没有伴随歧视行为，是因为人们的行为尤其是社会行为——公共服务、公共场所使用等受制于社会的平等秩序、文明教育等，人们即使有偏见，也会尽量克制，不要有所表现。因此，偏见也有可能在这样的社会法制规范下，经过交往过程得到改变。

2. 偏见与歧视

偏见与歧视很多时候难以分出伯仲，例如，带有偏见的言论，由于会伤害到对方的情感和尊严，也被看做是一种歧视，因为它依然对被负面认识的群体造成伤害。例如，2008 年四川发生地震，美国著名影星莎朗·斯通（Sharon Stone）的"因果论"②伤害了众多地震中的受害者和中国人的心，引起中国人的极大愤怒。我们来看香港《太阳报》③对该事件的报道：莎朗·斯通日前在戛纳接受访问时，将"5·12"四川大地震形容为一起"有趣的事情"，并暗指"四川地震是中国人的因果报应"。此番言论一出，立刻引起各方声讨，在戛纳采访报道的各国媒体均表示地震是自然灾害，出于对人的尊重，莎朗·斯通决不应该口出此言，而莎朗·斯通这番言论也让众多中国的艺人感到震惊，并遭到大家一致的批评。虽然，莎朗·斯通后来也对说出此话给中国人

① 图片与文字资料转自 http://news. xinhuanet. com/ziliao/2005－04/05/content_2787080_1. htm
② http://ent. jxnews. com. cn/system/2008/06/02
③ http://ent. jxnews. com. cn/system/2008/05/26/

造成的伤害表示了歉意。①

偏见不仅存在于不同的宗教、种族、族裔群体,也因为价值观、社会风气的影响,存在于不同的职业、职位、学习领域。如:以貌取人。官本位的认知中,偏好高官。甚至还有声音的偏见。在美国,一位找工作的黑人向美国工作机会平等委员会上诉一家雇主在选择用人时有明显的肤色歧视。后来该委员会的工作人员分别由不同肤色的人向这位雇主联系工作,证明了雇主的确存在肤色歧视。雇主根据声音判断肤色,根据肤色决定用人与否。

附件1:

CEN记者访问莎朗·斯通全文内容

CEN记者:你知道中国四川发生地震吗?

莎朗·斯通:我当然知道。

CEN记者:你的感受如何?

莎朗·斯通:你知道这是件有趣的事情,因为首先,我很不喜欢中国对待西藏的方式,我觉得每个人都应对人友善,所以一直以来我都很关注,怎样可以去想该做一些什么,因我不喜欢这种事情。而我一直关注在奥运问题上我们应该怎样,因为他们(中方)对达赖喇嘛不友善,而达赖是我的好朋友,而现在发生这个地震是因果循环吗?当你不好,坏事发生在你身上。然后我收到一封信,由西藏组织发出,他们要去灾区帮忙,这把我弄哭了,他们问我会否考虑做一些什么,我说我会。对我来说这是很大的教训,有时候你要学习谦卑地服务别人,就算面对待你不好的人,对我来说是种演化,亦是个学习的过程。我今天看报纸,知道达赖喇嘛会到访欧洲各地,与世界领袖会面,但他们不愿见他。他们不愿因为与达赖谈话而激怒中国人,我认为这真是一派胡言,每个人都像疯了一般。

---

① 莎朗·斯通(Sharon Stone)5月22日曾简短发表过类似言论:"我为自己对中国人民造成的伤害感到抱歉和伤心。"6月4日发表的声明中,再次为自己早前对中国四川地震所发表的言论表示道歉,莎朗·斯通表示:"最近有太多关于我在戛纳电影节上那番言论的报道了。我希望通过我的这番发自内心的声明来结束一些误会。是的,我说错话了,我对自己措辞失误感到无比后悔,但那些话真的是无意的,我不想伤害任何人。整件事是我的心不在焉加新闻炒作造成的意外事故,我对四川的灾民所受到的伤害深感难过。"

CEN 记者:章子怡昨天对记者说,会因为赈灾而放弃某些行程。

莎朗·斯通:谁?

CEN 记者:章子怡。

莎朗·斯通:任何人都可各抒己见,这是个自由发言做事的地方,可以说出心中的话,我觉得这些行为需要停止,中国人需要更友善,不能够将人孤立,艾滋病个案也如是。当我们将同性恋者孤立时,那些艾滋病童不断死亡,每分钟一个死亡个案,不可这样做。中国人也不应将人们孤立,当他们自己有麻烦时,谁会去帮忙,不能孤立别人,这样并不友善,我们需要更友好。

CEN 记者:我们应该照常观看奥运吗?

莎朗·斯通:当然了,我们也不可孤立他人,我们应该友善,树立模范,期望他人会做到,我们应该尽力做好,我不认为否定奥运是答案,我们应该更友善,中国也应如是。任何人都不应轻易改变自己,除了友善,人没有其他责任,多谢!

附件 2:莎朗·斯通二次道歉原文

"There have been numerous reports about what I said in Cannes. I would like to set the record straight about what I feel in my heart and end all of the misunderstandings. Yes, I misspoke. I could not be more regretful of that mistake. It was unintentional. I apologize, those words were never meant to be hurtful to anyone, they were an accident of my distraction and a product of news sensationalism. I am deeply saddened by the pain that this whole situation has caused the victims of the devastating earthquake in China."

第三节　大众传播与偏见

偏见是一种文化现象,是群体行为。从我们个人的文化属性看,偏见的核心内容刻板印象是文化认同的基础,刻板印象使我们每个人迅速了解陌生或不太熟悉人、物、事情,也依据刻板印象区分其他文化,获得与他们进行交流的常识性知识和经验。

社会学认为群体行为同样对我们个人知觉起很大的影响作用。群体行为被解释为有共同行为目标的个体为实现这个目标进行的一系列活动。群体行为特征包括了以下内容:群体成员有共同的需要和目标;有共同的规范和行为模式;有共同的归属感;成员之间发生一系列的互相影响、相互作用。我们还应该看到一个群体中的个体彼此之间的作用不是完全平等的。

在信息传播和分享活动中,对于一般的个体而言,新奇的、极端的、突显的刺激最容易引起他们的注意,媒介承担了制造这些刺激的"工作"。所以一个群体中特殊的成员对刻板印象的形成有着主要影响。大众传播媒介作为社会群体中的特殊个体,其本身的影响力和它以传播新闻——观念为宗旨的一系列活动,对于其他个体刻板印象形成和更新会产生更多的影响。信息传播过程携带的各种偏见会像携带的细菌一样起到进一步传染的作用。

刻板印象对大众传播者而言是他们选择新闻话题、判断新闻价值、表达立场和态度的前概念。

一、媒介的偏见与傲慢

作为新闻从业者,应该明白无论你怎样努力,你都会或多或少按照刻板印象观察事物,理解人。以刻板印象为解释前提,很容易产生带有偏见的信息。例如,2008 年西藏发生骚乱事件,一些外国媒体带着一种对中国的偏见进行报道,歪曲了基本事实,造成恶劣印象。

Germnay, BILD(德国图片报)(张冠李戴)

以 CNN 主持人卡弗蒂发表辱华言论为例,2008 年当地时间 9 日下午,北京奥运圣火在旧金山传递时,CNN 进行全程追踪报道。主持人卡弗蒂在谈论中美关系时使用侮辱性的语言,称中国人是"一群五十年不变的呆子和暴徒",激起了华人的愤怒。当地时间 15 日,CNN 在其网站上就主持人卡弗蒂发表辱华言论进行辩解,并勉强道歉,继续为卡弗蒂的辱华行为辩护,并将矛头指向中国政府。截至 4 月 17 日,北京两次要求 CNN 和卡弗蒂本人向中国人民道歉。① 针对 CNN 的辩护,中国外交部第三次要求 CNN 就主持人攻击中国人言论再道歉:外交部发言人姜瑜 17 日在例行记者会上表示,中方再次严正要求美国有线电视新闻网(CNN)立即收回辱华言论,向全体中国人民做出真诚道歉。

姜瑜说:"中国人民不可欺,不可辱。我们再次严正要求 CNN 严肃对待此问题,立即收回恶劣言论,向全体中国人民做出真诚道歉。"姜瑜表示,CNN在 15 日发表的声明中,不仅没有对该台主持人卡弗蒂发表恶毒攻击中国人民的言论做出真诚道歉,而且还把矛头转向中国政府,企图挑拨中国人民与政府的关系,对此我们是完全不能接受的。她还说,卡弗蒂的言论不仅是对中国人民的侮辱,也是对全人类良知和公理的挑战。②

偏见可以让媒体不去核实真相,想当然地张冠李戴,做出错误的报道;会使媒体发表不负责任甚至侮辱性的言论伤害他人;会使媒体违背职业道德,失去公正、客观的立场。

来自中国网民自发建立的"Anti-CNN"站发表的声明,说明了认识偏见,纠正偏见的意义:

"该网站是网民自发建立的揭露西方媒体不客观报道的非政府
网站。我们并不反对媒体本身,我们只反对媒体的不客观报道。我

---

① http://news.ifeng.com/special/cnnanti/
② http://news.ifeng.com/special/cnnanti/

们并不反对西方人民，但是我们反对偏见。"

反对偏见，对媒体而言，不仅是针对外国媒体带有偏见的报道，中国媒体同样也需要反对自己的偏见。

在中国政府和民众要求 CNN 就辱华事件道歉的同时，在北京"驻华外国记者协会"①在其官方网站刊登了"最后的倒计时：驻华外国记者协会担心中国正在恶化的报道环境"的声明。声明说："至少 10 名外国驻华记者接受到了'匿名死亡威胁'。"声明还说，针对外国记者的死亡威胁以及对西方媒体的"妖魔化"，有着给外国驻华记者制造敌意环境的危险。该协会的主席刘美远（Melinda Liu）在声明中说："如果任这种情况继续发展，对报道的干预以及针对国际媒体的恶意行为，对外国记者来说，可能会毒化奥运前的氛围。"当然，对于"驻华外国记者协会"的这份声明，也受到国内媒体的批评（阅读附件）。虽然互相批评的立场有别，但是对于媒体偏见以及偏见造成的不良后果倒是有认同的。

> 附件：
>
> ［提要］ 4 月 30 日，"驻华外国记者协会"发表声明，称西方媒体被中国"妖魔化"，指责中国对外国驻华记者制造"敌对的气氛"。中国社科院国际问题专家周方银称，这本质上是西方媒体以"问罪之师"的态度继续向中国施压，它们反复提什么报道自由，但"报道自由"的前提应该是"客观、公正"。
>
> 4 月 30 日，是北京奥运倒计时 100 天的日子，也是奥运圣火结束境外传递的日子，但西方媒体对中国的指责却没有结束。就在这一天，"驻华外国记者协会"（Foreign Correspondents Club of China）发表了一份声明，称西方媒体正在被中国"妖魔化"，指责中国正在对外国驻华记者制造一种"敌对的气氛"。中国社科院国际问题专家周方银在接受《环球时报》记者采访时说，在某种程度上，这是西方媒体在关于"歪曲报道"问题上改变了跟中国较劲的方式，但本质上他们还是以"问罪之师"的态度继续向中国施压。

---

① "驻华外国记者协会"是一个位于北京的、由来自 24 个国家新闻机构的记者组成的联合会，专门从事对中国新闻的报道。在其官方网站上，它这样描述自己的职责："我们的成员来自 24 个国家的新闻机构，他们都致力于报道我们这个时代最重大的事件之一：中国的现代化。"《环球时报》记者雷志华提供。http://www.sina.com.cn

西方媒体声称自己被"妖魔化"

法新社 4 月 30 日报道说,在北京奥运倒计时 100 天之际,"驻华外国记者协会"称,中国正在通过攻击西方媒体、限制新闻报道自由来制造一种对外国驻华记者敌意的氛围。在看到这则新闻之后,《环球时报》记者登录了"驻华外国记者协会"的官方网站,在其首页上确实找到了这则题为"最后的倒计时:驻华外国记者协会担心中国正在恶化的报道环境"的声明。

该声明说:"至少 10 名外国驻华记者接受到了'匿名死亡威胁'。"声明还说,针对外国记者的死亡威胁以及对西方媒体的"妖魔化",有着给外国驻华记者制造敌意环境的危险。该协会的主席刘美远(Melinda Liu)在声明中说:"如果任这种情况继续发展,对报道的干预以及针对国际媒体的恶意行为,对外国记者来说,可能会毒化奥运前的氛围。"不仅如此,这份声明还提出了包括"允许外国记者进入西藏、青海、甘肃、云南"、"调查干扰外国记者的事件"、"提高政府透明度"等一系列"建议"。

专家:这种说法在逻辑上就站不住脚

看到"驻华外国记者协会"的声明后,中国社科院国际问题专家周方银对《环球时报》记者说,自那些围绕北京奥运的"纷争"出现以来,西方媒体凭着它们的话语霸权优势,一直都是处于"攻势",而客观地说,中国基本都是处于"守势",现在西方媒体却以一副"受害者"的口吻,指责中国主动挑事,这在逻辑上就站不住脚。在某种程度上,中国在舆论上的这种"弱势",就决定了中国不可能主动去妖魔化它们,而只是希望还原事实真相,得到应有的理解和尊重。

"从内容上来看,这份声明再次暴露了西方媒体在信息的选择上带有明显的'偏见'。"周方银说。该专家分析说,诚然,中国网民向西方记者发出威胁不应该,但是西方媒体露骨的偏颇性的报道就理所当然?"这些事情本来都不应该发生,但事件的起因是什么?不是中国网民主动挑衅,而是西方媒体的偏见报道在先,为什么声明中不提'因',而大谈'果'呢?这再次暴露出它们在信息的选择上的蛮不讲理的一面。"

周方银说:"西方媒体反复提什么报道自由,但从中国的角度来说,给这种'报道自由'加个'客观、公正'这样的前提,这种要求并不过分啊,这不也符合它们向来标榜的新闻报道原则吗?但过去几个月西方

> 媒体在报道中国问题时的表现,怎能说服中国人民它们是'客观、公正'的呢?"
>
> "如果西方媒体以建设性的方式思维思考,以严肃的态度看待问题,以理性的视角考虑问题,它们根本就不会提出这些所谓的'建议'。"周方银最后说。(环球时报记者　雷志华)
>
> 环球网 http://news. sohu. com/20080504/n256645883. shtml Phil 5 May 2008

二、避免偏见的媒介行为

我们可能从来没有接触过日本人、美国人、犹太人,但是,这不等于我们无法对这些人做出评价。当有人问出这样的问题:你认为日本人都是勤劳、有抱负而且聪明吗?认为美国人都讲求实际、爱玩而又入乡随俗吗?认为犹太人都是有野心、勤奋而精明吗?认为女人比男人更会养育子女、照料他人并且温柔顺从吗?认为大学教授都有点古怪而且平日里都是一副漫不经心的样子吗?相当一大部分人对其中许多问题会回答"是"。为什么呢?因为我们通过之前接触的知识——读书、通过新闻报道、接触实物给出答案;因为我们初次遇见日本人、美国人、犹太人、女人或者教授模样的人时,对他们的行为都会有某种预想。毫无疑问,这些预想常常是错的。因为具体到一个人的时候,我们看到有些日本人草率从事,有些美国人安静谨慎,有些男子比女子更会照顾他人等等。

当我们面对人、物、事情的时候,刻板印象会自动帮助我们判断对错,做出决定,给出结论。偏见也是如此,它同样会无意识地作为我们判断、评价与行为的基础。避免偏见的一般作法是有意识地寻找不一致信息,或多接触一些信息,有意识地努力校正自己的判断。

1. 坚持真实、客观、公正的报道原则

大众传播媒介传播新闻的基本原则是真实、客观、公正,遵守这些原则是避免媒介偏见的基础。

首先是真实。信息真实性是信息价值的基础,不真实的信息没有意义可言。例如,我们在讲到新闻报道的"五个 W"(什么事,"What,何事"? 谁被牵连到这个事件之中,"Who,何人"? 这个事件是什么时候发生的,"When,何时"? 是在什么地方发生的,"Where,何地"? 为什么发生这个事件,"Why,何故"? 有的还要加上一个 H,"How,怎么样"?),就是强调一个事件在这五个方面提供的信息都可以得到验证,不能够因为偏见而张冠李戴。

其次是客观。客观是指报道者的立场要尊重事实真相,不能够想当然。在 2008 年奥运火炬传递期间,CNN 主持人卡弗蒂在谈论中美关系时使用侮辱性的语言,称中国人是"一群五十年不变的呆子和暴徒",此话引起华人的愤怒。卡弗蒂对于中国的理解与今日中国的实际情况相差甚远,他只是凭着对中国的偏见——来自冷战时期①的对华偏见评论今天的中国,违背了真实和客观的新闻原则。如果没有客观的立场,很难直面真实。美国杜克大学华人教授史天健在接受《环球时报》记者采访时说:"近些年来,中国无论在经济、政治还是社会上,都发生了重大变化,但西方依然在意识形态上用旧的眼光看中国,这是令人遗憾和发人深思的。"还有学者认为,"中国与西方的沟通是艰难的,但中国人应当自信,既然中国能保持近 30 年的高速增长,十几亿人民直接受益,西方就绝没有理由否定中国的制度。西方的偏见迟早要被打破。"②

第三是公正。《辞源》对于公正的解释是:"不偏私,正直。"公正有明显的"价值取向",它侧重的是社会的"基本价值取向",并且强调这种价值取向的正当性。保证信息来源的合法性、公正性、信息的平衡性。信息来源对于报道内容至关重要,信息来源向记者提供报道的原始材料、观点和陈述。即使是信息来源真实可靠,信息的提供者也可能是带有偏见地陈述事实真相。媒体要学会寻求不同的信息源,平衡使用信息。如信息涉及对立的双方当事者,应该给予平等表达的机会。在平衡使用信息来源时,考虑到性别、种族等特征,争取让受众公正地听取各方意见。③

2. 大众传播媒介可以修正或改变偏见

传媒的实践活动包括:传播内容、传播方式、关注角度都会产生正面或者

---

① 冷战(Cold War)一词是当年美国政论家斯沃普在为参议员巴鲁克起草的演讲稿中首次使用的。二战结束后,美国对苏联和其他社会主义国家采取了敌视和遏制政策,因此巴鲁克说:"美国正处于冷战方酣之中"。"冷战"与"铁幕"一词同时流行,表示美苏之间除了直接战争外,在经济、政治、军事、外交、文化、意识形态等方面都处于对抗的状态。铁幕:这个词起源于 1947 年 4 月 16 日伯纳德·巴鲁克在南卡罗来纳州哥伦比亚的一次演说。此外,1946 年丘吉尔访问美国,在这次访问中他发表了著名的铁幕演说:"从波罗的海边的什切青到亚得里亚海边的的里雅斯特,一幅横贯欧洲大陆的铁幕已经拉下。"间接表示冷战的开始。http://baike.baidu.comview11198.htm

② http://www.chinadaily.com.cnjjzg2007-03/21

③ 参阅王春枝:《美国法律新闻报道经验与运作特色》,《中国记者》2008 年 3 月 11 日。

负面印象,公正报道的意义在这里也体现出来。

因此,我们要做到公平待人、正视他人,消除对待他人不合理的偏见,就必须不断修正我们记忆中惯有的"刻板印象"。

对有刻板印象的群体成员要进行长期的、深入的、一对一的交往。媒体报道的内容尽量涉及各种群体,尤其是对亚文化群体的关注,当然不是猎奇。

避免把与刻板印象不一致的信息看做是群体中个别表现不予理睬。要注意个别意见和表达,有意识地与他们交往,获得新的认识。

必须有意识地去寻找不一致的信息,有意识地校正自己的判断。

我们要增强自己获知新情况的自觉性,避免思维惰性。尤其是媒介从业者,对于自己不熟悉的、不了解的人、事、物要花费精力去接触、去认识,警惕自己对不熟悉事情发表言论时依赖刻板印象,像卡弗蒂那样。

在一篇题为《小学生患"奥运综合症"每天缠着妈妈要进体校》的文章①中作者写道:

> 心理"唯金论"可能误导孩子……采访中,有四名家长向记者透露,他们的孩子成了"唯金牌论"的小狂热者。看到中国代表团拿金牌,欢欣鼓舞,看到运动员失利,就会表现得非常不屑一顾,认为运动员很没有本事,没有出息,随即拿着遥控换台。这种状况主要发生在小学低年级学生中。
>
> 家长们称,孩子容易受到媒体的影响,产生"金牌至上"的心理,打个比方,解说员讲解时,每次选手夺金后声音就提高八度,异常激动亢奋,一旦是银牌或铜牌就显得略为沮丧,而且观众和运动员本身的反应也是如此,这容易让孩子产生错误的判断。家长也很难向这么小的孩子解释奥运的参与精神与顽强争冠之间的关系,只是害怕这种不太正常的心态,这种错误的价值观判断会被带到孩子以后的学习生活中去。

这些来自家长们的意见证明媒介对于观念形成的影响是明显的,尤其是对青少年。

我们再来分析中国媒体报道2008年奥运会的其他文本,看看媒介是如何

---

① 《信息时报》2008年8月21日,大洋网。

改变自己的刻板印象继而影响人们的观念的。

以往关于体育赛事的新闻报道主要的看点是金牌,在报道中对于金牌的崇拜之意构建和影响了人们对于体育赛事的认知。2008 年奥运会与以前重大体育赛事相比较,多了人性关怀,少了金牌崇拜。《南方周末》题为《北京奥运"过去时"》①的文章说:

> "作为媒体,早该知道奥运的魅力不仅仅是胜利,还有过程,还有失败,尤其还有运动场上的人。
>
> ……
>
> 我之所以这样想并做,也是因为我和宁辛都忘不了八年前,在悉尼,我们拿首金的压力与王义夫得到亚军后遭受的质问,当然还有澳大利亚没有夺得首金只得到亚军后,队员的笑容与媒体的祝贺!
>
> 是的,媒体不能再咬着金牌不放,而对银牌和铜牌却忽略不计,更不要说那些没有走上领奖台的运动员。"

关于体育赛事的新闻报道,媒介将报道视点放在获奖牌主要是拿金牌的运动员身上,本是无可厚非的。但是,参加体育赛事的所有运动员都是这个事件的参与者,对于他们的关注也是整个赛事报道不可忽视的方面。对于获得金牌以外的运动员的关注,使体育精神得到张扬。2008 年奥运会新闻报道不仅让观众记住了那些获得金牌的运动员,也记住了那些优秀的参赛选手的动人故事:有丘索维金娜与爱有关的故事,有为伊拉克姑娘捐跑鞋的新闻等。

① 白岩松:《北京奥运过去时》,《南方周末》,2008 年 8 月 28 日。

丘索维金娜①

响应 2008 召唤的伊拉克姑娘②

---

① 2008 年 08 月 17 日　01:00:45　来源:新华网
② 2008 年 08 月 21 日　21:40:56　来源:新华网

第五章
传播与弱势群体

　　2002 年 3 月 15 日,前总理朱镕基代表国务院在九届人大五次会议上所作的《政府工作报告》中第一次提到弱势群体这个概念①,之后,弱势群体这个词和被约定俗成的关于这个词的意义,在媒体的报道和人们的日常生活中流行起来。相对应这个观念的弱势群体也越来越受到社会其他群体的关注和帮助。

　　上述政府工作报告所言弱势群体主要是指:①城乡居民中低收入群体;②农民群体;③国有企业下岗职工和离退休人员群体;④城市贫困居民;⑤特困行业和企业的职工群体;在人们的认知中还包括了农民工群体。报告中提到政府要对弱势群体给予特殊的就业援助,体现出社会发展优先支持弱势群体的一种导向,也是社会和谐发展、共同发展之必须。

第一节　弱势群体的概念

　　弱势群体(social vulnerable groups),也叫社会脆弱群体、社会弱者群体。它主要是一个用来分析现代社会经济利益和社会权力分配不公平,社会结构

---

　　①　扩大国内需求,首先必须增加城乡居民特别是低收入群体的收入,培育和提高居民的购买力。一是采取更有力的措施,千方百计增加农民收入,切实减轻农民负担。二是进一步完善城镇社会保障体系。当务之急仍然是落实两个确保,确保国有企业下岗职工基本生活费和离退休人员基本养老金按时足额发放,任何地方都不得发生新的拖欠。完善失业保险制度。同时,强化城市居民最低生活保障制度建设,使所有符合条件的城市贫困居民都能得到最低生活保障,做到应保尽保。中央财政预算较大幅度地增加了低保资金,地方财政预算也必须增加所需资金。对特困行业和企业的职工,还要采取有效措施帮助他们解决困难。……对弱势群体给予特殊的就业援助……朱镕基在九届人大五次会议上所作的《政府工作报告》摘录中下划线由作者添加。

不协调、不合理的概念。因此,相对于强势群体而言的另一个群体,就是弱势群体。一般是指在社会中对自己的生活缺乏控制力和主宰力的群体。这些群体处于被其他群体支配的位置,他们接受教育、追求成功、获得财富和个人幸福的机会明显少于强势群体。

弱势群体不以人数多少而论。通常情况下弱势群体绝对人数会多于强势群体。

一、弱势群体的存在是不平等现象

卢梭在《论人与人之间不平等的起因和基础》一书中这样论述人类的不平等现象:"人类当中存在着两种不平等,其中一种,我称为自然的或生理上的不平等,因为他们是由自然确定的,是由于年龄、健康状况、体力、智力或心灵的素质的差异而产生的。另外一种,可以称为精神上的或政治上的不平等,因为它的产生有赖于某种习俗,是经过人们的同意或至少是经过人们的认可而产生的。这种不平等,表现在某些人必须损害他人才能享受到的种种特权,例如比他人更富有,更尊容,更有权势,或者至少让他人服从自己。"[①]卢梭的描述告诉我们,在富有、尊容、权势、服从等方面,存在着一群人比另一群人享受更多的社会特权的现象,与那些能够得到"更多的"群体相比较的群体就是弱势群体。

1. 弱势群体分类

在社会学、政治学、社会政策研究等领域中,弱势群体是一个核心概念。社会学关于社会问题的研究、社会学的分支学科社会工作和社会福利的发展和普及,是推动弱势群体概念成为社会科学主流话语之一的重要因素。

和卢梭的分类相同,学术界一般也把弱势群体分为两类:生理性弱势群体和社会性弱势群体。生理性弱势群体,指那些有着明显的生理原因,由于年龄、健康状况、体力、智力或心灵的素质的差异而产生的群体;社会性弱势群体基本上是社会原因造成的,如下岗、失业、受到社会排斥等。弱势群体在中国(大陆)主要构成也可以分成两类,即自然类与社会类。儿童、老年人、残疾人、精神病患者等归于自然类。失业者、贫困者、下岗职工、灾难中的求助者、农民工、非正规就业者以及在劳动关系中处于弱势地位的人归于社会类。

---

① 卢梭著、李平沤译:《论人与人之间不平等的起因和基础》,商务印书馆 2007 年版,第 45 页。

2. 对弱势群体的关怀

在社会发展中,认识到弱势群体存在的重要性在于制订发展计划时有必要确定优先支持弱势群体的原则,前文提到的政府工作报告中以"增加城乡居民特别是低收入群体的收入,培育和提高居民的购买力"的经济举措体现了这个原则。政府工作报告中对弱势群体的特殊援助包括两个方面:一是防止弱势群体扩大化。例如,采取更有力的措施,千方百计增加农民收入,切实减轻农民负担;进一步完善城镇社会保障体系,确保国有企业下岗职工基本生活费和离退休人员基本养老金按时足额发放,任何地方都不得发生新的拖欠;完善失业保险制度。同时,强化城市居民最低生活保障制度建设,使所有符合条件的城市贫困居民都能得到最低生活保障,做到应保尽保;对特困行业和企业的职工,还要采取有效措施帮助他们解决困难等。二是优先支持。政府工作报告讲到的优先支持计划是:对于不能解决温饱问题的人群应当给予优先支持;对于不能享受任何社会保障的人群应当给予优先支持;对于失去劳动能力以及虽有劳动能力,但因缺乏就业机会而长期无法就业或在劳动力市场中处于明显弱势的人群应当给予优先支持;对于经济改革和社会转型成本的主要承担者应当给予优先支持。明确了优先支持对象,才能有效地开展社会支持工作。现有弱势群体中的很多人是在原体制下做出贡献的人。特别是一些早年退休者和国有集体企业的失业、下岗职工,社会应当考虑对其实施补偿;根据我国社会经济发展的实际情况,也只能逐步地创造消灭弱势群体的条件。

二、弱势群体的特征

从文化的角度谈及的弱势群体主要是社会性弱势群体,我国弱势群体在整体上具有以下 5 个重要特征:

1. 弱势群体是社会的产物

我们谈论的弱势群体不是生来就有的标记,不是个人选择的结果,是由社会的评价体系和提供的待遇与享受待遇的不同条件等确认的。由于社会形成一套确认标准,这些标准被普遍使用并转化成一种思维,使得一些人一出生就陷于"低贱、贫穷"的"确认"中,难以改变。例如,泰戈尔的小说《弃绝》中的女主人公库松那样,因为出身的卑微被迫遭受丈夫家族的弃绝(参阅附件1)。

2. 在社会阶层结构中,始终处在被支配的位置

弱势群体的成员容易受到来自强势群体的偏见、歧视、隔离等不平等的待遇。例如,农民工进城务工,由于其生存环境、生活习惯、经济收入、工作领域等原因,与生活在城市里的人群相比处于底层,他们很难与城市群体一同享受城市发展取得的成果,也容易受到他们的歧视。

3. 弱势群体为了生存本能地寻找归属感

弱势群体通过获得归属感得到群体的帮助,以保护自己的利益。这种归属感给他们带来安全,也造成与其他群体的对立。如果一个群体长期被忽视,处在社会阶层中较低的位置上,他们获得工作的机会、福利待遇和就学机会比另外的群体少得多。他们认识到自己的弱势群体地位时,或者隐瞒,或者强调地位的不公平,要求族群的孤立。

三、弱势群体的形成

1. 种族差异形成的不同群体

种族通常是指有共同祖先和共同习惯特征的一群人,它包括共同的社会和历史特点(共同语言等)、共同的居住地或共同的政治实体即国家。种族的概念分两层含义:第一是生物学家和人类学家所谈论的科学概念,强调同族同根的生活群体。第二是社会学意义上的概念,它是用来"理解'恐异症'(对异族的恐惧)的表达、传播和行为方式的一个概念"。[①] (参阅附件 2)

2. 宗教差异

宗教包括对神圣的文字经典和仪式、机构、习俗、信仰等获得一致认同的群体。在强调单一信仰的国家,其他信仰容易受到迫害。阿富汗塔里班组织炸毁巴米扬大佛就是一个例证。1996 年,塔利班在阿富汗掌权后,逐步发起彻底的灭佛运动。塔利班要将所有在伊斯兰教传入阿富汗以前的人类文化遗迹统统清除干净,他们认为这些历史遗迹冒犯了伊斯兰教。

在炸掉两尊世界上最高的立佛之后,塔利班外长穆塔瓦基尔 3 月 18 日还宣称:"我们祖先遗留下的这些佛像是错误的,它们和我们的信仰相冲突。"塔利班的这个说法并不为伊斯兰世界所接受,绝大多数的穆斯林国家都强烈谴责塔利班的这场灭佛运动,称这曲解了伊斯兰教律(参阅附件 3)。

---

① 参阅罗宾·科恩,保罗·肯尼迪著,文军等译:《全球社会学》,社会科学文献出版社 2001 年版,第 155~160 页。

被炸后的巴米扬佛像(图像来源:http://www.jczs.com.cn)

4. 性别群体

性别问题在社会学理论中被认为是一种社会问题,关于男性与女性的理解和界定主要来自社会实践和知识。女性主义理论认为,社会是以男性为优越性的,男性的价值、理解和行为往往成为普遍性并且获得合法地位,女性处在从属的位置,这是性别不公平的根源。例如,在就业方面,女性一直处在弱势位置,获得工作的机会和报酬低于男性等。关于这个层面的讨论我们将在后面的章节继续进行。

5. 社会变化中不同阶层利益之分导致的弱势群体

应该说,弱势群体在任何一个社会都客观存在,是一种普遍现象。社会差别(社会不平等)是社会分层的直接根源,存在着社会差别,就存在着"弱势群体"。例如,工业革命,蒸汽机—自动化工业革命对 19 世纪科学发展及社会变迁产生的极为重要的影响有两个方面。在积极方面,人们看到随着工业革命的发展,工程师与科学家的界限越来越小,许多工程师参与科学研究。乡村人口大举迁入都市,造成了都市化的现象;自由主义经济扩大了人民对民主政治的参与;大量工厂的成立,既造成了劳资双方的对立,又将工人悲惨的生活及工作环境暴露出来,逐渐引起社会的重视,新成立的慈善机构,免费为穷人提供粮食及住所,主张以社会福利制度改善穷人生活;以马克思为首的无产阶级学说揭露和批判工业社会造成的负面影响,衍生出了社会主义及共产主义等政治理论,这些理论指导了俄国革命、中国革命。这些革命对日后的人类社会产生了巨大影响。消极方面,工业革命提高了效率,也使许多熟练工人失业,许多工人把自己的不幸遭遇归咎于机器,通过捣毁机器发泄对资本家的不满。据说,英国莱切斯特郡的一名叫卢德的工人,在1811年第一个起来捣毁机器,其他工人群起效仿。后来,人们就把这种破坏机器的运动称为"卢德运动"。[①] 工人与机器的对立实质上是工人与资本家的对立,左派将这种对立归因于不平等的制度。

今天,随着产业型结构向服务型结构的转变,一些人由于年龄和技术的原因,不能很快适应这样的转变,失去基本的工作机会,生活水平也随之降低。另外,国有企业亏损严重,停产、半停产企业增加,直接造成一部分职工工资和福利收入的减发或停发。

随着市场经济改革的完成,一种新的经济结构和秩序的建立,下岗一词逐渐被失业替代。

经济全球化、信息技术快速发展、跨文化交流与合作进程加速,也会对弱势群体造成更加不利的影响,使弱势群体的规模继续扩大。在全球化进程中,那些接近资本、接近权力或者受过良好教育的强势群体可能得到更多的利益,而普通的劳动者不仅获利机会少,而且可能降低福利,成为全球化成本的承担者。

四、大众传播与弱势群体

美国新闻自由委员会完成的关于《一个自由而负责任的新闻界》的报告,要求新闻界负起"对社会目标和价值的呈现与阐明"的责任。报告说:"我们必须承认,大众传播机构是一种教育工具,而且也许是最强大的;它们必须在陈述和阐明本共同体应该为之奋斗的理想中,承担起教育者那样的责任。"[②] 对于社会中弱势群体的关注,真实地反映他们的群像,不仅包括对其生存状况的描述,也包括对他们价值观等的认可。"对社会组成群体的典型画面的投射"是该报告要求之一:[③]

---

① 参阅维基百科。
② 新闻自由委员会著,展江等译:《一个自由而负责任的新闻界》,中国人民大学出版社2004年版,第15页。
③ 新闻自由委员会著,展江等译:《一个自由而负责任的新闻界》,中国人民大学出版社2004年版,第14~15页。

人们做决定时在很大程度上凭借好恶印象。他们将事实、意见与刻板成见联系起来。今天,电影、广播、图书、杂志、报纸和连环画是产生和固化这些流行观念的主要力量。当它们所描述的形象不能真实地反映社会群体时,它们就会误导判断。

......

在此,负责任的表现就意味着,被重复和强调的形象应该是这样的社会群体:真实而典型的形象。关于任何社会群体的真相,虽然其缺点与恶习不应被排除,但是还应包括对其价值观、抱负和普遍人性的认可。本委员会坚持这一信念:如果人们能接触到某个特定群体生活的核心真相,他们将逐渐建立起对它的尊重与理解。

大众传播媒介对弱势群体真实而典型形象的投射责无旁贷。这种不可推卸的社会责任突出地表现在大众传媒引导舆论和保护多元群体两个方面。

1. 引导舆论

保护和帮助弱势群体是全社会的责任。

(1)大众传媒是社会舆论的传播者、引导者,同时也是建构者。对"弱势群体"而言是一种客观的、富有理解和公正性的社会心理和文化氛围,这种舆论氛围是"弱势群体"良性生存所必需的。

营造这种正确的舆论氛围不论是对"弱势群体"而言,还是对主流群体、对整个社会的发展而言,都有着重要的意义。

对社会发展而言,积极的舆论氛围有利于社会稳定,有利于改革和建设事业的顺利进行。大众传媒对"弱势群体"的正确报道能体现对"最广大人民根本利益"的关爱,有利于社会安定团结局面的保持和发展。世界各国现代化的历史经验证明,要实现社会公平,维护社会稳定,就要首先从保护弱势群体做起。另一方面,这种正确的舆论氛围是营造良好的社会文明建设氛围所必需的。关注弱势群体,是人文主义精神的体现,也是社会全面发展理念的要求。

对"弱势群体"自身而言,积极的舆论氛围能为他们的生存和发展提供有利的环境条件,还能进一步帮助他们建立信心,激励他们自我奋斗。

信息社会由于传播方式、媒介、传播速度、传播交互性的新进展,使得社会成员之间更加容易沟通、交流,信息也更容易得到迅速传播、蔓延。另一方面"弱势群体"的权益表达在更多元、更快捷的同时,也潜在着被误导、被涂改、被煽动的更大的危险性。而正确的舆论氛围可以帮助"弱势群体"更自由而轻松地表达自己的意愿,从而谋求更好的发展。

对主流(强势)群体而言,积极的舆论氛围可以帮助他们正确认识弱势群体,并获得心理需求的满足。正如《全球伦理普世宣言》所强调的人类和谐的黄金规则那样:

> ……我们想要别人怎样对待我们,就该怎样对待别人。正如人类不可避免要追求越来越多的知识或真理,同样地他们也追求获得他们认为对自我是好的(即他们所爱的)东西。通常,这自我被扩展到包括自己的家庭,然后是朋友。它需要继续其自然的扩展,而达于社区、民族、世界、宇宙,以及整个实在的源泉和目标。
>
> ……这种人类之爱必须开始于自爱,因为只有人爱自己时,他才能爱自己的"邻人";但是,既然只有通过人类之间的相互性,一个人才具有人性,那么,爱别人也就完成了一个人自己的人性,而且爱别人也就是本真的自爱之最伟大的行动了。
>
> ……"黄金规则"还有一个含义是:那些没有能力保护自己的人,应该得到有能力者的保护。

(2)重复和强调弱势群体真实的形象。大众传媒如果利用其影响力、感染力和说服力,准确地反映弱势群体的生活状态、奋斗历程和前进方向,可以帮助主流群体建立起对他们的正确认识,进而促进群体间的和谐共处。

例如,"世界艾滋病日"[①]的口号,经由大众传播媒介的传播,使人们不仅逐渐消除对艾滋病的恐慌,改变对这些人群的歧视,而且给予他们各种力所能及的帮助。"世界艾滋病日"的目的有四个方面:第一,让人们都知道艾滋病在全球范围内是能够加以控制和预防的;第二,让大家都知道,防止艾滋病很重要的一条就是每个人都要对自己的行为负责;第三,通过艾滋病日的宣传,唤起人们对艾滋病病毒感染者的同情和理解,因为他们的身心已饱受疾病的折磨,况且有一些艾滋病病毒感染者可能是被动的、无辜的;第四,是希望大家支持各自国家制定的防治艾滋病的规划,以唤起全球人民共同行动起

---

① 1981年12月1日第一个艾滋病病例被诊断出来。全球卫生部大臣关于艾滋病预防计划的高峰会议上(World Summit of Ministers of Health on Programmes for AIDS Prevention)提出12月1日是世界艾滋病日。之后,这个概念被全球各国政府、国际组织和慈善机构采纳。确定这个日子的目的是提高公众对HIV病毒引起的艾滋病在全球传播的意识。世界艾滋病日的标志是红绸带。

来支持这方面的工作。① 达到这四个方面的目的,有赖于大众传播媒介的积极配合。

温家宝、吴仪看望艾滋病患者②

　　在我国,对于艾滋病的认识经历了由讳莫如深、歧视、恐慌到关爱的过程。第一位接受媒体采访并且同意将采访录像公开播出的艾滋病患者(小路,已经去世)的故事,由中央电视台《新闻调查》节目播出,以及其他媒介关于艾滋病患者情况的报道,给予艾滋病患者以基本关怀与支持,使歧视明显减少,人们对艾滋病这个群体的认识逐渐发生了变化。

小路与记者

① http://news. qq. com/zt/2008Aids/
② http://aids. ty121. cn/fg/200609/9301. html

采访小路的记者

CCTV-1
他就想依靠新闻单位来向社会呼吁

CCTV
吃完了 没有再吃了

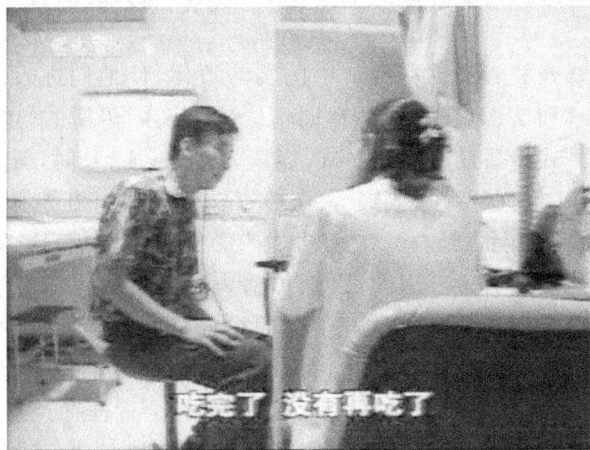

小路正在接受治疗

2. 社会心理基础应该是保护多元文化

大众传媒的社会责任还突出地表现在保护多元群体方面。美国"报刊自由委员会"在其《自由而负责的报刊》一书中,对报刊提出五项具体要求,其中一项就是报刊应准确表现"社会各成员集团的典型形象"。大众传媒应公平对待每一个社会阶层,让每一个阶层都能有自由发展的空间,主要是表达的空间,并在此基础上促进各个阶层间的了解,实现和谐共处的目标。换句话说,大众传媒保护多元文化,尊重不同群体的文化诉求,实际上也就是文化多元化的体现。大众传播媒介作为公共交流的平台，以倾听并反映不同群体的声音——意见为目的，实现这个目标的行为过程对于建构、保护多元文化的社会心理有积极意义。

保护多元群体，关爱弱势群体，从心理学上讲是社会各成员普遍的心理需求。目前，人们的价值观呈现多元化趋势，人们特别希望能看到弘扬真善美、鞭挞假恶丑，体现爱心和亲情的文章和电视节目。"弱势群体"是社会各群体中的一部分，并且是更需要关注的一部分，帮助弱势群体是一个很好的切入口，能有效满足受众的这种需求。大众传媒对"弱势群体"的关注体现了一种关爱、互助的社会价值。

3. 大众传播媒介与公共利益的诉求

正确对待"弱势群体"不仅对社会、对大众有着重要的意义，对媒介自身而言也是十分必要的。这种必要性可以从大众传媒自身的特性和发展两方面来理解。

大众传播媒介关心和支持社会中的弱势群体，使他们进入公众的视野，得到正确的理解和认识，获得帮助和同情。比起人际传播的"点对点"式，大众传媒"点对面"式传播具有信息多、内容广，传播迅速、及时，覆盖范围广阔，影响力强等特点。这些特性决定了大众传媒在传播上的强势地位，对社会舆论能起到更广泛、持久的影响。"弱势群体"形象的塑造、宣传必须借助这样的舆论力量才能更加有效。因此，大众传播媒介具有的力量对于塑造"弱势群体"形象，营造有利于"弱势群体"生存的舆论空间是必不可少的。让人们能接触到弱势群体生活的核心真相，帮助和鼓励人们逐渐建立起对这个群体的尊重与理解，体现了媒体作为"公共传递者"的社会责任感。

在市场经济条件下，大众传媒之间的竞争越来越激烈，已经从单纯的内容竞争、资源竞争、受众群竞争转变为媒体形象的综合竞争。

关爱弱势群体首先为大众传播获得公信力和美誉度，其次为媒介引得更多的受众，使他们成为积极的媒介接触者。这是媒体工作者自我职业幸福感指数的来由之一，是树立媒体新形象的有效途径之一。它有助于提升媒介公共价值（公民信息），建立媒介与弱势群体的关系，体现大众传播媒介的公正、公信、公平的价值追求。

例如，媒体曾经为农民工"追讨欠薪"的系列报道，引起社会的关注，促使企业及时兑现农民工的工资。这些栏目的开设不但帮助了"弱势群体"，而且为栏目所在的传媒赢得了良好的声誉，赢得了公众的信任和支持，赢得了一批忠诚的受众群体,从而为媒体的发展营造了良好的环境。

弱势群体是大众传播媒介影响力扩大的不可忽视的因子。虽然弱势群体大部分是由低收入者、生活水平低下的人构成,在政治方面参与机会少,影响力低,但是弱势群体人数不少,他们对于媒介的依赖大于其他群体。追求传播范围和广泛影响力的大众传播媒介在传播策略方面需要重视这个群体。弱势群体等非主流群体的生存体验作为一种类型,对于其他群体而言是间接经验,使他们丰富阅历和理解力。

弱势群体不是固定不变的,他们中的许多人经过努力不断提高自己的生活水平,改变自己的生存条件,进入强势群体。

关心弱势群体不只是政府的责任,也是全社会的责任,更是社会强势群体的责任。只有高度关心弱势群体,才会形成良好的社会氛围,促进社会不断进步。一个真正公正的社会是所有人都受益的社会。在这种意义上,媒介的意见引导力可以提高社会对弱势群体的关心度。例如,媒体在 2008 年度感动中国人物的评选中讲述浙江德清一位"卖炭"老人为四川捐款的故事,感动了许多读者(参阅附件 5)。

五、大众传媒关注"弱势群体"的实践

大众传媒对"弱势群体"的报道在手法、报道角度、侧重内容等方面各有不同。媒介关于弱势群体的报道主要有三类:

一是报道"弱势群体"生存状况、奋斗故事等。

二是报道"弱势群体"面临的生存困境:在突然降临的灾害面前维持基本生活的困顿;生病需要较大数额的治疗费用等个体事件。第二类报道的目的是吸引善款和其他直接救助,帮助遇到困难的人渡过难关。

三是类型报道传递和强化对弱势群体的偏见。将弱势群体(农民工为例)与社会治安、交通秩序、卫生状况等不良现实联系起来。

这三类报道起到的作用是:

1. 媒体帮助人们了解弱势群体

我授课时收到一位学生提交的课程作业,作业使用了这样的标题:"媒体告诉你:原来社会上有这么多不幸的人",这篇文章肯定了媒介在关注弱势群体方面所能够起到的积极作用:

> 张雪平,一个在富阳街头靠修自行车养家糊口的残疾人,他的

摊位被当地城建部门以招投标的方式拍卖,落入他人之手。张雪平愤而起诉富阳市建设局,要讨回修车摊位。2003 年 3 月 14 日,富阳市人民法院一审判决:建设局胜诉。张雪平不服,欲提起上诉。4 月 8 日,新华社对此事件进行了报道,称此案为"饭碗官司"。张雪平几年前在一次事故中落下三等残废。2000 年,他又因故下岗。他说自己下岗后每月领 220 元的救济金,领了一年半时间,爱人是合同工,每月才五六百元的工资。女儿正在读高中,仅学费每年就要 3200 元。失去修车摊位使一家三口再次面临生存危机(详见 2003 年 4 月 9 日《青年时报》6 版全杭州·社会)。在同一版块中还有一则《寂寞老人夜半拍门呼救 社区干部居民软语安慰》的报道。可想而知,如果没有我们的媒体(当然不仅仅指报纸)对这些需要别人帮助的弱势者的报道,我们之中又会有几个人会知道原来富阳有一个丢了饭碗的张雪平,杭州市东坡社区有一位夜半呼救的寂寞老人……而我们整个社会中丢了饭碗的又岂止张雪平一个,夜半喊救命的老人又岂止仅仅出现在杭州!

李杰　电子商务(经济)0201　2003.5.11

显然,媒体关于张雪平生存困境的报道激发了学生的同情心,使他们对弱势群体有了更多的感性认知,培植起一种亲民的思维。例如,关于艾滋病人、同性恋的采访报道;关于农民工子女就学问题;还有为了树立榜样、激励信心的报道,农民工见义勇为事迹的报道等,都可以起到类似的作用。

2. 媒体关于弱势群体报道的偏差

大众传播媒介关于弱势群体的报道也容易出现不平等的心态,以救世主的态度居高临下地描述弱势群体,甚至片面强调弱势群体的窘况和非典型形象。例如,犯罪事件报道,常常强调犯罪嫌疑人的身份,把强势群体的价值观强加于弱势群体等,传播弱势群体的片面信息,强化对弱势群体的偏见。

以"农民工"这个中国特有的弱势群体为例。虽然农民工在城市的人数不断增加,城市的建设与发展已经离不开这个群体,他们在人数和工作性质两个方面都是城市社会不可或缺的部分了。但是,他们始终被当做城市中特殊的一个组成群体,受到城市居民一定程度上的关注,这种关注实质上并非某种积极意义上的关注,而是防备性的关注。在城市中,农民工生活总体上处于低下的社会地位。他们文化程度普遍低于城市居民,做的往往是社会中又苦又累、又脏又险的工作。社会对于工作等级的偏见标签(以收入高低、权力大小、地位尊贱为标准的工作等级观念)极容易贴在农民工的身上。虽然这种偏见不是媒体独自产生,它是社会偏见的一种传播,但是这种报道方式成为一种惯性,传播的结果势必强化偏见。当这种偏见形成一种社会认同后,对于弱势群体而言,其面对的压力会越来越大。

(1)居高临下,扮演施舍同情角色

媒体关于弱势群体的报道以强势的优越感俯视"弱势",把关注和帮助当成是一种施舍,甚至有所要求,没有真正地尊重弱势群体。如郑州某报有篇文章题为《下岗职工,你到底要"啥岗"?(主)下岗工不屑干 农民们争着干》,文章说,郑州市某区招聘环卫工人,月薪300元。为了解决下岗职工再就业问题,专门为下岗职工留了几十个名额,但下岗职工应聘者寥寥无几,而农民们都争着要干。当时该区的一位副区长怒斥下岗职工:"你到底要什么岗?你还是有钱花,有饭吃。"这家报纸照抄这位副区长的话,把它做成消息的标题,批评下岗职工择业观念有问题。

这其实是不符合下岗职工的实际情况的。月薪300元很难在郑州这样一个大城市维持一家老小的生计。媒体的评论和副区长的斥责把下岗工人当做一个抚恤群体,认为下岗工人生活标准维持"吃饱饭"的水平不错了,不应该有更多的要求。

(2)用歧视性的语言和猎奇的眼光描写弱势群体形象

例如,用"驼背独眼老汉"、"瞎子"等词语称呼身体有残疾的人。在观察事件的角度上缺乏基本的人文关怀和同情。1997年11月23日,四川姑娘唐胜利因不愿做三陪小姐而跳楼逃跑,结果摔伤致残。不少媒体在报道中强调的不是她维护人格与尊严的可贵,而是侧重于表现唐胜利宁死维护自己贞洁,并在文章中不适当地将女人贞洁渲染为高于生命的东西。

(3)只在年终关怀,缺乏终年关怀

对于弱势群体的关怀见诸报端的多是在年终,因为中国春节的习俗有探望父母送孝敬之礼、买新衣服、准备丰盛的过年食品等活动,年终关怀成了一种礼节行为,更多的是成为行政机构的一种姿态——施舍姿态,领导成为关怀的施动者,强调领导的善行,被关怀者处在感恩戴德的位置,突出领导高高在上的地位,并非从制度上体现平等、公正的原则。

对这样的关怀行为和媒体的报道也多有反思和批评。金羊网——羊城

晚报在题为:"从年终关怀到终年关怀"的文章中说到①:

> ……年底追薪行动,可以说是对民工的年终关怀。这很必要,也很暖人心。但从民工立场出发,年终关怀固然好,终年关怀实在更重要——保证民工能每月按时足额拿到工资。否则,民工的日子怎么捱?
>
> ……对民工的终年关怀问题已被列入有关部门议事日程。比如有的地方在管理条例中就已写进以下条款:劳动定额和计件报酬标准要科学合理不得随意改动;劳动考绩记录必须保留两年以上,以便于处理劳动纠纷,保护民工合法利益;增设"欠薪预警制度",及时解决欠薪问题。把解决欠薪问题纳入法制轨道,是个好办法。大量事实已表明,解决欠薪这个顽症,实现对民工的终年关怀,靠老板良心发现是不行的,光靠年底大规模追薪行动也不行,更应有法制保障。

(4)乐于新闻炒作,放大弱势群体的消极面

媒体为了可读性、趣味性,猎奇媚俗,以吸引受众的注意力和刺激他们的兴趣。无论是在标题制作的倾向性上,内容报道的取舍、选择上,还是在版面处理上,都有偏失。甚至有意无意地渲染弱势群体遭受欺凌的事件,将弱者的悲哀,作为媒体的"卖点",这样的报道往往会产生明显的负面效应。例如,2001年底,一起少女集体卖淫案被媒体炒作。涉事女孩在看到报道后自杀未遂。这些女孩所在的学校,同学之间互相猜忌,导致恐慌,一些女孩被无谓地卷入了被猜忌的漩涡中。从后果来看,这类公开报道弊大于利。如果记者在报道前能本着人文关怀的精神,从这些女孩的角度权衡利弊,考虑到这些女孩正在长大,舆论的压力可能会把她们推向边缘,就应该放弃这类报道,以避免严重后果的出现。或者换一种角度,强调发生了什么事情,不是强调谁是事件的主角,尽量保护受害人的具体资料,而不是突出它们。

"弱势群体"的存在必然产生与之相应的文化,这种文化与主流文化不同,两者的并存实现了文化的多元化局面。作为大众传媒,对这种文化的出现应该保持公正的态度,不能忽略弱势群体的声音,更不能用张扬强势群体

---

① 作者刘根生,金羊网 2004-10-30 15:03:49 全文参阅附件6。

的声音去压制弱势群体的权益表达。大众传播媒介以公正、平等的眼光看待
"弱势群体",始终秉持一种人文关怀,是正确对待"弱势群体"的关键。在具
体的报道中,应持有基本的人权观念,平等地对待每一个个体,不论这个个体
来自于主流抑或弱势群体(见附件5)。

附件 1

弃 绝
泰戈尔

　　故事梗概:赫门达与库松是一对相亲相爱的新婚夫妻。当赫门达
知道自己的妻子库松出身于低等种姓后,十分愤怒。他来到自己婚姻
的"策划者"波阿利·山克尔那里质问,知道了事情的全部真相。由于
种姓的差异,波阿利·山克尔的女儿被赫门达的父亲哈利赫·慕克吉
毁了婚约,遭到不幸。波阿利·山克尔决定报复。

　　……赫门达整夜失眠,疲乏得像个狂人一样。第二天早上,他到波
阿利·山克尔·扣萨尔家去。

　　波阿利·山克尔和他招呼:"有什么事吗,我的孩子?"

　　赫门达烈火一般暴跳起来,用颤抖的声音说:"你亵渎了我们的种
姓。你给我们带来了毁灭,你一定会受到惩罚的。"他不能再说下去了,
他觉得哽住了。

　　赫门达恨不得用他的婆罗门的怒火,立刻把波阿利·山克尔烧成
灰烬,但是他的愤怒只灼焦了自己。波阿利·山克尔安然无恙地坐在
他面前,而且非常健康。

　　"我伤害过你么?"赫门达结结巴巴地质问道。

　　"我且问你一个问题,"波阿利·山克尔说,"我的女儿——我唯一
的孩子——她伤害过你父亲么? 那时你还很小,也许从来没有听到过
这件事。那么你听着吧。你不要太激动了。我要说的事情还很有趣呢。

　　"当你很小的时候,我的女婿那布格达偷了我女儿的珠宝,逃到英
国去了。你也许还会记得,五年以后,他以律师的身分回来的时候,在村
子里引起的骚动。也许你还没有注意到那回事,当时你正在加尔各答上
学。你的父亲自命为社区的领袖,他说如果我把女儿送回她丈夫家里去,

我就得永远丢弃她,永远不许她再跨进我家的门槛。我跪在你父亲的脚前,哀求他说:'大哥,饶了我这一次吧。我一定让这小子吃牛屎,举行一次赎罪的仪式。请你让他恢复他的种姓吧。'但是你父亲始终坚持着。在我这一方面,我不能丢弃我唯一的女儿,我便辞别了我的村庄和族人迁到加尔各答去。在那里,我的麻烦仍旧跟随着我。我给我的侄子做好结婚的一切准备的时候,你的父亲又挑拨女方的家人,他们就毁了这个婚约。那时我就狠狠地起了一个誓,只要我的血管里还有一滴婆罗门的血,我一定要报仇。现在你对于这件事该多少了解一点了吧?但是再等一等。当我把全部事实告诉你的时候,你会爱听的;这件事很有意思。

"当你在大学里念书的时候,有一位比波拉达斯·查特吉住在你的隔壁。这个可怜的人现在已经去世了。他家里住着一个小寡妇,名叫库松,她是一个迦尔斯帖家的穷苦的孤儿。这女孩子长得很美,这位老婆罗门想把她藏匿起来,免得大学生们老是盯着她瞧……她常跑到屋顶上去晒衣服,我相信,你发现了你的屋顶是最宜于学习的地方。你们俩是否在屋顶上谈过话,我可说不上来,但是这女孩子的行动引起了老头子的疑虑。她常常做错了家务,而且像婆婆帝一样,在热恋中渐渐地不吃饭也不睡觉了。有几个晚上,她在老头子面前无缘无故地流下泪来。

"他终于发现了你们俩常在屋顶上会面,你甚至不去上课,在中午也拿着一本书坐在屋顶上,而且你忽然喜欢独自一个人念书了。比波拉达斯跑来向我请教,把一切都告诉了我。'大叔,'我对他说,'你早就想到贝拿勒斯去进香。你还不如现在就去,把这女孩子交给我照管。我会照应她的。'

"这样他就走了,我把这女孩子安置在司帕提·查特吉的家里,让他冒充她的父亲。后来的事情你都知道。今天我把这件事从头到尾告诉了你,真觉得如释重负……

"快乐的婚礼终于在一个吉日良辰举行了,我觉得我已经卸下了自己沉重的负担。以后的事情,你比我知道得更清楚。"

"……你给我们造成不可弥补的损失,你还不肯罢手吗?"赫门达静默了一会吼叫道,"现在你为什么要把这个秘密说出来呢?"

波阿利·山克尔极镇静地回答说："当我看到你妹妹的婚礼一切都安排好了的时候，我心里想：'好啦，我已经把一个婆罗门的种姓污损了，但那不过是责任感的问题。现在，另一个婆罗门的种姓又有被污损的危险，这一次我有责任来防止它。'于是我给他们写信，说我可以证明你娶了一个首陀罗的女儿。"

"那么现在你把一切都告诉我吧。"

库松用坚定平稳的声音，把她的事情严肃地说出来。她仿佛是赤着脚，迈着无畏的脚步，一步步地慢慢从火焰里走过去，却没有人知道她被灼伤得多么厉害。赫门达听她说完了，就站起来，走了出去。

……库松料想她丈夫走了，再也不会回来了，她并不感到惊奇。她和对待日常生活中任何其他事变一样地泰然处之——在过去的几分钟里，她的心情已经变得那么枯燥、那么淡漠。世界和爱情，自始至终似乎对她都是空洞虚幻的。连她丈夫从前对她谈情说爱的回忆，也像一把残忍的尖刀刺透了她的心，只给她嘴唇上带来了枯燥、冷酷、忧郁的微笑。她想，也许是那仿佛填满人生的爱，它带来了多少爱慕和深情，它使得小别那么剧烈的痛苦，短暂那么深切的甜蜜，它似乎是无边无际的，永恒的，生生世世永远不会停息的——爱原来就是这样！它的支柱多么脆弱！一经祭司触摩，你的"永恒"的爱就化为一撮尘土了！赫门达刚才还对她低语说："夜是多么美啊！"这一夜还没有消逝，那只杜鹃还在歌唱，南风还在吹拂着房间里的帷帐，月光还躺在打开的窗子旁边的床上，像快乐得疲倦了的美丽女神一样。这一切都是不真实的！爱情比她自己还要虚幻……

哈利赫·慕克吉走近门边，说："时间已经够长了，——我不能再等了。把这女孩子赶出去吧。"

库松听到这些话的时候，她用毕生的热情，抱住她丈夫的脚，不住地吻着，又恭敬地用她的前额触了一下他的脚，然后走出去了。

赫门达站起来，走到门边，说："父亲，我不愿意休弃我的妻子。"

"什么？"哈利赫吼叫着，"你愿意放弃你的种姓么，先生？"

"我不在乎种姓，"这是赫门达的沉着的回答。

"那么我连你也赶出去。"

附件 2

种族的意识形态和现实

发表于 2008-11-29　10:36:55

美国通过立法或者行政的国家行为来实现种族平权已经取得了相当大的成功,奥巴马的当选就是一个明证。然而在改变黑人社会经济地位方面,政府的政策可以说相当失败,因为国家的能力在这个领域不仅有限,而且弄不好还产生相反的效果。民主党的奥巴马当选美国第四十四任总统,开创了少数族裔进入白宫的先河。人们最关心的问题之一便是,选上一位黑人总统是否有可能缓解美国严重的种族危机?许多奥巴马的支持者盼望新的奥巴马政府将有能力从根本上开始解决种族问题。美国的左翼知识分子精英——奥巴马被认为是其中的一员,起码也是深受他们的影响——正在兴高采烈地期待用政府的力量来推行他们主张的政策,通过财富再分配的手段来进一步实现种族平等。

的确,种族问题是美国社会的毒瘤,无论是自由派的民主党人还是保守派的共和党人,在这点上都没有异议。而这个种族问题,说白了就是黑白问题,也就是三百年奴隶制遗留下来的病根。种族问题的表象是肤色,实质却是社会经济和文化。

在美国这个被称为民族大熔炉的国家里,肤色本身已经越来越难成为定义种族的唯一根据。有全世界各个地方来的移民,皮肤的颜色从极黑到极白,介于黑白之间的人数也逐年增加。最近的 DNA 检测表明,许多以为自己是白人的,身上有更多黑人的血液;而许多自认为是黑人的,祖先却更多是白人。有趣的是,就连种族本身也是根据社会认同来定义的。

1910 年,在美国最早的标准全国人口统计中,犹太人、信奉天主教的爱尔兰和意大利后裔都被单列出来,不算在“白人”之列。而当时的阿拉伯后裔因为人数太少不形成一个单独的集团,则被算是白人。究其原因,是当时的爱尔兰和意大利人多数是移民,他们居住在大城市中,形成了自己的社区,保留了母国社会的一些结构和习惯,与英国、德国等清教移民后裔有明显的区别,所以就被排挤出了“白人”的行列。

又如现在已经占美国人口大约 15% 的"拉美裔"被算成了一个种族。其实,拉美裔和传统的美国人一样,也是旧大陆移民和新大陆印第安人的后代,肤色从最黑到最白都有。除了说西班牙语和多数信奉天主教之外,他们很难构成一个所谓种族。在经过几代人之后,这些拉美裔就会完全融入美国社会。

亚裔也是一个很好的例子。在长期受排斥之后,亚裔移民及其后代在经济社会上的成功使得他们获得了"模范少数族裔"的称号。在入学、就业等各个方面,亚裔已经不再被列入需要特殊名额照顾的少数民族。种族虽然是个问题,特别是少数民族的移民更是有语言、文化的障碍需要克服,但并不是妨碍他们实现美国梦的主要因素。

可是,黑人——或者按照目前"政治正确"称呼为"非洲裔美国人"——的情况就不一样。1861—1865 年的南北战争解放了黑人,给予过去的黑人奴隶以公民权。此后,经过了 100 年时间,特别是 20 世纪五六十年代的黑人民权运动,黑人在法律上获得了平等的地位。通过联邦的民权立法,过去南部各州推行的种族隔离、限制黑人投票权等法律都被废除。到了 21 世纪,黑人作为一个族裔群体,已经具有相当大的政治影响。黑人的总投票率接近白人,高于其他族裔;国会黑人议员的比例远高于其他少数族裔,黑人社区和政治团体往往能够左右地方和联邦一级的政府决策。从参政的角度看,黑人比其他少数族裔更加成功。通过在政治上的影响,黑人为自己和其他少数族裔争取到了各种经济社会权益。自从 60 年代以来,政府的社会政策对少数族裔实行了各种优惠,从入学、就业到贫困救济、医疗、住房等等,作为少数族裔都能得到一定的好处。

可是种族平权不仅仅在于法律,更在于社会经济。法律只能保证各个族裔的公民能够有绝对平等的政治地位,却不一定能使得所有人有平等的发展机会。在黑人民权运动经历了四十多年之后,黑人的社会经济地位的改善却远远跟不上政治权利的进展。在各个族裔中,黑人家庭的平均收入最低。大约 4000 万黑人中,有几乎一半住在大城市比较贫穷的区域。那里面经常充斥着暴力、毒品、犯罪,年龄在 20～34 岁的黑人男性中,9 个人就有一个被关在监狱里面。而黑人社区的家庭结构更是处在被完全摧毁的边缘。70% 的黑人儿童出生在单亲家庭。15～24 岁年龄段的黑人母亲中,没有配偶的比例竟然接近90%。这使得大量黑人家庭处于贫困状态,同时也导致了大量的犯罪与儿童缺乏教育。

具有讽刺意味的是,国家推行的社会福利政策事实上加剧了贫困—低教育—犯罪—单亲家庭这一系列恶性循环。"吃福利"已经让黑人社区担上了负面的名声。有一位著名的黑人女学者在1968年深入到圣路易斯的黑人贫民窟,在大批十几岁的黑人单身母亲中进行调查。她发现,这些不幸的女孩子对自己的子女都怀着深切的期望,希望他们将来能够好好读书,以便找到好的工作,过上中产阶级的日子。当时这位学者得出结论说,贫困的黑人女孩有着白人中产阶级的梦想。过了20年之后,她在1988年回到同一社区,再次与年轻的黑人单身母亲谈话,结果令她大吃一惊,这些新一代的女孩子们多数不爱工作,靠吃社会福利来生活。她们觉得这样过就很好,自己的孩子们将来也可以照样生活。社区里的男性青少年——也就是孩子们那些完全不负责任的父亲们也同意此等说法。这位学者感到非常悲哀,她批评说,社会福利政策打碎了黑人的美国梦,也摧毁了黑人社区的未来。

总的来说,美国通过立法或者行政的国家行为来实现种族平权已经取得了相当大的成功,奥巴马的当选就是一个明证。然而在改变黑人社会经济地位方面,政府的政策可以说相当失败,因为国家的能力在这个领域不仅有限,而且弄不好还产生相反的效果。这也正是未来的奥巴马政府将面临的一个困难问题。无论从他本人的教育背景、意识形态、顾问班子,还是从支持他的利益集团的期待来看,都显示出他将通过政府来实行财富再分配的倾向。这也就是奥巴马在竞选中说的要"将财富到处散发"(spread the wealth around)的想法。这种想法在美国的左翼知识精英中间相当流行。然而,如果美国过去40年的福利政策并没有能改善黑人社区的社会经济状况,甚至反而导致其恶化,更多地增加福利是否能够解决问题呢?这非常令人怀疑。当然,也有分析家预测非常现实的奥巴马有可能放弃原来的意识形态,转而实行控制甚至削减社会福利的政策。他们争辩说,由于奥巴马本身是黑人,所以他在削减黑人社会福利时无需担心被指责为种族主义。如果真的出现这种情况,有大批热情支持奥巴马的黑人选民将会感到深深的失望。

(作者:龚小夏　凤凰网 http://blog.ifeng.com/article/1885482)

附件 3

……

这些雕刻在阿富汗沙岩山体上的古老巨佛自公元 3 世纪和 5 世纪开始就矗立在巴米扬,俯瞰着面前广袤的沙漠。在此后的漫长岁月里,它们目睹了成吉思汗率领蒙古军的远征及数世纪之久的侵略和征战,却一如既往威严地屹立在阿富汗沙漠中。

人类的多次征战和大自然的风雨侵蚀都没能摧毁的巴米扬巨佛,终于在塔利班的炮火轰击中永远地倒下了。

自 1996 年塔利班在阿富汗掌权后,便逐步发起了一场彻底的灭佛运动。塔利班要求将所有在伊斯兰教传入阿富汗以前的人类文化遗迹统统清除干净,因为这些历史遗迹冒犯了伊斯兰教。

在炸掉两尊世界上最高的立佛之后,塔利班外长穆塔瓦基尔 3 月 18 日还宣称:"我们祖先遗留下的这些佛像是错误的,它们和我们的信仰相冲突。"

但实际上,塔利班的这个说法并不为伊斯兰世界所接受。绝大多数穆斯林国家都强烈谴责塔利班的这场灭佛运动,称这曲解了伊斯兰教律。(《中国日报》网站 许晴 2001-03-03)

附件 4

卖炭翁感动中国

发表于:2009-2-10 21:55　　　作者:明月小楼　来源:南漳热线

浙江德清县新市镇,一位卖煤饼的 78 岁老人陆松芳,为四川地震一次捐出 1.1 万元,这些钱,他要卖掉大约 50 万斤煤饼才能挣到。他住的 5 平方米的小屋里,电灯是唯一的电器。穿的衣服和鞋大多是捡回来的。在中央电视台举办的"感动中国 2008"年度人物评选中,老人成为候选人。老同事说,老人一天只花 1 元的菜钱,其他的钱都存起来,然后捐给需要的人。就这点而言,他比捐出了 580 亿美元的比尔·盖茨更慷慨。

……

那一刻,拉煤老人感动了新市人,感动了浙江人,感动了中国。

12月20日下午,我来到新市镇寻找拉煤老人陆松芳。在南昌街,邻居告诉我"他每天都要下午6:00才回家"。

夜色降临,陆松芳回到了那间5平方米的小屋。窗玻璃破裂,一盏10瓦的电灯是唯一的电器。墙壁上贴着旧挂历,墙皮已经开裂,一根塑料绳上面挂着十几件旧衣服,地上堆着十几双旧鞋,大多是他捡回来的。看得出,老人的生活十分俭朴。

陆松芳从58岁起就在新市租房独立生活。不管严寒酷暑,他送煤的车从没停过,他的背也因长年劳累而佝偻。儿子反复劝他回家享清福,但他却坚持自食其力。送煤饼的活又脏又累,一车煤饼700多斤,老人一天下来要送上两至三趟,每天有40多元的收入。虽然收入微薄,老人却把省吃俭用的钱几乎都用来帮助别人。

——下雪时,他买来铁铲,送给街坊邻居,让大家出门铲雪;邻居两口子为一张50元的钞票是真是假而吵嘴,他掏出钱换过来:"这是真钱!"社区建设公益设施,他主动捐款;听到四川发生地震的消息后,他拿出1.1万元捐给灾区。这些钱,他要卖掉大约50万斤煤饼才能挣到。

陆松芳,他是一个好人。

第二天清晨5:30,下起了小雨。昏暗的路灯下,陆松芳老人提着一只热水瓶,佝偻着身子走向巷口的开水房。这瓶热水对他很重要,晚上要靠这瓶热水吃饭、喝水。

8:00,陆松芳拉着煤饼走在新市镇上,不断有人向老人打招呼:"陆老伯,明天我要200斤。"陆松芳老人笑着点头,不用问地点,因为客户都记在他的心中。

端起一个个煤箱,捧出一个个煤饼,还不时地轻捏一下,有质量问题的,他都放回自己的车上,几十年,老人就是这样赢得了新市人的尊重。

采访陆松芳是一件十分困难的工作,他从没想过要出名,更不想让媒体把他当做什么榜样,他说:"赶紧走吧,你老这样拍来拍去,是在浪费国家的钞票。"

在中央电视台举办的"感动中国2008"年度人物评选中,陆松芳成为候选人。在浙江省首次设立的"浙江骄傲年度人物"中,陆松芳成为首个获奖者。

陆松芳老人助人为乐，活得自在。当地一位企业家想把陆松芳聘为名誉职工，每月工资千元，被陆松芳拒绝了。老人对生活没有什么奢求，每天虽然很累，但他很快乐。他唯一的愿望，是能够帮助更多的人。

附件5

据媒体10月26日报道：在北京市三环路双井桥北大路园2号门前，100多名向开发商讨要欠薪的民工，遭到几十名手持铁棍者殴打，30多名民工受伤。各大城市中，外地民工数量急剧增长着，他们中绝大多数人住着最简陋的房子，穿着最便宜的衣服，吃着最普通的饭菜，流着最辛苦的汗水，为城里人生活带来了方便，为城市发展贡献多多，也为大大小小的老板赚了许多钱。然而，一年苦到头，许多人却连拿着血汗钱回家过年这点愿望都实现不了。更惨的是，不少民工不仅没讨回欠薪，还挨了打。

好在政府对拖欠民工工资问题正越来越重视，每到年底，各地有关部门往往都要联手开展追薪行动，让民工能拿回那些血汗钱回家过年。10月25日，《新华日报》有消息说，南京追讨欠薪已提前行动，媒体上开通了"追薪热线"，各主管部门"清欠办"举报投诉电话都已公诸媒体。

年底追薪行动，可以说是对民工的年终关怀。这很必要，也很暖人心。但从民工立场出发，年终关怀固然好，终年关怀实在更重要——保证民工能每月按时足额拿到工资。否则，民工的日子怎么捱？

……对民工的终年关怀问题已被列入有关部门议事日程。比如有的地方在管理条例中就已写进以下条款：劳动定额和计件报酬标准要科学合理不得随意改动；劳动考绩记录必须保留两年以上，以便于处理劳动纠纷，保护民工合法利益；增设"欠薪预警制度"，及时解决欠薪问题。把解决欠薪问题纳入法制轨道，是个好办法。大量事实已表明，解决欠薪这个顽症，实现对民工的终年关怀，靠老板良心发现是不行的，光靠年底大规模追薪行动也不行，更应有法制保障。

　　这些年,因拖欠民工血汗钱已引发不少事:某市有民工因无法讨回工资,竟一怒之下烧了厂房,被判无期徒刑;某市60多名民工为讨工资居然将几个工头押上大路,造成交通堵塞。因而我们讲对民工实施终年关怀,还要教育民工学会依法维权。同时,更应疏通"正常渠道",让民工"告状有门","告状有用"。在许多时候,不少民工也向有关部门反映过情况,但问题总也解决不了,最后才想到"闹"。这提醒有关部门,在对待民工维权问题上,不能仅重视有领导批示的、有新闻单位介入的、已造成重大影响的,而应努力把事情解决在发端之时。这种终年关怀,直接关系着能不能把民工合法利益实现好、维护好,直接关系着社会稳定,绝不能掉以轻心。

　　……"和谐社会"特征之一就是:社会各阶层保持一种互惠互利关系,处在社会较高位置阶层者利益增进,不能以损害处在社会较低阶层者利益为前提和代价。显然,对民工从年终关怀到终年关怀,正是建设"和谐社会"不可忽视的重要环节……让民工在城市中:权益有保障,生活有盼头。

　　(出处见第136页脚注①。)

第六章
传播与性别

性别分自然性别与社会性别两类。自然性别是指人类生理上的性别,它主要包括五个层次:基因性别、染色体性别、性腺性别、生殖器性别、心理性别;社会性别是在人的生存环境中通过家人、朋友、周围人群、社会机构和法律机关认定的。社会性别是文化产物,它包括对某种性别的刻板印象、偏见,甚至歧视。社会性别具有可改变性,例如,对女性的性别认知,会随着社会环境的变化、观念的变革而变化。

人们在谈论性别问题的时候,一般是讲社会性别,社会性别范畴的重点是性别歧视,即对女性的歧视。

性别歧视是一种历史现象,也是一种性别文化表征。西美尔对此作了如此描述:[①]

> 人类文化可以说并不是没有性别的东西,绝对不存在超越男人和女人的纯粹客观性的文化。相反,除了极少数的领域,我们的文化完全是男性的。男人创造了工业和艺术科学和贸易、国家管理和宗教,因此它们不只具有男人的特征,而且在不断实施的重复过程中特别需要男人的力量。历史上从未实现一种不问男女的人类文化的美妙想法,对此的确信可以从这样一种感觉中获得验证:在许多语言中,都采用同一个词来称呼人和男人。在所有可能的领域中,凡有缺陷的表现都被贬斥为女性的,当人们不知道如何更好地称赞一个女人在同样领域内的成就时,就只能称之为"简直像男

---

① 西美尔著,刘小枫编,顾仁明译:《金钱、性别、现代生活风格》,学林出版社 2000 年版,第 147 页。

的"。这一事实显然得归咎于文化客观因素的男性特征。这不仅仅因为男人的自大，好像"男性的"是有价值的同义词，而且因为这表达了一个历史事实：由于我们的文化是从男人的精神和劳动中产生，确实也只适合于评价男人式的成功。

第一节　性别的概念

来自女性主义理论反对性别歧视的基础是人类平等的原则。女性主义依据"天赋权利"之说，认为女性与男性一样，具有天赋的"生命权、自由权和追求幸福的权利"。同时，女性主义理论认为，现代社会是以男性为普遍性的社会，这个社会生成的传统、习俗、价值观体现了男性的优越性，女性是臣服于男性的。对于女性的歧视在知识体系、话语实践和行为方面普遍存在，由于习惯而成为"真理"。女性主义理论旨在唤起女性乃至整个社会对性别问题的重视，尤其是对反对女性歧视的活动，以体现人类平等的基本要旨。

性别的主要观念包括性别认同、性别角色、性别主义、双姓理论等。

性别认同是指身为男性或者女性的自我观念。是人类通过学习最先获得的观念。从镜前阶段开始。不同的文化赋予两性的特质有区别。包括生理上的差异认同和文化意义上的差异认同。

性别角色即性别认同后个人内在接受的性别身份，包括男女不同的社会地位，对男女不同的要求和限制。

性别主义是指认为某一种性别优越于另一种性别的意识形态。如女性主义。性别主义以两性之间有不可改变的差异为理论基础。

双性理论认为，个人性别特质是可以改变的。个人可以同时既有男性特质，又有女性特质。

在性别区分中女性常常被视为受到压抑、限制的弱势群体一类。因为女性拥有弱势群体的五个特质：遭受不平等待遇；受到偏见或歧视的伤害；在生理及文化上有不同于强势群体的特质；非自愿地成为"女性"；因为传统观念的引导，接受自己的次等身份；在婚姻制度中，感觉在家庭中的次等位置。

第二节 性别的社会学意义

我们不否认男女在生理上的差别是男女有别的自然基础,但是,这不等于说男强女弱也是由于生理原因所致。恰恰是因为"男性的"与"有价值"的成了同义词,以男性生理特征为依据的标准成为普遍标准,这个标准极容易肯定男人式的成功。

可以说男性与女性在能力方面的差别是由社会的评价导致的。关于男女的差别论有不同的评价或说法,以功能社会学理论为例,其对男女有别的社会学解释有代表性。

功能理论的社会学认为,社会是各种制度的均衡机制,它依照共同的规范来约束人们的行动,对社会成员具有合法性和粘合力。各种制度在整体上构成了社会系统,其中各个部分(各个制度要素)和所有其余部分相互依存,任何部分的变化都会波及其他部分和整个系统。

功能理论把文化看做是知识、伪知识、信仰和价值观等不同程度的整合体。这些东西为社会成员界定了情景和行动条件。那么,文化作为意义的符号系统,其中有以想象的方式对现实定义,有对赋予人们的规范性期待进行解说(例如角色期待通过积极和消极的制裁得到强化)。[1] "文化是人所创造的调试和意义的世界,在其背景下人的生活变成有意义的。"[2]

按照功能论解释,男性与女性在社会的分工不同,得出的结论是性别区分造成社会的稳定。男性与女性在社会生产中发挥的作用不同,男女分工,各司其职。女性的家庭分工使家庭功能得以有效发挥。这种解释存在的问题是如果规则、价值观、社会期待等依然以男性为主,不论是抽象的社会(制度、风俗习惯、思想道德等),还是物质社会(手杖、工具器皿等满足人类实际生活需要的物质),只要在人所创造和调适的意义世界里男性价值成为普遍价值的话,所谓各司其职就是肯定了女性的臣属地位,强化男性的优越性。另外,对于某些不符合传统性别角色的人有限制(例如同性恋者),社会不会为他们提供人尽其才的机会。因为传统的性别区分被改变的话,可能会导致社会的不安或者其他不可预知的结果。

---

① 苏国勋,刘小枫主编:《社会理论的知识学建构》,上海三联书店 2005 年版,第 82～83 页。

② 苏国勋,刘小枫主编:《社会理论的知识学建构》,上海三联书店 2005 年版,第 82 页。

西美尔认为,"人的内在生活的所有方面都是从内在性对于外在世界的认知和行动关系中产生出来的。人们在把握所有关系时,在先把握单个因素的意义和价值基础上,把握它与另一个单个因素。另一个因素本身的性质是由前一个因素决定的"。① 在任何一组关系中,两个因素不是处在僵化的相对性中(均衡)。其中一个同另一个对应时(男与女)总是占据绝对者的位置。这种绝对性承载或者规范了两者的关系。

第三节　女性主义的理论

女性主义的理论主要经历了自由主义女性主义、文化女性主义、激进女性主义等阶段。

一、自由主义女性主义

1. 启蒙思想的原理

自由主义女性主义思想可以追溯到西方启蒙时代。这个时代的思想家要给人类重新制定一个秩序:"通过'理性之光'所认知的'清晰显著'的理念为人类的认识提供了无可辩驳的原理",他们以"人具有同等的理性潜能"② 这一假设作为其理论依据,赞成自由主义思想原则,提倡理性。早期的自由主义女性主义从启蒙运动中的"理性"、"天赋人权"、"自由"、"平等"等原则出发,对现实中造成男女不平等的因素进行思考,并对男女同一性进行论证,提出女性与男性同样具有平等权利的主张。

1848 年 7 月发表的妇女《观点宣言》③ 为女性权利的自然法则发出呼吁:

> 在人类各种历史事件发生过程中,对各个种族的女性,即人类家庭的成员之一而言,她们必须获得自然法则以及自然之神赋予她们的,不同于她们迄今为止所占据的地位。出于对人类思想的尊重,她们理应公开宣布促使她们这样做的理由。
>
> ……
>
> 我们以为以下的真理是不证自明的:男人和女人生来平等;她

---

① 西美尔著,刘小枫编,顾仁明译:《金钱、性别、现代生活风格》,学林出版社 2000 年版,第 147 页。
② 约瑟芬·多诺万著,赵育春译:《女权主义的知识分子传统》,江苏人民出版社 2003 年版,第 3 页。
③ 约瑟芬·多诺万著,赵育春译:《女权主义的知识分子传统》,江苏人民出版社 2003 年版,第 8~9 页。

们具有不可剥夺的天赋权利,这些权利是:生命、自由和对幸福的追求;政府的建立正是为了保证这些权利,而政府的正当权利来自被统治者。

2. 一个与男性享受同等权利的女性

在自由主义女性主义者看来,除了历史和政治对女性的专制外:"人类的历史就是一部充满了男人对女人的非正义和侵占的历史,是以建立对女性的绝对专制为目标的"[1],妇女《观点宣言》的起草者认为社会偏见也促成了女人依附地位的因素。女性"被禁止从事'有用的工作',而且不能与男人同工同酬。她被排斥在神学、医学、法律等专业之外……双重的道德标准使与男人同样(在性方面)行为不端的女人遭到公众谴责而备感羞耻,但是男人却可以得到豁免。环境的制约使女人只能'过一种依附于人的凄惨生活',她的自信随着自尊逐渐被彻底损害了"[2]。认为妻子和母亲的角色限制了女性人格的发展,她们没有机会参加家庭外的社会性、创造性劳动,只是快乐、满足、幸福的家庭主妇形象。妇女自幼接受教育里包含着这样的目的:女性需要培养把自己的一生寄托于家庭和婚姻关系的意识。这种意识会阻碍女性智力的充分发展,使妇女处于第二性地位,无法和男性一样从事公共领域的活动。

女性主义者认为,社会现实中男性与女性的差异主要是由于教育和社会环境因素造成的,她们主张的一项重要内容是给予妇女提供教育,培植她们的批判思维,获得女性的权利意识。这样不仅使女性能够对她们自己的生存境况作出清晰而明智的思考,而且会使她们自觉意识到把自己培养成一个理性的、有责任心的女性的意义,并且积极地参加到这样的活动中去。

二、文化女性主义

文化女性主义的注意力不是集中在政治方面,而是更加广阔的文化领域。

1. 强调女性特质的意义和价值

文化女性主义不是注意男女的相似性,而是强调差异,强调女性特质的意义和价值。她们认为,女性特征是社会再生的源泉,犹如土地一样,可以不断种植粮食,养育绿树、花草,提供生生不息的万物、生命。这种理论超越了

---

[1]　约瑟芬·多诺万著,赵育春译:《女权主义的知识分子传统》,江苏人民出版社 2003 年版,第 9 页。

[2]　约瑟芬·多诺万著,赵育春译:《女权主义的知识分子传统》,江苏人民出版社 2003 年版,第 10 页。

为女性争取权利的目标,把女性权利看做实现社会更大变革的一个不可或缺的方面。她们认为女性应该进入公共领域,拥有选举权。提倡"腐败的政治(男性的)应该由女性的道德来净化"[①]。

女性的道德包括了女性的价值观和女性关注的社会事物,包括女性在社会实践方面的基本态度。例如,许多文学作品描写的母亲,体现了这样的女性价值观:战争发起的"正义或非正义"不是她们关注的话题,战争夺取孩子的生命,让女性承受丧夫失子的痛苦与她们的切身感受的密切关系,使她们反对一切战争、反对一切屠杀,希望寻找新的解决冲突的道路。已故以色列总理拉宾对此有深刻的理解,他在呼吁和平反对战争的演讲中说:荷枪实弹的士兵的呐喊声比不上一个母亲失去孩子的恸哭声。电影《拯救大兵瑞恩》也讲述了整个拯救行动的动力来自不让一位母亲再失去一个儿子的原则。

《拯救大兵瑞恩》[②]电影海报(图片来源:百度)

---

① 约瑟芬·多诺万著,赵育春译:《女权主义的知识分子传统》,江苏人民出版社 2003 年版,第 47 页。
② 第二次世界大战期间,当百万大军登陆诺曼底海滩时,一小队由约翰·米勒上尉(汤姆·汉克斯饰演)率领的美军士兵却深入敌区,冒着生命危险拯救一名士兵詹姆斯·雷恩(麦特·戴蒙饰演)。詹姆斯·雷恩是家中四兄弟的老幺,他的三名兄长都在这次战役中相继阵亡。美国作战总指挥部的将领为了不让这位不幸的母亲再承受丧子之痛,决定派一支特别小分队,将她仅存的儿子安全地救出战区。当小分队的士兵们陷入敌区,面对随时降临的各种危险,他们逐渐怀疑这项任务的合理性:为什么这个士兵就值得让 8 名士兵去冒死拯救?雷恩的一条命为何比他们的生命更有价值?但是,尽管他们心存疑惑,他们还是坚决执行上级的命令。拯救的旅程也是一条通往死亡之路,人性在战争中受到考验。资料来源:百度百科

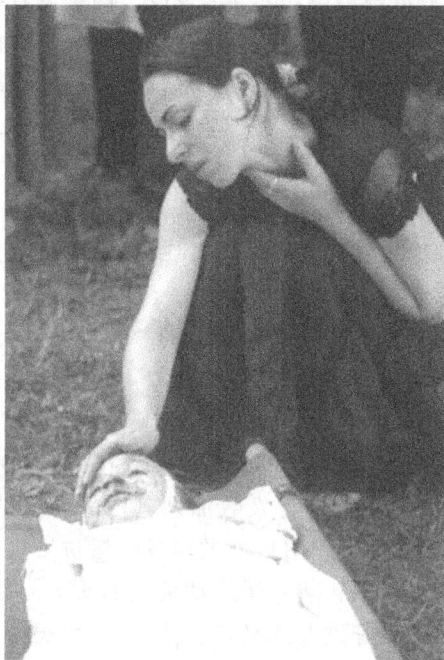

一位悲伤的母亲抚摸不幸遇难的儿子的尸体①

2. 女性气质与男性气质平分秋色

文化女性主义认为:"女人所需要的不是作为女人去行动或占上风,而是像一个自然人那样得到成长,像智者一样去分辨一切,像灵魂一样自由自在地生活,展示(她)的各种才能……"②

女性气质与男性气质的融合是将能量与和谐、力量与美丽、智能与爱情的结合。女性气质与公共世界结合也会带来一种令人向往的女性化的文化。这种文化体现"植物般的温暖、融洽、平和的规则,意味着在所有领域杜绝暴力,包括用酒精和毒品伤害自我,以及为了满足口腹之欲残杀动物的暴力行

---

① 2004年9月1日,30多名恐怖分子在别斯兰第一中学将千余名学生、家长和教师劫为人质,最后导致300多人死亡,700多人负伤。一位悲伤的母亲抚摸着在别斯兰人质事件中不幸遇难的儿子尸体。图片来源:http://www.cnhubei.com/200412

② 约瑟芬·多诺万著,赵育春译:《女权主义的知识分子传统》,江苏人民出版社2003年版,第48页。

为；意味着友爱与和平将统治整个世界。"①以上两张图片的故事向世人展示出女性——母亲的气质在呼吁和平，反对战争、反对暴力的行为中具备的强大力量。这种力量不是外在的强制性压力导致，而是唤起人类内心的共鸣，形成共识。她具有理想的力量，使人产生善良和悲悯情怀。

三、激进女性主义

激进女性主义理论旨在反对"新左派"中男性成员的理论。激进女性主义成员在"新左派"运动中，通过男性激进分子的傲慢态度看到了自己的真实处境。②于是，提出自己的女性主张，以要求平等的口号，号召女性团结，在社会问题上与男性的统治争夺支配权力。

1. 反对女性"二等公民"身份

激进女性主义认为，女性在男性激进组织内只能够充当"二等公民"，当男性组织需要声势时，女性是作为人数加入其中的。但是，在发表见解和表达主张时，女性又遭到激进组织中男性的轻视。激进女性主义者决定要在理论上使她们自己的主观问题和新左派运动关注的重大问题联系起来，她们认为社会公正与和平同样具有重大意义与合法性。"大男子主义与女性的屈从地位实际上是社会压迫的根源和原型，因此，女权主义必须成为一切真正变革的基础。"③把性别问题当做政治问题对待。激进女性主义呼吁"妇女应当认识她们是一个屈从的阶级或等级，并应与其他妇女联合起来，把主要经历投入到与她们的压迫者——男人的斗争中去；男性和女性本质上是有差别的，他们拥有不同的风格和文化，而女性的风格必须成为未来社会的基础"。④

2. 抨击传统爱情观，反对色情、卖淫

激进女性主义还攻击已有的爱情观，反对色情文学和卖淫制度。她们认为，爱情是一种体制，它"带来了脆弱、依赖性、占有欲和对伤痛过度的敏感，它妨碍女性的人类潜能的发展"⑤。对于爱情中涉及女性的服从、臣属等观念

---

① 约瑟芬·多诺万著，赵育春译：《女权主义的知识分子传统》，江苏人民出版社 2003 年版，第52 页。

② 1968 年华盛顿反总统就职示威集会上，当女性激进主义者发表自己的观点时，遭遇来自男性示威者的嘘声，有人喊：把她拽下来，让她滚蛋。参阅约瑟芬·多诺万著，赵育春译：《女权主义的知识分子传统》，江苏人民出版社 2003 年版，第 196 页。

③ 《女权主义的知识分子传统》，江苏人民出版社 2003 年版，第 197 页。

④ 《女权主义的知识分子传统》，江苏人民出版社 2003 年版，第 197 页。

⑤ 《女权主义的知识分子传统》，江苏人民出版社 2003 年版，第 199 页。

时,容易与传统的封建意识中对女子"三从四德"的要求和男性普遍性的价值混在一起。从这个意义上讲,激进女性主义反对业已形成的爱情观,有一定的理由。

不过,对这种观点的认可程度不高,包括女性在内。爱情涉及人类基本情感和人与人之间发生的移情和共鸣等,这些通常被认为是超越性别范畴的。例如,文学作品中那些脍炙人口的经典故事《杜丽娘》①、《西厢记》②、《罗密欧与朱丽叶》③等,唤起人们对美好爱情的向往,这种爱情超越了门第之见、世俗之昧,也超越了性别等级。

---

① 杜丽娘是《牡丹亭》中的女主人公。《牡丹亭》是明代剧作家汤显祖的代表作。官宦之女杜丽娘一日在花园中睡着,与一名年轻书生在梦中相爱,醒后终日寻梦不得,抑郁而终。杜丽娘临终前将自己的画像封存并埋入亭旁。三年之后,书生柳梦梅赴京赶考,发现杜丽娘的画像。杜丽娘化为鬼魂寻找柳梦梅并叫他掘坟开棺,杜丽娘复活。随后柳梦梅赶考时高中状元,但由于战乱发榜延时,仍为书生的柳梦梅受杜丽娘之托寻到丈人杜宝。杜宝认定此人胡言乱语,随即将其打入大狱。得知柳梦梅为新科状元之后,杜宝才将其放出,但始终不认其为女婿。最终闹到金銮殿之上才得以解决,杜丽娘和柳梦梅二人终成眷属。

② 《西厢记》全名《崔莺莺待月西厢记》,是元代著名杂剧作家王实甫的代表作。《西厢记》一上舞台就惊倒四座,博得男女青年的喜爱,被誉为"西厢记天下夺魁"。历史上,"愿普天下有情人都成眷属"这一美好的愿望,成为许多文学作品的主题。

③ 罗密欧与朱丽叶,英文原名为 *The Most Excellent and Lamentable Tragedy of Romeo and Juliet*,简写为 *Romeo and Juliet*,是英国剧作家莎士比亚著名的正剧。凯普莱特和蒙太古两大家族有宿仇,经常械斗。蒙太古家有个儿子叫罗密欧,在一次宴会上,他被凯普莱特家的独生女儿朱丽叶深深吸引住了。罗密欧上前向朱丽叶表示了自己的爱慕之情,朱丽叶也对罗密欧有好感。当时双方都不知道对方的身份。真相大白之后,罗密欧仍然不能摆脱自己对朱丽叶的爱慕。他翻墙进了凯普莱特的果园,正好听见了朱丽叶在窗口情不自禁呼唤罗密欧的声音。第二天,罗密欧去见附近修道院的神父,请其代为帮忙。神父答应了罗密欧的请求,觉得如果能成也是化解两家的矛盾的一个途径。罗密欧通过朱丽叶的奶娘把朱丽叶约到了修道院,在神父的主持下结成了夫妻。这天中午,罗密欧在街上遇到了朱丽叶的堂兄提伯尔特。提伯尔特要和罗密欧决斗,罗密欧虽然不愿决斗,但他的朋友被提伯尔特借机杀死,罗密欧大怒,拔剑为朋友报仇,将提伯尔特杀死了。城市的统治者决定驱逐罗密欧,下令如果他敢回来就处死他。罗密欧刚一离开,帕里斯伯爵向朱丽叶求婚。凯普莱特非常满意,命令朱丽叶下星期四就结婚。朱丽叶去找神父想办法,神父给了她一种药,服下去后就像死了一样,42小时后就会苏醒过来。神父答应她派人叫罗密欧,会很快挖开墓穴,让她和罗密欧远走高飞。朱丽叶在婚礼的头天晚上服了药,第二天婚礼变成了葬礼。神父马上派人去通知罗密欧。可是,罗密欧在神父的送信人到来之前已经知道了消息。他半夜来到朱丽叶的墓穴旁,杀死了阻拦他的帕里斯伯爵,掘开了墓穴,他吻了一下朱丽叶之后,就掏出随身带来的毒药一饮而尽,倒在朱丽叶身旁死去。等神父赶来时,罗密欧和帕里斯已经死了。这时,朱丽叶也醒过来了。朱丽叶见到死去的罗密欧,也不想独活人间,她没有找到毒药,就拔出罗密欧的剑刺向自己,倒在罗密欧身上死去。神父讲述了罗密欧和朱丽叶的故事,失去儿女之后,两家的父母才清醒过来,可是已经晚了。

《杜丽娘》剧照

《西厢记》剧照

芭蕾舞《罗密欧与朱丽叶》剧照

（以上 3 幅图片来源：百度）

激进女性主义坚决反对色情文学和卖淫制度，她们的主要立场是：色情文学和卖淫制度贬低、凌辱了女性的身体，最终导致强奸现象的产生。"反抗强暴行为，关键在于反对色情文学以及社会对卖淫制度的容忍。"①她们认为，色情与卖淫主要是为了男性的利益。因为男性是社会构成的一部分，一旦男性成为了普遍性之后，男性的需求与色情文学和卖淫制度放在一起，彼此寻找存在的理由，并且试图将其合法化。作为女性必须在观念和行动两个方面反抗这样的强暴行为。

第四节　媒介的性别偏见与歧视

媒介作为社会现实的记录者，从两个方面难以避免性别偏见和歧视，一是作为新闻事件职业记录者的个人，其所属文化群体的传统观念和判断标准（基础的意义和价值），或多或少影响到记录内容（受价值观影响）；二是被记录事实本身，其发生原因和社会评价也难免渗透偏见。

一、男性的绝对性与非自足的女性偏见

人类生活的这种基本相对性，也在男女性别关系中表现出来。在这对关

---

① 约瑟·芬·多诺可著，赵育春译：《女权主义的知识分子传统》，江苏人民出版社 2003 年版，第 203 页。

系中,男性成为绝对,也就成了普遍性。在这个基础上确定的一切规范都不是中性的,它消除了性别平等对立,而是具有男性特征的。如艺术要求、爱国主义、普遍美德、特定社会理念、实践判断的公正性、理论认识的客观性、生活的力量和深化等范畴,虽然从形式和要求来看,属于人的一般性范畴,但实际上其历史形态是男性的。男性成了一般性,女性则是需要特别强调的。

当男性的东西绝对化为客观的实质的权威标准后,不仅属于男性的经验成为既定事实,那些来自男性的、为了男性而提出的观念和理想要求,也成为超性别的绝对,这对评价女人产生了严重后果。

例如,关于女强人的说法中包含着这个女人像男人一样"强大",做了男人做的事情。因为没有一个对应关于"男强人"的说法,强人是属于男性的,不必特别强调了。

传统意义上的女性特征是建立在以男人为取向的、令男人喜欢的、为男人服务、补充男人的基础上的。现代社会理论将社会分成公共领域(public sphere)与私人领域(private sphere)两个部分。哈贝马斯(Jurgen Habermas)认为,"公共领域首先可以理解为一个私人集合而成的公众的领域;但私人随即就要求这一受上层控制的公共领域反对公共权力机关自身,以便就基本上已经属于私人,但仍然具有公共性质的商品交换和社会劳动领域中的一般交换规则等问题同公共权力机关展开讨论"。[①]

公共领域的前提是:普遍地接近性;公共议题;体制化的空间和法律保障,展开公共辩论的空间;理性的,非支配性的辩论;私人领域指的是由封闭的和排他性的亲密关系、不能普遍化(non-universalizable)的个人情感所维系的家庭;由于哈贝马斯在区分公共领域和私人领域时没有涉及女性主义的问题,加之传统男权社会一直将女性的劳动和付出放在家庭——私人领域,给女性贴上的标签:贤妻良母、贤惠、温柔等基本上将女性的角色设置在家庭场所。因此,在公共领域来自女性的声音不受重视,或者说女性不能代表自己说话。当"政治公共领域以公众舆论为媒介对国家和社会的需要加以调节"[②]时,大众传播媒介的传播活动也介入其中,传播者性别的刻板印象会随着具体信息有意无意地传播给受众,这种偏见或者强化受众已有的刻板印象,或者作为常识被强调。

---

① 哈贝马斯著,曹卫东等译:《公共领域的结构转型》,学林出版社 1999 年版,第 32 页。
② 哈贝马斯著,曹卫东等译:《公共领域的结构转型》,学林出版社 1999 年版,第 35 页。

来自联合国关于《2007 年人道主义行动报告《性别偏见在紧急情况下危害儿童生活》特别强调和揭示了自然灾害和人为灾难给妇女和儿童带来的严重影响,呼吁全世界采取必要措施保护妇女和儿童的权益:

> "妇女和儿童在这些处境中尤其脆弱",联合国儿童基金会紧急方案部主任丹·图勒先生说道,"冲突和流离失所的情况为虐待和剥削儿童提供了契机。如果不去制止,你也不能使儿童得到保护。保护妇女能使我们帮助他们使其权利得到保障,并帮助我们达到保护儿童的目的。"在危机期间,妇女易患疾病和怀孕并发症。其中也包括:
>
> 遭到剥削和性暴力的伤害。
>
> 被排斥在决策参与和学校教育之外。
>
> 得到充分保健和营养的权利被剥夺。
>
> 但是紧急情况也会提供很多独特的机会让我们来促进两性平等的工作。
>
> 处于紧急情况下的妇女如果不受到保护,那么儿童的健康和安全也将受到威胁。

(参阅附件 1)。

二、媒介的性别偏见与文化中的性别偏见

传播作为一种文化实践,本身就是在男性文化基础上的行为。虽然许多时候性别成见和歧视不是媒介故意为之,它经常表现为对性别问题的无意识或是对传统成见的"自然"反映。提出文化与性别、媒介与性别的问题,就是要对"传统"、"自然"进行反思和批评。在社会性别分析的基础上,减少大众传播媒介对传统性别成见的建构和影响,促进社会性别平等。

在社会现实中,性别偏见主要包括对男女两性的性格、形象、智力、社会分工、家庭角色等方面的定型化。如性格中关于理性、勇敢、进取、坚强、喜欢高科技等与男性特征的一致性;关于柔弱、温和、感性和被动与女性特征的一致性描述。基于社会中存在着性别偏见和以商业化运作基础的大众媒介,在传播实践中必然要追求大众认同,反映甚至扩大、强化这些性别偏见。如:广告利用大众最熟悉的性别价值,即在社会中用优势意识形态建构的性别意义

和模式,赋予女性漂亮、温柔、顺从等固定价值特征。而女性作为消费者随着女性美容产品的广告一再被确认,包括对女性身体的认可标准等。

媒介的新闻报道或者其他信息传播过程在很大程度上都是带有偏见的,特别是处理政治新闻和其他有争议的社会新闻时。这种偏见是天生的,是报道者根据个人价值体系和文化背景在选择事件、创作报道和传播过程中表现出来的。导致偏见产生的因素还有其他,如记者的教育背景、宗教信仰,所处的社会阶层、性别、党派,政治意识,以及一系列的个人偏见。尽管这样做可能是潜意识的,就算是反对偏见的记者出于平衡、准确、公正的要求试图消除偏见,它仍然会将性别偏见从各种表述中渗透到新闻报道中。

三、媒介对大众性别意识和行为的影响

媒介对社会规范、角色、等级、制约的种种描述,常常会内化为受众的一种社会期待,最终会影响受众的性别认识和行为。因此,大众媒介很容易强化性别成见。

由于传统的社会文化影响,人们更习惯从男性中心的意识形态来审视女性形象,对于有些含有贬低女性独立人格和尊严的报道,人们已经司空见惯,甚至当做常识接受它。

媒介中的性别模式一直是女性主义研究的一个重要课题。如人们司空见惯的性别歧视的话语:"为何闲着媳妇雇保姆"、"妻子红杏出墙"、"兄弟如手足,妻子如衣裳"等一些传播封建意识的话语。一位女青年因为拒绝做三陪女而跳楼的行为被媒介赞赏为:"她宁为玉碎、不为瓦全的高尚品质",说她用"鲜血维护了自己的清白"。这其中的"清白"二字,就是男权文化对女性的精神压迫。类似"失身、失去尊严"等话语表达的也是男性对女性的苛刻要求。记者先是称女青年为"古代烈女",然后传播用"鲜血维护了自己的清白"的陈腐观念,又希望其活过来继续"做文章"。在媒介这样的描述中,事件中不幸的女子个体的生命价值和生活处境没有受到足够的重视,她以生命对抗暴力的价值在于成全了对女性的封建道德约束。

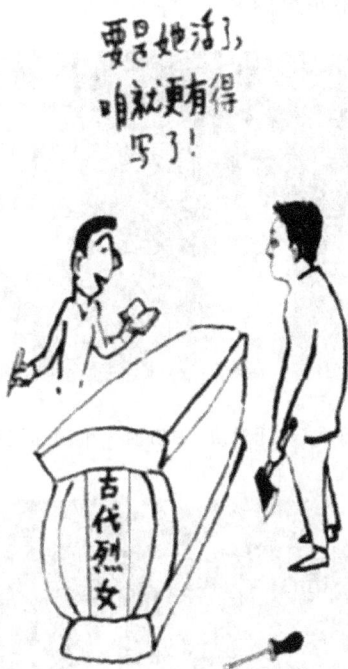

漫画上是两个记者的对话:"要是她活了,咱就更有的写了!"

　　我们看到在电视剧中出现的女性职业角色主要有三类:第一类做秘书、
公关小姐、饭店服务员、护士等辅助性的工作。与之对应的男性的工作是经
理、律师、医生、侦探、工程师等具有高度智慧且能做重要决定的工作。虽然
在现实生活中,很多女性也从事一些重要的、需要专业技术的工作,或居于领
导者的位置,但电视剧中这类女性的形象很少。在警匪片、侦探剧中看到的
女警察形象,虽然被表现得像男人一样,但是要相貌姣好,因为她们最终也要
成为男警察的恋爱对象,做服从男性的女警察。例如,香港电影中的警花形
象(见港产警匪片中超强警花组图),也是美女加勇敢的统一造型。第二类,
女性的性格固定在柔弱、顺服、爱哭和情绪化等概念上,男性的性格则与独
立、坚强、镇静、有学问且具有进攻性等意义相符。第三类,好男人总是事业
成功的,所以需要在社会上努力奋斗;好女人总是年轻漂亮的,所以大量的节
目中女性总是出现在商场挑选服装或者镜前化妆。

港产警匪片中超强警花组图①：

安雅在《生死对决》中扮演一个国际刑警

陈慧琳扮演《大事件》中严厉苛刻的女警司
（以上两幅照片来源：百度）

　　社会上成功的女性也总与"美"有关，女性要想成功除了付出与其他男性一样的努力外，还要美容、美体。工作能力加上被人欣赏的魅力才能成功。以香港为例，香港被看做是华人地区女性地位最高的地方，在香港政坛可以看到许多居于要职的女性官员，女性在镜头前的表现也被市民备加赞赏。但

① http://www.mtime.com/group/hkmovie/discussion/256663/

是，渗透在文化传统之中的性别偏见，并没有因为政坛有杰出女性的出现而发生根本性改变。香港前保安局长叶刘淑仪从一个被人指责为强悍、霸道的批评形象变成广受称赞、民意支持率上升的女官员，恰恰源自于社会对女性的刻板印象。叶刘淑仪虽然身为保安局长，但是她要获得市民的支持率，必须按照传统女性刻板印象设计自己的公共形象，而不是保安局长的形象。之前她只注意到自己的保安局长角色，忽略社会对女性的普遍期待的形象，结果被"强悍、霸道"等形容词所否定。当她在自己的公共形象上加入诸多社会认可的女性元素以后，才获得民意支持率上升的结果。叶刘淑仪自己分析公共评价的变化时认为：关键的转折点来自她在接受媒体访问时，向媒介表现出值得同情的一面，她通过媒体向受众表露自己经历过的艰难岁月。"如果事情真的如此，那么，为什么女主人的苦难特别能唤起同情和好感？个中原因恐怕不在于'苦难'特别能开拓'强硬'，而是家境的苦难特别符合大家心目中的女性形象，令我们觉得她也是一个女人，遭受平常女人都遭受的委屈。于是公共职务中因彪悍而带来的反感被私人生活中困苦遭遇所引起的同情所颠覆。"（参阅附件2）

在大众媒介和其他的宣传广告中对女性的偏见渗透在一些细节的描绘中，例如，用女性——美女做汽车、房屋、美酒的"包装"，以刺激男性的眼球注意力。女性的这种"引人注目"的价值被普遍植入人们的意识后，在商业方面女性消费品便紧步其后尘，形成女性消费的景观。同时，女性作为消费主力的同时，也成为被消费的"产品"。

对官员贪污腐败的揭露性报道中，传播"女人是祸水"的陈腐观念是比较典型的例证。

例如，《中国新闻周刊》刊登一篇调查文章，题目为《"表姐"中介——一起介绍贿赂案调查》（参阅附件3）。文中被称为"表姐"的赵丽娟不仅因为介绍贿赂罪判处有期徒刑一年半，还被封建道德判罪为坏女人罪（极少见有坏男人腐蚀女人一说）。媒体对此事的报道强调罪犯的女人身份，又反复将官员腐败与赵丽娟的性别联系起来，有新闻标题这样写到：一个女人与三个贪官，这些是在不断加深"女人祸水"的性别偏见。

在商业化的报道中，女性不被看成一个包含智力、勇气等品质的完成的个体，其欣赏性的高低决定了这个女性的价值。我们来看一幅关于刀具的广告（下图1），广告中占据醒目位置的是一位穿礼服的女性后背，一把刀划开了她的裙装后背部分。表达的意义：一、这把刀很锋利；二、这把刀从女性后背划开她的裙子十分容易,撕开女性的衣服,或者用刀划开女性的衣服,表现了男性对女性的暴力统治;三强调女性身体的可看性。另例,一个"少女鼠标"的出现,引起人们的关注。鼠标设计成女性身体的一部分,这种设计思路把女性身体看成一种玩物,一种用具,表现出对女性身体的不尊重和随意处置的性别歧视(下图2)。

图 1

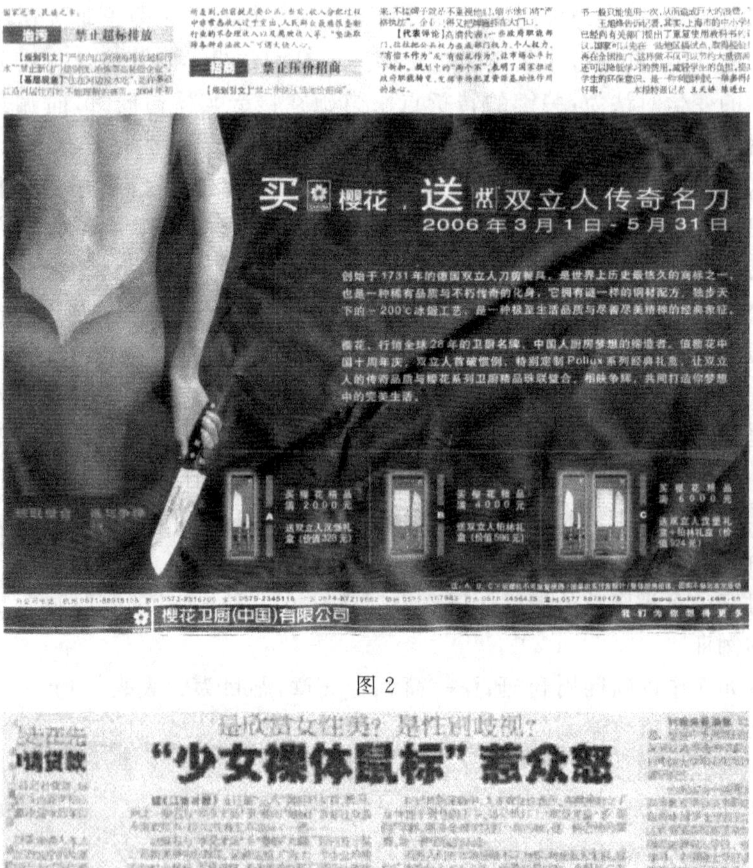

图 2

这里的观看包括传统上对女性被观看的价值体现了男性的窥视欲。例如,秀色可餐一词也强调了这层意义。电视节目中涉及的美女秀,超级女声,白领丽人,美女作家,各类小姐……都在反复固定对女性的刻板印象。

附件 1

在全世界需要采取必要措施保护妇女和儿童的权益

Jane O'Brien 报道:

　　2007 年 1 月 29 日,美国纽约,2006 年自然灾害和人为灾难继续在全世界使儿童的正常生活受到影响。毁坏性的洪灾肆虐地扫过非洲之角;冲突继续在达尔富尔和其他地区进行着;极端贫穷已在像海地这样的国家形成了很大威胁。

　　诸如此类的紧急情况,已严重影响了妇女和儿童的正常生活。对妇女的歧视使儿童们变得更脆弱无助。

　　今天发布的联合国儿童基金会 2007 年人道主义行动报告中提到,处理两性不平等问题对在危机时期挽救儿童的生命是至关重要的。

遭到攻击、排斥和剥夺权利的妇女儿童

……

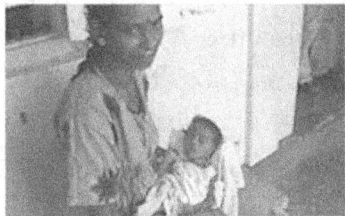

将危机转变为机会

"联合国儿童基金会能够在紧急情况下做许多事，"图勒先生说，"在儿童方面最容易做的事乃是重启教育，并确保女童与男童一样都能回到教育系统里来。就拿达尔富尔的例子说，由于采取了紧急行动，学校里的儿童比任何时候都多，重返达尔富尔学校的女童也比任何时候都多。"

"尽管这样的紧急情况令人恐惧，"他继续说道，"但也为我们提供了难以置信的时机来开始增加援助，向着争取妇女和儿童权利的方向开始迈进。在处理保健和营养方面的问题时也是同样的。"

新的报告呼吁捐款 6.35 亿美元以此确保对全球 33 个出现紧急情况的国家中妇女和儿童的保护。处于紧急情况下的妇女如果不受到保护和赋予权利，我们难以在 2015 年之前达到公平和两性平等的千年发展目标。

救助弱势人群[①]

联合国儿童基金会一直都在紧急情况下开展工作，不管是自然还是人为造成的紧急情况。联合国儿童基金会原先称作"联合国儿童紧急救济基金会"，当时创立该组织的目的是为生活在遭受第二次世界大战严重破坏的世界儿童提供人道主义援助。从那以后，情况发生了很大变化，但联合国儿童基金会的基本使命并没有变。尽管紧急情况变得越来越复杂，其影响也比以往更具破坏性，但联合国儿童基金会始终致力于为受灾难影响的儿童提供挽救生命方面的援助，并在任何情况下保护他们的权利，不管有多么困难。在健康和营养、饮水和环境卫生、保护、教育以及艾滋病方面，联合国儿童基金会对紧急情况中儿童的

---

① 资料来源：http://www.unicef.org/chinese/emerg/index_38158.html

核心机构承诺不是一句使命声明所能概括的——这是一种人道主义义务。http://www.un.org/zh/aboutun/

附件2：

公共领域中的香港女性

一出香港电视连续剧中曾有这样两个角色，一个是相夫教子的家庭主妇，无才无能但心地善良，饱受利用但不以为诈，因此无论在家中还是在街坊面前都广受欢迎；另一位是家庭主妇的姐姐，享有盛誉的大提琴家，事事自我保护讲究原则，但缺乏人情味，因此在众人中备获尊敬但不受欢迎。剧情发展到后来突然峰回路转，揭露了一个天大的秘密，原来优雅高傲的姐姐也是个"平凡女人"，为了掩饰自己云英未嫁的难堪，要拉个中学教书的妹夫来冒充牛津大学的教授男友。哈，原来成功女性也还是有个致命伤！

据说，香港女性是大中华地区地位最高的一群。女性在政、商、官中高居要职的比例常常被人津津乐道，而她们在镜头前的侃侃而谈也往往令人们啧啧称奇。但是，一部电视剧却无形中为这一切美丽的传说落下一个败笔，原来，在广大的香港市民眼里，事业成功的女性，乃必然与家庭生活失败联系在一起；她们进入社会公共领域所获得的荣耀，必然要以她们在私人领域的痛苦作代价，这，似乎就是港人对成功女性的真实诠释。

仔细想想，这部电视剧恐怕不是无中生有，而是折射出21世纪香港性别文化的一个侧面。事实上，自哈贝马斯(Jurgen Habermas)以来，现代社会理论将社会看成是由公共领域(public sphere)与私人领域(private sphere)组成的两分世界。私人领域指的是由封闭的和排他性的亲密关系、不能普遍化(non-universalizable)的个人情感所维系的家庭；而公共领域则由普世价值和平等关系，例如公民权利、公平竞争、法律平等等价值建构起来的政治、经济、公共管理范畴。在这个"公共——私人"二元化的世界里，男人主导公共领域，而女人则"主导"私人领域(这里，之所以打上引号，是因为在女性主义看来，所谓私人领域，其实依然像公共领域一样，乃充满了权力、剥削、暴力，女性依然是被压迫者）。这当然也符合中国人说的"男主外、女主内"的传统智慧。

放在"手袋党"在高级官僚中崛起，伶牙俐齿的民主女斗士在选举中凯旋的香港现实背景下审视，上述电视剧的出现或许投射出香港社会潜意识中对女性走出传统领域，进入新兴的公共领域所萌生的某种不安。当然，香港作为移民城市，传统观念早已剥落，女性也从来没有真正幸免过经济劳作的重担，但是，如此大量的女高官和女性议会成员（现在再加上女部长）的涌现堪称史无前例。面对这个转变，人们似乎必须表露她们失败的一面，暴露她们的心理缺失，才能平息大家心中的焦虑，才能消解她们崛起对我们的常态社会（或读作"男性主导的社会"）所带来的威胁。

前保安局长叶刘淑仪（见右图）在短短的一年内东山再起。过去被人垢病的强悍、霸道摇身一变成了备受称赞的讲原则、"站得稳"，其民意支持度也扶摇直上。据主人公自己剖析，那关键的转折点，来自她接收媒体访问，真情表露她那些艰难岁月的一霎那。如果事情真的如此，那么，为什么女主人的苦难特别能唤起同情和好感？个中原因恐怕不在于"苦难"特别能开脱"强硬"，而是家境的苦难特别符合大家心目中的女性形象，令我们觉得她也是一介女人，遭受着平常女人都遭受的委屈。于是公共职务中因彪悍而带来的反感被私人生活中困苦遭遇所引起的同情所颠覆。

前保安局长叶刘淑仪（图片来源：百度）

假如香港社会对女性崛起真有些感到什么不安的话，那其实是大可不必的。无论是"手袋党"还是"民主女斗士"，政界、商界、官界中响当当的巾帼英雄们大概从来没有把她们自己和姐妹们作为一个整体来辨认。我们经常从媒体的报道中看到，她们在从政、为官、经商的道路上大抵都经历许多坷坎,可以写出许多可歌可泣的个人奋斗故事。但是,坷坎、奋斗并不一定令这些巾帼英雄们感受到性别议题,萌生改革公共领域的意识。相反,极度个人化的成就感和策略需要很可能使她们疏离性别这样具争议性的议题,令她们在成为公共领袖之后,很少愿意集合力量,将关怀、和谐、责任等私人领域中的另类价值观带入公共领域,冲击权力、金钱、竞争等阳刚价值。在这一点上,我们有时看到,女性甚至比男性更为强调其所属机构(institution)的身份,更为维护建制的道德标准和行为模式。我们不是看到某些女高官比她们的男性同僚更"企硬";立法会的个别女议员,在经历了选举的洗礼之后,性情大变,行动起来比她们的男同僚更为阳刚吗?

叶刘淑仪的经验说明,水能载船,也可覆舟。传统意识如果利用得当,便可以加强竞争力,巩固其公共领域的地位和权力。这样,我们可以制造更多的巾帼英雄,而丝毫不触动男权社会的价值、建构和行为模式。等着瞧,大提琴家不久就会向妹妹承认,回到社会认可的规范才是真正通向"幸福"之路。(潘洁)

2005-11-22 星岛环球网 www.singtaonet.com 编辑:祝捷

附件3

《中国新闻周刊》调查:"表姐"中介——一起介绍贿赂案调查(摘录)

因为性,浙江女人赵丽娟和三位政法官员关系非同一般。因为关系非同一般,赵丽娟成为他人向三位官员行贿的中间人。这种腐败中介人物的加入,使官员腐败有了新的掩体,为中国反腐败增加了难度。

……

这里是浙江省兰溪市公安局看守所第五预审室,陈设简陋:室内仅有一张审讯桌,两条靠背椅,一个供犯罪嫌疑人坐的固定矮凳。唯一奢侈的是墙上8个特别显眼的黑漆大字:坦白从宽,抗拒从严。

就在这个只有10多平方米的预审室内,《中国新闻周刊》和"表姐"赵丽娟面对面。"表姐"说:"这是我第一次接受新闻媒体采访,我以后也不会再接受采访。"

在长达两个小时的采访中,赵丽娟毫无保留地袒露了一个"腐败托儿"的内心世界。"表姐"说,希望通过《中国新闻周刊》的采访,让更多的人知道"介绍贿赂"也是犯罪。4 月 17 日,赵丽娟已经成为一名被判处有期徒刑一年半的罪人。罪名是:介绍贿赂。

"就因为我是一个女人。"

等待总是漫长的,即便是只有 20 分钟。在没有见到赵丽娟之前,"放倒三位政法干部"、"很厉害"、"很注意形象"等各种各样关于"表姐"的风闻,出自浙江各色人等之口,不绝于耳。

"被放倒"的三位政法干部分别是:原义乌市公安局局长柳至多;原金华县公安局局长、金华海关走私犯罪侦察支局副局长王建政;原义乌市人大常委会副主任、原金华市婺城区人民检察院检察长陈业对。

赵丽娟一直拒绝媒体的采访,由此而导致的一个直接后果,就是对于这个女人容貌的猜测。在浙江,在杭州,在金华,很多人认为赵丽娟"肯定风姿绰约,容貌美丽"。原因很简单,在审理她的案件期间,媒体大肆渲染她和这三位政法干部都有过"不正当关系"或者"性关系"。

······

去年 5 月 17 日,浙江金华一次"扫黑",把"表姐"赵丽娟扫出台面。但 11 个月的看守所生活,显然没有让她脸色憔悴、萎靡不振。警方人士说,赵丽娟很注意形象,连上法庭出席庭审还要化妆。这些话,现在已经得到印证。

······

"现在,新闻界对我的案子非常关注,评论也很多。电视也好,报纸也好,方方面面都把我说成是一个放荡的女人、一个很坏的女人。所以,我对新闻界比较反感,到目前为止正式接受记者采访是第一次。"

"为什么我的案子会引起这么多新闻媒体关注,会有那么高的曝光率?就因为我是一个女人。别人会说什么?会说这个女人厉害,把那么多干部拉下马,是好的讲法;坏的讲法就是这个女人害人,喏,这么多领导都被她害了。其实,不能这样讲,我也感到很冤。"

"表姐"摊摊手,开始为自己辩护。

"怎么能说他们是栽在我手上。"

两个公安局长和一个检察长都说自己就是栽在你手上的。中国《新闻周刊》记者告诉她这样的事实。"表姐"立刻反驳,不知不觉间提高了嗓门:"柳至多、王建政、陈业对三人的下台,不能因为他们交往的是一个女人,就把责任全部推到我身上,说成是受女色、金钱的诱惑。"

"他们都是公安局长、检察长,都是政法干部,知道自己受贿是犯罪行为,应该主动拒绝,作为朋友也应该劝我不要介绍贿赂。他们知法犯法,又没有阻止别人犯法,怎么能完全归咎于我个人。""表姐"侃侃而谈,双手叠放在左腿上,很淑女。

......

资料来源:http://www.chinanews.com.cn/xinwenzhoukan/2002-4-29

第七章
传播与暴力、色情、隐私

　　对于大众传播媒介效果进行的分析研究和评价中,公众、政府和民间机构以及生产部门对于暴力、色情和隐私问题的关注最为集中。其中暴力和色情问题涉及对青少年的不良印象、社会暴力、社会安全,社会学家、心理学家积极介入,有许多研究成果出现。尤其是家长们对媒介报道中渲染暴力和色情信息,对于电视、网络媒介展示暴力、色情画面等忧心忡忡,也呼吁媒介不要只顾自己的经济利益,传播不适宜少儿观看的暴力、色情内容。

　　隐私问题关涉个人的私密性,尤其是媒介用偷拍、跟踪等手法曝光公众人物的隐私,引起公众人物的不满和抗议。这种不顾被拍摄者的个人感受甚至痛苦,只追求媒介传播的吸引力的做法受到一般受众的质疑,因为他们同样处在随时可能受到媒介"曝光"侵害的处境中。

第一节　传播与暴力

　　一位在媒介工作的家长负责制作一档记录各种犯罪事件的电视节目,他与别人谈论起这档节目时说:我不会让我的孩子看这样的节目。有媒介报道:三个嗜好上网玩"杀人游戏"的中专生,为了验证自己"胆量有多大",将一个露宿街头、靠乞讨为生的流浪儿杀害。面对警方的审讯,三个杀人者对流浪儿的无辜死亡极其冷漠,没有丝毫忏悔之心。[①] 这件事引起人们的震惊。反对媒介展示暴力信息的研究者认为,媒介的暴力信息使人们增加了观看和

---

　　① 2004 年 5 月 25 日,四川三位中专学生模拟网络杀人游戏"练胆",将流浪儿赵刚杀死。参阅教育学习网 http://www.eduxue.com/wend6h3wen_191281_3.html

接触暴力的频率。一个人一辈子可能不会亲自接触到暴力事件,但是,媒介使他经常看到杀人者的凶残和被杀者的惨状。这样的接触,除了给他内心增加恐惧和不安全感外,也会使他对死人变得麻木起来,甚至有游戏错觉。流浪儿被杀事件发生后,事发地检察院检察长在接受采访时说:"中专生杀人'练胆'的悲剧令人震惊。17岁的青少年处于心理困惑期,生理上的成人感,往往受到心理不成熟状态的限制。他们自大之余,难以客观认识自己和社会,极易产生自卑感和轻狂感。而'杀人游戏'不可能赋予年轻人博爱、仁慈和社会责任感。在虚拟世界里,他们面对的都是'敌人',而他们又很容易把游戏里那种带有强烈攻击性的'成功模式'跟现实生活混淆起来,甚至运用到现实生活里。"①

一、对暴力的解读

暴力是一种激烈而强制的力量。泛指侵害他人人身、财产的强暴行为。例如,个人或犯罪集团之间的殴斗以及凶杀,针对无辜者的殴斗和凶杀等。国家、民族之间也会发生暴力事件。权力的形成也往往要诉诸暴力威胁,强制对方服从。

犯罪学对暴力的解释是:有三种环境孕育了暴力——授权、惯例和人性丧失。

授权是由于环境非常确定,权力的存在扰乱了日常控制人们关系的道德原则。权力赞同或者默许了暴力的存在。当暴力被授予权力之后,暴力似乎具有了正当性。它给予人们的感觉是本人不需要做出对与错、应该不应该的判断和选择。尤其是在一种命令下,与服从上级命令联系的道德替代了个人道德选择的过程。

惯例是由于行为是有组织的,同时没有给行为者提出考虑道德问题的机会。一旦授权建立了,便无需去考虑行动的意义。人们一旦处在一种新的心理和社会形式下,道德困惑的力量也失去了作用。

人性的丧失是在授权超越了道德标准的考虑,惯性减少了考虑事件后果的可能,杀害同类的罪恶感通过被杀害者地位的被剥夺而被减弱。漠视生命,使人对他者生命以及生命价值的平等失去基本的判断,行为目标以及自

---

① 教育学习网 http://www.eduxue.com/wend6h3wen_191281_3.html

身态度使他们认为没有必要从道德的角度考虑暴力的非法性。①

二、暴力种类

除了一般性的暴力之外,人们还根据暴力的方式和暴力发生的场所分成语言暴力、家庭暴力、校园暴力等。

1. 语言暴力

语言暴力是指使用谩骂、诋毁、蔑视、嘲笑等侮辱性、歧视性的语言,致使他人的精神上、心理上遭到侵犯和伤害的语言行为。也就是给对方造成精神伤害的话语行为。使用语言暴力的人往往因为自己比受伤者有更高的地位——权力、金钱、势力、强悍等,不顾后果地用语言伤害他人。受伤害者因为使用语言暴力的人拥有上述权力和力量,往往在受到侮辱和伤害后,无从发泄,只能将这些情绪积压下来,或者采取极端的自我毁灭的方式进行反抗。如鲁迅先生在《论人言可畏》②一文中写道:

> 无论你怎么描写,在强者是毫不要紧的,只消一封信,就会有正误或道歉接着登出来,不过无拳无勇如阮玲玉,可就正做了吃苦的材料了,她被额外的画上一脸花,没法洗刷。叫她奋斗吗?她没有机关报,怎么奋斗;有冤无头,有怨无主,和谁奋斗呢?我们又可以设身处地的想一想,那么,大概就又知她的以为"人言可畏",是真的,或人的以为她的自杀,和新闻记事有关,也是真的。

本书将在关于"人肉搜索"问题中继续讨论语言暴力。

2. 家庭暴力

家庭暴力是指发生在家庭成员之间的暴力行为。主要表现为殴打、捆绑、禁闭、残害或者其他手段。家庭暴力是针对家庭成员从身体、精神、性等方面进行伤害和摧残的行为。家庭暴力中妻子受丈夫的暴力侵害是最普遍的,反对家庭暴力也是女性主义伸张女性权利时最主要的议题。

---

① 维基百科 http://zh.wikipedia.org/wiki。

② 阮玲玉是中国早期的电影明星 她的自杀成为轰动一时的事件。报纸上刊登她的遗书中有一句话"人言可畏"。鲁迅先生便写了这篇文章《论人言可畏》。后来又有许多史料针对遗书作真伪之辨。但是,鲁迅先生"对人言可畏"的愤怒,却是尖锐和深刻的。本篇最初发表于一九三五年五月二十日《太白》半月刊第二卷第五期,署名赵令,收入鲁迅著作:《且介亭二》,人民出版社 1973 年版,第92 页。

3. 校园暴力

校园暴力指在校园里发生的暴力事件。校园暴力产生原因复杂,既是多发性又有偶然性。由于学生处在身心发育过程中,自制能力较弱,是与非的界限比较模糊,很容易由于新奇、好玩模仿一些作品中的人和事而导致暴力行为。校园暴力的多发性是由于青少年对法律知识的不够了解,加上自律和自我控制能力差、压力过大或其他多方面原因造成。

校园暴力的发生具有很大的偶然性,因为在学校读书的每一个学生性格差异、家庭背景、成长过程、现实生活经历、对事物的理解力与判断力的不同,对校园暴力的发生一般很难预料。

校园暴力由于出现在学校,学校是青少年的集中地,施暴者和被害者主要是学生,因此发生在校园的暴力不仅仅使暴力事件的双方受到伤害,还会影响到其他学生的身心发育。校园暴力总是受到社会的广泛关注。

但是,在分析校园暴力产生的原因时,人们对于学生接触媒介传播的有关暴力信息表示普遍担忧,家长们不断谴责暴力信息通过大众传播媒介尤其是网络等的传播,对未成年人身心健康发展不利。美国科罗拉多州哥伦比恩中学发生过一起震惊世界的校园屠杀案[1],作案者 16 分钟内枪杀了 12 名学生和 1 名教师,并造成 23 人受伤,然后疯狂地吞枪自杀。经警方查证,作案的两名中学生是过于沉迷《毁灭战士》的杀戮世界,因而模仿游戏中的方式大开杀戒。(参阅附件)

对于美国频繁出现的校园枪杀案,有分析家认为,暴力内容充斥美国传媒是造成枪杀案层出不穷的一个根本原因,对青少年的危害尤甚。美国青少年从孩提时代就对暴力犯罪司空见惯,影视和游戏作品经常充斥着枪林弹雨、血肉横飞的暴力镜头,使得青少年从小就崇尚暴力,相信枪能"解决"一切问题。有识之士指出,如果不铲除暴力文化滋生的土壤,凶杀惨剧还会在美国不断上演。[2]

---

[1]　1999 年 4 月 20 日,美国科罗拉多州中学发生了美国历史上最严重的校园枪杀案,该校的两名学生——埃里克·哈里斯和德兰·克莱伯德带着枪和刀走进校园,杀死了 12 名同学和 1 名老师,然后自杀身亡。

[2]　新华社记者汤水富文:《综述:校园枪杀——美国暴力文化孕育的恶果》http://www.sina.com.cn 2001 年 03 月 07 日 13:00 。关于美国校园枪击案的更多信息参阅新华网 http://news.sina.com.cn/z/usashooting/

三、媒介与媒介暴力接触

在关于"媒介暴力接触"的调查中，较为普遍的结论是，电视游戏已经成为大众娱乐消遣的最喜爱方式之一，而如果让处于青春期的人每周观看暴力电视节目，或者播放模仿人体受伤的录像游戏，就会构成"媒介暴力接触"。

《科学》杂志也曾发表美国哥伦比亚大学杰夫里·约翰逊教授领导完成的一项长达 17 年的研究结论。该研究认为，处于青春期的未成年人每天看电视的时间如果超过 1 小时，成年后产生暴力倾向的可能性将增加 1 倍。在美国，孩子在 18 岁前，从媒介上目睹的暴力行为有 20 万桩。[①]

1. 媒介暴力接触的主要途径

（1）在信息传播中接触暴力。新闻事件来自社会生活的方方面面，媒介每天向受众提供大量的信息，自然要涉及有暴力元素的新闻事件。媒介在选择事件和呈现事件两个方面，都有可能扩大其中的暴力元素，增加受众每天接触暴力的频率和"浓度"。媒介这样做往往是因为收视市场的需要，用信息中的暴力元素吸引受众的注意力并且产生刺激。例如，电视台播放涉案类、说法类的纪实节目，选择事件的凶杀现场和凶杀武器，甚至被害者的惨状进行强调和渲染，甚至采用情景再现的方式模拟凶杀过程，传播恐怖分子对被绑架人质"行刑的"全部过程或照片等，都是经意和不经意中传播暴力信息。

（2）通过影视作品接触暴力。媒介暴力通过娱乐游戏使暴力泛滥。加拿大拉法尔大学教授盖伊·帕杰特（Guy Paquette）和雅克·德盖世（Jacques de Guise）教授花了 7 年的时间，研究了加拿大 6 个主要电视网络，他们仔细调查了电影、情景剧、系列电视剧和儿童节目（不包括卡通片）。这项研究发现，在 1993 年至 2001 年间，暴力事件增加了 378%。2001 年的电视剧每小时平均有 40 幕暴力动作（镜头）。讲法语的电视观众的身体暴力增长最快。研究中的三个讲英语的电视网络的身体暴力增加了 183%，而讲法语的电视网络的身体暴力增加了 540%。有一个网络 TQS，出现的身体暴力占了研究的全部网络身体暴力的 49%，几乎达到一半。帕杰特和德盖世还研究鉴别了特别是最近两年里困扰人的心理暴力的增长。这项研究发现，从 1993—1999 年，心理暴力事件保持相对稳定，但是，从 1999—2001 年，却增长了 325%。这样的事件，现在无论

---

① 参阅陈凡文：《少年日看暴力电视多 1 小时 成年后暴力倾向增 1 倍》，2005 年 06 月 30 日 16：33，新华网。

在讲法语还是讲英语的电视网络上,都要比身体暴力更司空见惯。①

　　一部108集大型武侠动画片《虹猫蓝兔七侠传》(简称虹猫蓝兔)在中央电视台播了89集之后停播。许多家长认为,这部针对儿童制作的动画片中暴力价值倾向和暴力镜头是不应该的。其中许多台词对儿童留下不良印象,例如,"投降,要不老子就杀了你"、"蓝兔你这个贱货"等。一位家长对这部动画片的批评是:内容参杂色情与暴力。"虹猫蓝兔"的主题曲:"活就要活得神采飞扬,过就要过得有滋有味"(见插图1-2)。

图1　《虹猫蓝兔》

图2　《虹猫蓝兔》招贴画的口号

---

　　①　秦学智编译:"国外关于媒介暴力性质争论的种种观点及政府和行业所作反应",http://www.media-awareness.ca/http://www.chuanboxue.net/list.asp? unid=1598

　　台湾一家驻京记者这样描述这部动画片以及对它的批评：

　　用卡通人物演出紧张的武侠情节，不只是北京的小学生们嘴巴说赞，全大陆几百家电视台，破天荒全部播出超高收视率……不过仔细看下去，它部分的情节却让家长难以接受。

　　武打场面刀刀见血，担心让小孩子学会暴力，部分对白，也让大陆家长觉得太过色情、粗俗。"虹猫蓝兔"对白："嘿嘿嘿，没关系，我娶了蓝兔，再来娶你。""放肆!"

　　就在反对者大肆批评之际，几天前，大陆中央电视台突然停播这部卡通，结果立刻引发大批的小影迷不满，还有小朋友上网说，要把带头呼吁禁播的作家"碎尸万段"，很像剧中人撂狠话的语气，也让更多大人觉得，这部卡通片，真的会教坏小孩子。[①]

　　(3)在游戏过程中接触媒介暴力。青少年上网成瘾和网络暴力游戏泛滥，使家长和青少年社会工作者们产生双重的担心，他们一直呼吁并且积极采取行动反对网络暴力游戏。

网络游戏

　　2009年，美国来自加州的民主党介绍了2009年视频游戏标签法案的阶段目标，"要求那些带有暴力内容的分级视频游戏都加上特定的警示标签"。"警告：过度暴露在暴力视频游戏和其他暴力媒介中有可能引发侵略性暴力行为。"经过立法陈述之后，该法案被提交给了美国国会能源和商业委员会。

---

　　① 记者庄志伟北京报道：收视高！武侠卡通《虹猫蓝兔》爆红 http://www. tvbs. com. twnews-news

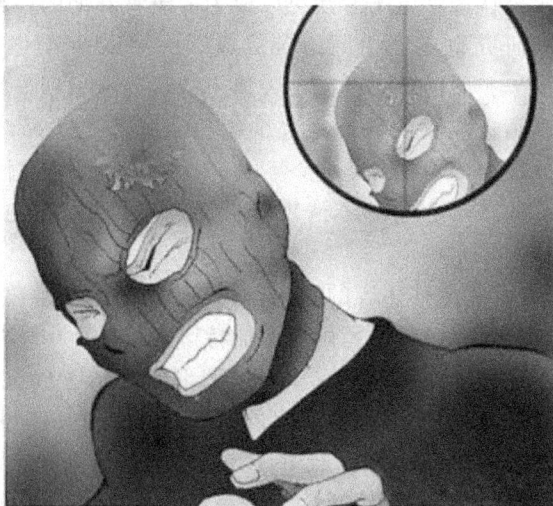

枪支的诱惑

这个提案界定了暴力游戏是指"有可能引发侵略性暴力行为"的视频游戏。

巴卡众议员在法案中这样写道,"游戏产业有责任对所有的父母、家庭和消费者提醒他们的产品中可能包含潜在的造成损害的内容","他们一次一次地不履行自己的社会责任,而调查研究不断地揭示暴力游戏与现代年轻人的暴力行为有关,美国的所有家庭有权利了解他们的产品所包含的潜在损害"。

尽管如此,也有人认为游戏暴力和现实暴力没有直接关系,在研究中得出完全相反的结论。如西澳大利亚大学的心理学家杜尔金(Kevin Durkin)从1995年参与游戏和暴力的关系的研究。他发现孩子们除了玩得开心外,并没有什么不对头的地方。1999年,在经过4年的仔细研究后,杜尔金为政府撰写了一份题为《电子游戏和今日澳大利业人》的报告。报告认为,几乎没有证据支持这样一种担心,即玩电子游戏会确切地导致好斗行为的增加。报告称:"从我们现有的证据看,在玩暴力游戏和现实世界的暴力行为之间最多只有很弱的关系。"杜尔金在一封电子邮件中写道:"今天成千上万的年轻人玩电子游戏,其中很多人玩动作游戏、射击游戏等等——没有证据表明这些孩子比没有电子游戏可玩的上一代人更好斗。"在发表于《应用发展心理学》的一篇论文中,杜尔金认为:"电子游戏可以成为健康青春期的一部分。"①

但是,更多的研究也在证明网络游戏成了一些青少年每日必不可少的"功课",成为青少年犯罪的重要诱因。天津市社科院在一项连续10年的青少年犯罪研究中发现,近年来网络成为青少年犯罪的重要诱因,八成网络游戏与暴力、血腥有关,经常玩网游的青少年中有暴力倾向的比例是普通人的四至五倍;沉溺网游的孩子容易分不清现实世界和虚拟世界,变得冷漠、孤僻、叛逆,缺乏人情味。

就在本书作者写完上述内容的时候,看到电视里正在播放关于德国发生一起校园暴力枪击事件的新闻:德国斯图加特市附近一所中学当地时间11日早上9时30分(北京时间16时30分)发生校园枪击案,造成包括枪手在内16人死亡。这是德国历史上伤亡人数较多的校园枪击案之一。警方调查发现,凶手蒂姆·K平时沉默寡言,在学校并不引人注目,只有少数几个朋友。警方在其电脑里还发现了一些色情照片。凶手还爱玩暴力电子游戏,常常在电脑前一呆就是数小时。这起校园暴力事件的凶手爱玩暴力电子游戏,使人们对暴力内容传播对青少年健康发展的不良影响有了更多的担忧,不少专家强调,德国应采取措施减少暴力游戏和影视产品对青少年心理的不良影响。

3月11日,遇害者亲友们在发生枪击血案的艾伯特维尔中学附近焦急等待②

---

① 柯南文:"毁灭公爵"与游戏暴力,http://www.sina.com.cn,2003年11月25日11:00,南方网
② 新华社记者罗欢欢摄。

⚠ CAUTION

INTENSE GRAPHICS
& AWESOME EXPLOSIONS
MAY BE TOO MUCH
FOR YOUR TINY LITTLE
BRAIN TO HANDLE

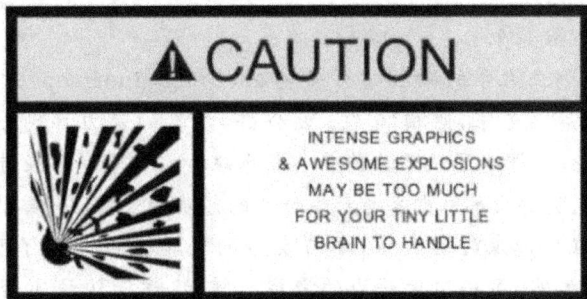

不要说我没警告你哦!①

附件 1:

"毁灭公爵"与游戏暴力

柯 南

喜欢玩电子游戏吗? 喜欢。喜欢玩那些射击或者格斗类的游戏吗? 是的。喜欢在游戏里把对手打成筛子吗? 没错。祝贺你,你拥有和某些连环杀手一样的爱好。

绝大多数游戏玩家可能不太喜欢上面这段话,因为它暗示了电子游戏可能导致暴力行为。但是这段话本身却是一件事实。1999 年,美国科罗拉多州哥伦比纳高中发生了一起血腥屠杀事件,主角哈里斯和克莱伯德是两名 18 岁的中学生,他们都是射击游戏《毁灭公爵》(Doom)的狂热爱好者。在关于电子游戏暴力导致实际暴力行为的争论中,这起惨剧常常被人们当做辩论的证据。然而,这个领域的专家还远远没有达成共识——电子游戏是教唆犯吗?

毁灭的种子

把实际的暴力行为和游戏中的暴力行为联系起来,是很自然的想法。在今天的游戏玩家看来,486 时代的《毁灭公爵》根本不值得一提——高速发展的计算机行业已经能创造出一个相当真实的虚拟环境。例如在《雷神之锤Ⅲ》(QuakeⅢ)中,你可以拿着火箭炮把对手炸得

---

① 来源:作者:GameSpot 译:digmouse 责任编辑:digmouse2009-01-14 13:45:34 游戏基地 http://www. gamespot. com. cnnews2009Ě94311. shtml

血肉横飞,四分五裂。

依阿华州立大学的心理学家安德森(Craig Anderson)是研究游戏暴力问题的著名专家,他相信,《毁灭公爵》之类的暴力游戏给哈里斯和克莱伯德的心中埋下了毁灭的种子。安德森和他的同事曾经进行过多次实验,实验表明游戏玩家更容易产生好斗的想法和表现出侵略性的行为。

例如,在安德森的实验中,参与实验的大学生被分成了两组,一组玩非暴力的游戏,另一组玩暴力的游戏。随后,这两组被实验者被要求玩另一种对抗游戏,比谁的按键速度更快,输家会被赢家用噪音惩罚。结果安德森发现,那些"暴力组"的被实验者如果上一次遭到了噪音的惩罚,那么轮到他们惩罚别人的时候,平均时间要比"非暴力组"长 1/10 秒。他们在论文中总结说:"玩暴力游戏增加了玩家的好斗行为。"

"令人信服的证据表明,短时间接触暴力游戏会增加暴力思维、情绪和行为,然而我们还没有研究长期效应。"俄亥俄州托莱多大学心理学家芬克(Jeanne Funk)在电子邮件中对笔者说。芬克是研究游戏暴力的专家之一,十多年前,芬克 4 岁的儿子要买一台任天堂游戏机。芬克回忆说:"那时候暴力游戏刚刚流行起来,我是一位临床儿童心理学家,决定自己做些研究工作。"

针锋相对

大多数研究者认为,导致现实世界中暴力行为的因素很复杂。1993 年美国国家科学院的一项研究表明,生物学因素、个人、家庭、同伴、学校和社区都可能为暴力行为的产生推波助澜。2001 年美国公共卫生部的一份报告也认为,"主流证据表明,暴力行为很少是由单一原因造成的。"

当然,含有暴力内容的电影、电视、电子游戏等(统称媒介暴力,media violence)也可以成为因素之一。但是研究者对研究的不确定性不予重视,或者过分夸大其词,却也引来了一些麻烦。例如,几年前美国医学会、心理学会和儿科学会等组织发表的一份联合声明中说,"超过 1000 个研究……以压倒多数的优势指出了媒介暴力和一些儿童的好斗行为的因果关系。"这份报告本意是想结束这场争论,结果事与愿违。批评者指责这些研究根本不够数——大多数"研究"是综述和评论文章。加拿大多伦多大学的心理学家弗里德曼(Jonathan Freedman)检索了文献，结果发现只有大约 200 件研究涉及了看电视和好斗行为的关系。当他剔除掉那些最不可靠的研究之后，只有大约 28％的研究支持联合声明中的结论。

在这个研究领域也有完全相反的结论。西澳大利亚大学的心理学家杜尔金（Kevin Durkin）从 1995 年参与游戏和暴力的关系的研究。他发现孩子们除了玩得开心外，并没有什么不对头的地方。1999 年，在经过 4 年的仔细研究后，杜尔金为政府撰写了一份题为《电子游戏和今日澳大利亚人》的报告。报告认为，几乎没有证据支持这样一种担心，即玩电子游戏会确切地导致好斗行为的增加。

"从我们现有的证据看，在玩暴力游戏和现实世界的暴力行为之间最多只有很弱的关系，"杜尔金在一封电子邮件中写道，"今天成千上万的年轻人玩电子游戏，其中很多人玩动作游戏、射击游戏等等——没有证据表明这些孩子比没有电子游戏可玩的上一代人更好斗。"在去年发表于《应用发展心理学》的一篇论文中，杜尔金认为："电子游戏可以成为健康青春期的一部分。"

哥伦比纳事件给人们留下一种印象，即虚拟世界的暴力和现实的暴力是有联系的。然而，对于那起屠杀事件，杜尔金与安德森等人的观点却不同。"这种无聊的轰动效应可以在报纸上做很好的标题，但在科学上却很糟糕。我们需要仔细检查证据，而不能直接跳到过分简单的结论上。"杜尔金认为，哈里斯和克莱伯德不过证明了一件事："好斗的孩子倾向于选择好斗的游戏……并不表明接触暴力的游戏导致好斗的行为，它更像是证实了一件明显的事实——好斗的人喜欢好斗的体验。"

"游戏规则"

导致互相矛盾的部分原因在于研究的不规范。"至今研究的一个主要困难在于研究者使用不同的结果，对暴力不同的定义，"哈佛大学的心理学家里希（Michael Rich）告诉笔者，"因此很难比较这些研究。"里希是哈佛大学的副教授、新建立的哈佛大学媒介与儿童健康中心的主任。在拿到医学博士学位之前，里希做了 12 年的电影制片人，包括给黑泽明当副手。这段经历使他深知影视、电子游戏等媒介巨大的影响力。

对电子游戏的暴力分类困扰着研究者。例如，《吃豆》（Pacman）是一个很常见的小游戏——游戏的主角 Pacman 是一个黄颜色的小圆球，长着一张嘴巴。游戏的目的是吃掉迷宫里所有的豆子，其间 Pacman 可以吃掉迷宫里的敌人，也可能被敌人吃掉。然而，哈佛大学公共卫生学院的汤普森（Kimberly Thompson）等人在 2001 年 8 月的《美国医学会杂志》上发表的论文中，把 Pacman 吃掉敌人也算作一次"暴力事件"。

当被问及如何看待那些一般被认为是安全的游戏也被归为含有暴力成分的时候，里希回答说："猜测或者感觉某件事物是安全的，这是不合理的，因为不存在'一般观点'。每个人的安全观念都不同。"

芬克则提出把暴力的类型更加细化，例如分为"魔幻暴力"、"人类暴力"和"体育暴力"等等。这样一来，在《英雄无敌》中打死一个小妖精、在网络游戏中被杀，或者在足球游戏《FIFA2003》里铲人犯规，这样的行为到底算什么样的暴力，就可能有一个明确的答案。

但是另一个问题似乎更难解决——如何衡量好斗行为的程度呢？一些研究者记录被实验者的生理活动变化：血压、心跳等等。或者像安德森那样，让被实验者在实验室中用噪音相互攻击。

这些手段似乎没有什么可比性。7 月 24 日出版的《自然》杂志评论说，"当研究人员记录（被实验者的）生理活动，或者记录游戏玩家从一张表格上读'好斗的'词汇和'不好斗的'词汇的时间长短，我们能够相信他们到底在测量什么吗？"

《自然》杂志认为，新建立的哈佛大学媒介与儿童健康中心是"在正确的研究方向上迈出的重要一步"。这个中心设在全美最著名的儿童医院——波士顿儿童医院。"我们第一个主要的计划是收集这个领域的研究，用一致、标准的方式回顾它们，然后我们可以建立一幅全面的图景，即我们知道什么，不知道什么。"里希介绍说。除了使用争议较少的指标来衡量青少年对暴力游戏的反应，这个中心还打算使用功能核磁共振成像来探索暴力行为的生理基础。

怎么办？

在美国，电子游戏实行分类制度。具体的分类由"娱乐软件分级委员会"（ESRB）施行。ESRB 是美国互动数字软件协会于 1994 年成立的一个自律组织。在 ESRB 的网站上输入游戏的名字，就可以查到相应的分类和描述。例如，前面提到的《雷神之锤Ⅲ》就属于一个 17 岁以上级别的游戏，而《吃豆》则是一个普通级游戏——任何人都可以玩。

　　然而无论是研究还是分级制度的发展,似乎都跟不上决策者的脚步。在各种压力下,决策者不得不有所行动。在国会的每次会议上几乎都会讨论到电子游戏的暴力问题。地方也面临着类似的局面:今年3月,华盛顿州通过法案,成了第一个禁止向未成年人出售17岁以上级别游戏的地区。

　　在里希看来,游戏的分级制度就如同早期的汽车座椅安全带。安全带"可能让儿童更安全,但是不是所有人都必须使用。在安全带是否能挽救生命的争论远远没有得出结论之前,人们就被要求使用安全带"。

　　对科学家而言,这不是一个可以忽略的问题。不仅仅是美国,中国也面临着类似的情况。在中国,报纸上习惯于把电子游戏称为电子海洛因,但缺乏真正的研究,缺乏对游戏的分级管理制度的研究和对游戏玩家行为的研究。成千上万的青少年沉浸在网络游戏中,但家长们除了认为自己的孩子是在浪费时间外,并无更多的认识。

　　"一个适当的做法是降低过于热心的调门,直到我们了解得更多。一些研究者经常声称问题已经解决了,这招来了同行的批评。作为回应,(对媒介暴力)忧心忡忡的人则指责批评者和记者被娱乐业收买了。"《自然》杂志警告说,"这样的冲突既无益于科学,也无益于社会。"

　　相关链接:

哥伦比纳屠杀事件

　　1999年4月20日,科罗拉多州的哥伦比纳(Columbine)高中的屠杀事件震惊了全美乃至整个世界。18岁的中学生哈里斯(Eric Harris)和克莱伯德(Dylan Klebold)闯入校园,枪杀了12名学生和1名教师,并造成23人受伤,然后他们举枪自杀。

　　试图完全弄清楚这两名少年杀手制造这起大屠杀事件的真实原因,或许永远都是不可能的。然而有人推测,暴力的电子游戏可能是造成惨剧的因素之一。事后,西蒙·威森塔尔中心(Simon Wiesenthal Center)——一个监视互联网上仇恨团体的组织——在它的档案中发现了哈里斯关于《毁灭公爵》(Doom)游戏的一个网站。《毁灭公爵》是那时候一款著名的"第一人称视角射击游戏"(FPS),玩家在游戏中需要做的,就是开枪杀死所遇到的全部敌人。哈里斯的网站描述了他们"个性化"的

《毁灭公爵》游戏——游戏中一共有两名杀手,而其他人皆无还手之力。在一盘摄于大屠杀事件之前一年的录像带里,哈里斯和克莱伯德穿着军用雨衣,模仿着《毁灭公爵》的模式,这与真实的事件惊人地相似。

http://www.sina.com.cn,2003 年 11 月 25 日 11:00,南方网

第二节 传播与色情

　　色情传播不论在哪个国家都会引起人们的普遍抵制,色情借助网络传播,未成年人是网络的主要接触群体,他们不仅缺少完全克制自己的能力,而且对新鲜事物怀有强烈的好奇心,因此,最大的受害者是未成年人,家长们的反对声最大。各个国家针对色情传播的限制尺度和解释不同,有不同的法律规定。欧盟发起的网络安全运动把制止网络色情传播当做主要内容之一。这个运动从 1999 年开始实施第一个网络安全计划,2005 年实施第二个网络安全计划(2005 年—2008 年),两次计划共花费 8300 万欧元。欧盟委员会第三个网络安全计划(2009 年—2013 年间)出资 5500 万欧元,目的是进一步为未成年人营造一个更加安全的网络环境。

　　2007 年中国国家广电总局发出《广电总局关于重申禁止制作和播映色情电影的通知》,通知重申禁播色情电影,在电影中不得出现强奸、露点等内容,违规影片不得参加影评等。① 通知还规定,不得制作和播映夹杂淫秽色情和庸俗低级内容,展现淫乱、强奸、卖淫、嫖娼、性行为、性变态等情节及男女性器官等其他隐私部位,夹杂肮脏低俗的台词、歌曲、背景音乐及声音效果等内容的有害影视作品,不得制作、传播未经广电总局审查机构审查通过的第二个版本或内容片段,不得将未经审查通过或未按审查意见修改的作品在电影院、电视台播映,也不得在音像市场和互联网上传播,不得将未获得《电影片公映许可证》的作品及其内容片段提交国际电影节展和国际市场参展参赛。

一、色情的定义

　　虽然对色情的定义没有一致的说法,但是对色情给未成年人可能会造成伤害、危害社会公德或者文化传统方面,是大家比较认可的,也基本形成了共

---

① 《南方都市报》2007 年 12 月 31 日/中新社。

识。许多国家采取法律手段,予以强硬措施抵制和惩罚通过互联网传播色情等低俗内容的行为。

根据我国刑法第三百六十七条第一款对"淫秽物品"的定义,即"具体描绘性行为或者露骨宣扬色情的诲淫性的书刊、影片、录像带、录音带、图片及其他淫秽物品。"有色情内容的就是淫秽物品。这里色情指"具体描绘性行为"的内容。

第二款、第三款对淫秽物品作了排除性规定,即有关人体生理、医学知识的科学著作不是淫秽物品;包含有色情内容的有艺术价值的文学、艺术作品不视为淫秽物品。

最高人民法院研究室会同最高人民检察院法律政策研究室拟定《关于办理利用互联网、移动通讯终端、声讯台制作、复制、出版、贩卖、传播淫秽电子信息刑事案件具体应用法律若干问题的解释》(以下简称《解释》),根据刑法第三百六十七条第一款的规定,具体描绘性行为或者露骨宣扬色情,并具有诲淫性,是判断淫秽物品的法定标准。《解释》,第九条第一款规定:"刑法第三百六十七条第一款规定的'其他淫秽物品',包括具体描绘性行为或者露骨宣扬色情的诲淫性的视频文件、音频文件、电子刊物、图片、文章、短信息等互联网、移动通讯终端电子信息和声讯台语音信息。"[①]

广电总局关于重申禁止制作和播映色情电影的通知对何谓色情界定比较清晰,通知将电影中的色情界定为"展现淫乱、强奸、卖淫、嫖娼、性行为、性变态等情节及男女性器官等其他隐私部位,夹杂肮脏低俗的台词、歌曲、背景音乐及声音效果等内容",色情是指传播内容而言。

对于儿童色情,世界各国的法律更是严格禁止。在欧盟有些国家,禁止在互联网上登载未成年人孩子的裸体照片,哪怕这张照片是儿童的背影,同样要受到刑事处罚。对成人色情,许多国家也禁止。

通过各种媒介主要是网络传播色情、淫秽的主要内容有:

(1)淫亵性的具体描写性行为、性交以及心理感受;

(2)宣扬色情淫荡形象;

(3)淫亵性的描述或者传授性技巧;

(4)具体描写乱伦、强奸以及其他性犯罪的手段、过程或者细节,可能诱发犯罪的;

---

① 资料来源:《人民司法》(2004年)第10期。

（5）具体描写少年儿童的性行为；

（6）淫秽性地具体描写同性恋的性行为或者其他性变态行为，以及具体描写与性变态有关的暴力、虐待、侮辱行为。

（7）其他令普通人不能容忍的对性行为的淫秽性描写。①

二、色情传播的后果

截至 2008 年 6 月底，全世界网民数量超过 14 亿。人们在享受网络带来的便利的同时，电子色情服务、黑客攻击等网络犯罪问题接踵而至，网络安全已成为各国政府共同面临的一个重大课题与挑战。

媒介传播色情内容，首先是对未成年男性人格的发展带来极端负面的影响。色情内容多是将性行为扭曲后予以表现。人的正常性行为包含着男女双方的感情认同，例如，彼此爱慕、好感、欣赏和信任等等。色情内容将这些基本元素抽离，剩下的只是赤裸裸的单一的性行为，这种行为与动物没有区别。所以说色情不是描写和表现正常的性，而是歪曲和玷污了性。

在男权文化中，女性的身体被控制、被窥视，同时对女性的身心进行扭曲；或压抑女性的性本能（三从四德、贞洁烈女等陈腐观念）；或扩张女性的性欲望（淫妇、荡妇）；或把女性塑造成乐于被奴役的"受虐狂"形象（家庭暴力）。色情内容在性的描写上将女性放置在被观看的被动位置，不仅嘲弄、丑化和作贱女性形象，伤害女性尊严、威胁女性安全，也使男性的性行为成为性暴力，得不到善的引导。

来自美国的一项最新调查显示②，大多数美国未成年子女的家长对娱乐媒介充斥色情与暴力内容感到担心。美国凯泽家庭基金会日前发表的调查报告称，有 1/3 的被调查父母"十分担心"其子女所接触的娱乐节目中存在过多淫秽和血腥内容，他们支持政府出台新的措施对傍晚播出的电视节目内容进行限制。（参阅附件）

虽然，性是人类的基本欲求，也是人类文化的起点之一。但是人类对性的基本欲求和动物不同，它是以男女彼此相悦、相爱为前提的，性爱的和谐要建立在自愿和尊重的基础上。

香港性文化学会将色情传播导致的后果归纳为：

---

① http://www.sina.com.cn 2009 年 02 月 25 日 08:59 中国网
② 《经济参考报》www.stockstar.com 2007-6-29 9:06:29

1. 导致严重性罪行。例如强奸、猥亵女性等。

2. 导致儿童受到性侵犯。

3. 摧毁家庭,导致婚姻中的性暴力。

4. 摧残家庭,引致伦理祸害。

5. 使人上瘾及性沉溺,失去自制能力。

6. 引致约会强奸。

7. 行业人士受到侵害。

8. 带来其他的伤害。

三、反对色情传播的行动

2009 年欧盟轮值主席国捷克首都布拉格通过了一个宣言,希望在互联网安全方面深化国际合作。宣言称,各国将采用新办法来打击网上非法活动,尤其是对那些在互联网上传播儿童色情节目的非法行为。欧盟国家的警察机构、国际刑警组织和欧洲刑警组织以及网络服务供应商、移动通信运营商等在宣言上签了字。这是非单一国家制定的第一部反网络犯罪的国际性的宣言。明确规定了网上欺诈行为以及在国际互联网上向未成年人传播色情内容的行为均属网上犯罪之列。宣言明确了欧盟理事会各成员国在共同打击网络犯罪方面的责任:建立全球性质的计算机安全查询系统、拦截非法的电子邮件以及在引渡网络犯罪嫌疑犯上保持高度合作等内容。之前,欧盟各国和世界其他国家也在本国通过制定法律或修改法律等措施加强对色情传播的打击。

中国:开展整治互联网低俗之风专项行动,净化网络文化环境。2009 年 1 月 5 日,中国国务院新闻办、工业和信息化部、公安部、文化部、工商总局、广电总局、新闻出版总署七部门全国开展整治互联网低俗之风专项行动,以遏制网上低俗之风蔓延。"网络整风"行动多次曝光含低俗内容的网站,关闭 41 家传播色情和低俗内容的违法违规网站。为了净化网络内容,网络媒介设置中国互联网违法和不良信息举报中心地址,接受网友的举报信息。

法国在 1998 年 6 月对《未成年人保护法》中有关制作、贩卖、传播淫秽物品的定罪、量刑做了部分修改,从严、从重处罚利用网络手段腐蚀青少年的犯罪行为。

修订后的法律,向未成年人展示淫秽物品者可判 5 年监禁和 7.5 万欧元罚款。如果上述行为发生在网上、面对的是身份不确定的未成年受众,量刑加重至 7 年监禁和 10 万欧元罚款。而以上述两种方式录制、传播未成年人色情图像者,分别可判 3 年监禁和 4.5 万欧元罚款、5 年监禁和 7.5 万欧元罚款。如果是长期以营利为目的进行此类违法活动,量刑加重至 10 年监禁和 75 万欧元罚款。

法国内政部、司法部在 2001 年 11 月建立了"互联网与未成年人"网站,动员全社会监督以未成年人为目标的色情犯罪,欢迎民众举报非法色情网站,特别是具有恋童性质的网站和论坛。法国与欧洲各国广泛开展该领域信息交流和司法合作。

法国教育部向教育系统推荐使用含有内容过滤功能的服务器,免费提供内容过滤软件,并设有专门机构监控校园网日常浏览的网站。教育部还要求下属各机构自觉连接政府设立的两个"非法网站黑名单":一是色情网站黑名单;二是种族主义、仇外主义与反犹主义网站黑名单。通过技术手段,教育部将这些列入两个黑名单的所有网站从校园网上屏蔽掉,保证学生不受其毒害。

法国为了帮助家长保护子女远离网络不良内容,"互联网与未成年人"网站上开设了家长辅导专栏。该栏目告诉家长:法国 1986 年 9 月通过的法律规定,有线通信服务供应商必须告诉用户通过何种技术手段自主选择通信服务的内容。2005 年 6 月,该法律增加了"互联网服务供应商必须向用户介绍并推荐使用内容过滤软件"的条款。针对一些未成年人有意无意参与的网络犯罪,如在网上散布诽谤、煽动仇恨、种族主义等不负责任的言论、侵犯知识产权等,法国司法部、教育部还在多种宣传材料中提醒家长,未成年人犯法,其监护人要承担民事甚至刑事责任。政府、学校、家长各司其职,全力打击网上色情犯罪。

日本为了打击日益猖獗的网络犯罪,让未成年人有一个更健康的成长环境采取了一系列措施。从 2003 年 9 月 13 日开始,日本实施了交友类网站限制法。日本严刑峻法,条文苛刻。

法律规定,利用交友网站进行以金钱为目的,与未成年人发生性行为的"援助交际"是一种犯罪行为。任何人使用交友网站发表希望援助交际的信息,都将被处以 100 万日元以下的罚款。未成年人发布这样的信息,将被送到关押少年犯的家庭裁判所。

法律规定,交友类网站在做广告宣传时,要采取明示禁止儿童使用的措施,如果儿童使用时要向儿童传达禁止使用的信息。如果这种情况下仍有儿童使用,要有确认措施:通过电话从声音上判断使用者是不是儿童,并让使用者提供照片，根据照片判断年龄。还可让使用者提供身份证明，如驾照和信用卡等。如果发现使用者是儿童，网站要拒绝服务。

违反上述规定开设交友网站的业主要被判刑最高 6 个月，罚款 100 万日元。

家长是未成年人的监护人，法律规定家长必须采取防止儿童使用交友网站的措施，如可使用软件过滤儿童不宜的内容，为孩子提供安全的网络空间等。

警察厅少年课少年有害环境研究会 2003 年 2 月提出了防止交友网站对儿童实施犯罪的对策，包括禁止使用交友网站引诱儿童，防止儿童使用交友网站等。每个都道府县的警察部门都公布了防止使用交友网站对少年实施犯罪的举报电话。一接到电话，警方就会立即采取行动。

日本还注意网络管理和上网指导。在一些管理较好的网站，管理人员会全天候监视。一旦在网站上出现有人发布容易联想到"援助交际"和"杀人"的信息，马上予以删除。

德国联邦内政部重点防范的网上违法行为包括：传播和拥有儿童色情信息，传播极右等内容的言论，有关欺诈性商品和服务的宣传和不正当广告，信用卡诈骗，被禁止的赌博，软件盗版和侵犯版权，非法销售武器、麻醉品和药品，以及黑客犯罪和电脑病毒。"网上巡警"有特殊调查权限 24 小时跟踪分析网上疑情。

德国联邦内政部调集专业人员和技术力量成立了"信息和通信技术服务中心"，为警方通过网络展开调查和采取措施时提供技术支持。该中心还下设一个被形容为"网上巡警"的调查机构"ZARD"，具备特殊的调查权限。

此外，内政部下属的联邦刑警局 24 小时系统地跟踪、分析互联网上的可疑情况，尤其是涉及儿童色情犯罪的信息。

联邦内政部还与社会各界展开合作，尤其促使互联网服务提供商加强自律和自控，以全面打击网络犯罪。该部门每年都邀请警方、司法界、经济界、科学界、经营管理层和政界等代表，举办以"信息和通信犯罪"为主题的座谈会。2003 年，该论坛讨论的主题包括"与服务商合作追查违法者"以及"关键性的基础设施——联邦信息技术安全局眼中的防范措施"等。

加强国际合作，也是德国打击网上犯罪活动的一贯策略。德国积极与欧盟、欧洲理事会以及八国集团开展合作。在八国集团范围内建立的网上常设联络机构以及"打击儿童色情数据库"建设方面，德国都发挥着积极而重要的作用。

英国政府 2001 年在英格兰、苏格兰北部和北爱尔兰持续进行了为期 5 个月的严打活动,主要打击在网上散布儿童色情信息的团体和个人。在这次行动中,英国警方共逮捕了几十名利用网络向未成年人散发淫秽色情信息的犯罪嫌疑人。

针对网络对儿童日益明显的威胁,2001 年英国内政大臣组建了"互联网思想库",将政府、执法机构、儿童组织和网络业的工作人员联合起来,专门为在网上保护儿童的安全出谋划策。内政部还开展了名为"如何在网上保护你的孩子"的宣传活动,通过官方网站、大众媒体和出版物,向家长介绍网络的功能、潜在危险及其对儿童可能造成的危害,提供屏蔽危险信息和网站的途径,教育孩子不要沉溺网络并提供相应的办法。

英国教育和技能培训部设立了专门的网站,向家长传达最新的网络安全信息。

政府公布了 24 小时的儿童热线,家长和孩子可以随时就网络问题寻求帮助。

政府还资助成立了名为"国家儿童健康"的慈善机构,倡导网络安全和平等使用信息技术产品。

2004 年初,英国政府出台了应对网络诈骗、网络色情、电脑病毒传播、黑客攻击等"电子犯罪"的战略,要求搜集、整理英国官方的多家犯罪调查、研究机构的信息,对现有法律进行评估,展望和研究未来电子犯罪的本质,为政府、执法部门和工商企业应对网络犯罪提供宏观指导。①

网络色情传播,虽然与传统犯罪行为不同,但是,已经严重危害了公共安全,由于上网人数的增加,尤其是网络色情传播的行动已经不是单一国家的事情,许多网络犯罪已经成为跨国行动。以上各个国家采取的各种措施,归纳起来主要是:打击网络犯罪是一项需要国际合作、政府努力、媒介自律、学校引导、家长监督的联合行动。除了打击网络的各种色情传播行为,还要为未成年人提供更多的适合和满足他们需求的网络信息。

专家们认为,家长一定要给予孩子更多的关爱,引导他们接触有益的事物,向他们讲解网络垃圾的危害。在给予未成年人亲情关爱的同时,还必须采取一些强制性措施,如坚决禁止孩子在成人网站上聊天、漫游;禁止孩子与

---

① 参阅《中国青年报》2004 年 08 月 06 日。

网上的陌生人对话;将上网电脑安放在家庭的公共房间,绝不在未成年人房间里安装上网电脑,以便随时掌握孩子的上网情况,不给他们因好奇而偷偷上成人网站浏览的机会等等。

附件:

美主流媒介色情镜头惹事端 政府重罚不手软

在美国,福克斯广播公司是著名的主流媒介之一。但是,由于其旗下电视台的节目中播出了色情、猥亵镜头,美国联邦通信委员会现在决定对福克斯广播公司处以近 120 万美元的罚款。迄今为止,这是美国历史上针对电视传媒开出的数额最大的罚单。

色情镜头惹事端

综合美国、英国多家媒介 10 月 13 日报道,此次惹出事端的是一个真人秀节目,名为"美国婚配",该节目先向观众介绍一大群单身的青年男女,让观众通过投票将他们"配对",随后,节目继续聚焦成功"速配"的几对"夫妇",讲述他们浪漫约会、参加聚会等活动。当然,这些青年男女并没有真正结婚,只是在节目上"秀秀"而已。

福克斯广播公司旗下的多家电视台都播出了这一节目。但是,节目出现了不少带有色情、猥亵内容的镜头,如男女们在聚会狂欢时男子几近裸体、男女之间一些下流的挑逗动作等等。

联邦通信委员会的委员们表示,尽管福克斯公司的电视台对这些节目进行了编辑,某些镜头还采取了模糊处理,可是,节目的色情性质不可回避,即使是年幼的孩子也能一眼看出那些裸露的镜头。

该节目播出后,联邦通信委员会很快就接到了 159 份投诉,许多人不满地抱怨说,福克斯的这个节目太"过火"了,其色情镜头容易给孩子造成不良影响。联邦通信委员会也表示,福克斯的这一节目明显是在刻意迎合、讨好某些观众,但忽视了对青少年的影响。

从重处罚不手软

根据美国联邦法律,不管是电台还是电视台,都不能在上午 6 点到晚上 10 点这个时段中播出带有色情、淫秽内容的节目,因为孩子们可能在上述时间收看电视,而福克斯的节目正好是在晚上 8 点或者 9 点播出的。

　　为此,联邦通信委员会要严肃处理福克斯广播公司。经过该委员会委员投票,一致通过了处罚决定,对169个播放这一节目的福克斯电视台分别处以7000美元的罚款,共计118.3万美元,接近120万美元。

　　据悉,此次对福克斯广播公司的罚款是美国历史上针对电视台开出的最高数额的罚单,也是美国历史上第一次对真人秀节目进行罚款。

　　联邦通信委员会透露说,过去,曾经有一些真人秀节目也引起了观众的不满,遭到投诉,但委员会都只是进行了调查,没有最终处以罚款。

　　按照规定,继哥伦比亚广播公司之后"落马"的福克斯广播公司将有30天期限对罚款决定提出上诉。福克斯广播公司的发言人日前表示:"我们对联邦通信委员会的决定不赞同,我们相信我们播出的节目并不下流。"

　　不过,该公司是否准备上诉,发言人不肯透露。

　　作者:张春燕(《中国日报》特稿)www. stockstar.com 2007-6-29 9:06:29

第三节　传播与隐私

　　对于大众传播而言,个人隐私不受媒介干扰的权利与媒介发布信息、报道事实真相,揭露罪恶,伸张正义的权利产生矛盾。更有甚者,那些忙碌在电脑桌上,用键盘敲击出无数个信息,并且将其迅速传播到世界各个角落的(搭上互联网高速公路的地方)人,一方面积极参与社会公共事务谈论并且发表意见,充分享受发布权,另一方面在自觉不自觉地侵犯他人的隐私权。于是,许多公共人物的隐私像是早餐的饮料一样被人们慢慢品味,不断激起好奇的涟漪,尤其是明星人物从头到脚的每一个细节和他们生活的"左邻右舍"也被牵扯进来,被议论、被消费、被改编,成为互联网一道不可或缺的消遣风景线。也有许多名不见经传的"小人物"会被暴露在无数个计算机使用者、电视观看者、报纸与杂志的读者面前。有人说:互联网时代,个人隐私会成为一种奢侈。此话不错,因为随着互联网的日益渗入人们的日常生活,关于媒介与个人隐私的矛盾更加凸显出来。其中"人肉搜索"的是非公断尚未见出分晓,新的"人肉搜索"①议程又开始实施了。

一、关于隐私

关于隐私的认识随着历史的发展在改变。因为文化有差异,隐私也很难将其范畴界定清楚。对于什么是隐私,《媒介法》②一书有如下表述:

隐私不能被满意地予以定义——在此方面没有可以利用的定义……相关隐私的定义,要么定义范围过宽,将隐私权与个人不受干涉的权利等同起来,要么相关定义被缩减为一组经过主张的行为列表,其上的价值在合理的、非排他性的情况下被加上了"私人的"或"个人的"等形容词。所存在的明显危险是,宽泛的私隐权会使得媒介难以行使其监督者的职能,而欧洲人权法院却对这种职能给予高度重视。

隐私难以定义的另一个原因是,在判断具体案例是否构成侵犯隐私时,都"涉及隐私公开之时基于整个社会观点和态度的价值判断问题"③,同时,也要法律来控制。例如,对于公众人物的有趣故事一直是媒介的一个"卖点",受众对此保持着浓厚的兴趣。一旦对于隐私的披露造成对被披露人的伤害,公众会提出强烈抗议。例如,戴安娜王妃逝世后,公众谴责和反对追踪王妃的车辆进行拍照的摄影人员。所以说,隐私权与媒介表达权最容易处在矛盾的焦点位置,也很难有一个包罗万象的定义,只能在具体的事件发生时,根据当时的社会环境、人们的理解能力和接受程度决定是与非。

隐私权作为一个法律的概念,可以从民事法律关系的主体自然人、法人来理解。隐私权是一种人格权,是自然人对自己人格尊严和人格自由保护的延伸,是一种典型的人身权。隐私权的重要性反映在《世界人权宣言》④的体系中:

第一条 人人生而自由,在尊严和权利上一律平等。他们赋有理性和良心,并应以兄弟关系的精神相对待。

---

① 人肉搜索就是利用现代信息科技,变传统的网络信息搜索为人找人、人问人的关系型网络社区活动。查询过程为一人提问、八方回应,是由个人介入到网络进行的、非面对面的群体搜索体验。人肉搜索与刺青、美白、护肤、减肥等直接在人肉上施行的种种行为无关。人肉搜索可以在最短时间内搜寻到所需的信息,人肉搜索引擎就是指更多地利用人工参与来提纯搜索引擎提供的信息的一种机制。人肉搜索也容易侵犯个人隐私,甚至遭受语言暴力。

② 萨利·斯皮尔伯利著,周文译:《媒介法》,武汉大学出版社 2004 年版,第 286 页。

③ 萨利·斯皮尔伯利著,周文译:《媒介法》,武汉大学出版社 2004 年版,第 287 页。

④ 联合国人权事务:http://www.un.org/chinese/hr/issue/udhr.htm

第二条　人人有资格享有本宣言所载的一切权利和自由，不分种族、肤色、性别、语言、宗教、政治或其他见解、国籍或社会出身、财产、出生或其他身份等任何区别。

并且不得因一人所属的国家或领土的政治的、行政的或者国际的地位之不同而有所区别，无论该领土是独立领土、托管领土、非自治领土或者处于其他任何主权受限制的情况之下。

第三条　人人有权享有生命、自由和人身安全。

……

第六条　人人在任何地方有权被承认在法律前的人格。

第七条　法律之前人人平等，并有权享受法律的平等保护，不受任何歧视。人人有权享受平等保护，以免受违反本宣言的任何歧视行为以及煽动这种歧视的任何行为之害。

第八条　任何人当宪法或法律所赋予他的基本权利遭受侵害时，有权由合格的国家法庭对这种侵害行为作有效的补救。

……

第十二条　任何人的私生活、家庭、住宅和通信不得任意干涉，他的荣誉和名誉不得加以攻击。人人有权享受法律保护，以免受这种干涉或攻击。

……

第十九条　人人有权享有主张和发表意见的自由；此项权利包括持有主张而不受干涉的自由和通过任何媒介和不论国界寻求、接受和传递消息和思想的自由。

第二十条　（一）人人有权享有和平集会和结社的自由；（二）任何人不得迫使隶属于某一团体。

……

第二十二条　每个人，作为社会的一员，有权享受社会保障，并有权享受他的个人尊严和人格的自由发展所必需的经济、社会和文化方面各种权利的实现，这种实现是通过国家努力和国际合作并依照各国的组织和资源情况。

……

第二十九条　（一）人人对社会负有义务，因为只有在社会中他的个性才可能得到自由和充分的发展。

（二）人人在行使他的权利和自由时，只受法律所确定的限制，确定此种限制的唯一目的在于保证对旁人的权利和自由给予应有的承认和尊重，并在一个民主的社会中适应道德、公共秩序和普遍福利的正当需要。

（三）这些权利和自由的行使，无论在任何情形下均不得违背联合国的宗旨和原则。

根据世界人权宣言的条例看，保护隐私是一个关于人的尊严和人格的自由发展的问题。因此，隐私权保护的主体应该只限于自然人。法人和其他组织是不受其保护的。就是说，法人没有自然人的自由与人格尊严，法人的"隐私"属于商业秘密，受其他法律的保护。如果保护法人和其他组织的"隐私"，他们就可以以保护隐私权为由，规避法律，这会侵害到公众的知情权。例如，拒绝公开财务会计报表、拒绝政府有关部门的检查和社会公众的监督等，以此为借口进行内幕交易等等。

简单地说隐私就是自然人不愿意让他者知道的生活秘密——个人的资料，包括个人的情报资料，诸如家庭成员、亲属关系、婚姻状况、财产状况，以及个人的身高、体重、女性的三围、健康状况、宗教信仰、住址、家庭电话号码、日常生活、社会交往、夫妻关系等等。隐私权是自然人享有的、在法律许可的范围内按照自己的意志从事与公共利益无关的活动，不受他人的干扰、破坏。也就是保护个人的隐私不被他人知道的权利。个人有权决定在何种范围内以何种方式向他人传递个人思想与感情，以及自身事务公开披露的决定权利。

侵犯隐私权的行为一般被归纳为：对于他人私秘空间、个人安宁或私人事务的侵扰；公开揭露致使他人困窘的私人事实；公开揭露致使他人遭受公众误解；为了自己利益而使用他人姓名或特征。侵犯隐私权的违法性在于该行为伤害了个人自我唯　感、阻碍了个人独立、侵犯了个人尊严、贬抑了个人荣誉，引起一个具有正常敏感度的人感到羞愧或情绪上的挫伤。

萨利·斯皮尔伯利在《媒介法》中解释说：个人的隐私就是一个自由自在的空间，相当于一个壳，一个盖，或一把伞，或者一切其他可以作此比喻的东西，隐私权保护个人空间不受他人侵犯。对隐私权的损害是对人格的侮辱，此种对隐私权的侵犯，以及私人空间并非不可侵犯的表示都是对人格的损

害……①

二、隐私权与知情权

根据法学理论,承担一般侵权责任的构成条件包括四个方面:首先要有损害事实,即侵权行为给受害人造成的不利后果;其次是违法行为,指侵权行为具有违法性;再次是因果关系,即侵权人实施的违法行为和损害后果之间存在因果联系;最后是主观过错,是指行为人通过其实施的侵权行为所表现出来的在法律和道德上应受非难的故意和过失状态。

在隐私权的适用中,更多的时候表现为隐私权与知情权的冲突。知情权,其基本含义是指公民有权知道其应该知道的信息资料。既包括公法方面的事务,如国家的政治经济状况、政府官员的道德品质及财产状况等,也包括民事方面的情况,如对公众人物像电影明星、体育明星的个人生活的好奇与关注等,以及与自己有利害关系的人物和事件的了解。

隐私权与知情权的冲突,主要是公权利与私权利之间的矛盾。在处理的时候遵循公共利益和公法优先的原则。民法上的公共利益包括:一是指不确定多数人的利益,这是最主要的公共利益;二是指与基本的法律价值相联系的利益,如生命利益。

三、新闻调查与个人隐私权

隐私权对于个人而言是自我保护的人格尊严的权利,因为个人的隐私是个人的私秘空间,它一旦被披露或者泄露,可能会给个人生活的安宁或私人事务带来侵扰。私事的被揭露导致生活、工作陷入困境,遭受公众误解。"我们有权对我们的个人信息保密。我们利用隐私来控制我们与他人在相互交往上的程度和性质。"②但是,大众传播媒介的"特殊性质使它具有侵扰性。隐私特有的敏感性是因为它几乎具有伦理学基本价值,而不同媒介产业的应用道德规范允许、有时甚至是强行对隐私权进行了否定"③。

---

① 萨利·斯皮尔伯利著,周文译:《媒介法》,武汉大学出版社2004年版,第288页。

② 斯坦利·J.巴伦著,刘鸿英译:《大众传播概论——媒介认知与文化》,中国人民大学出版社2005年版,第542~544页。

③ 斯坦利·J.巴伦著,刘鸿英译:《大众传播概论——媒介认知与文化》,中国人民大学出版社2005年版,第542~544页。

我们以 BBC 节目制作人指针为例理解二者的关系①：

> 节目制作人指针包括与隐私和新闻搜寻有关的综合性指南……BBC 应该在一个框架内运作，以尊重个人隐私权，对相关人员予以善意对待，这是十分重要的，同时，BBC 还应该允许对涉及公共利益进行调查。只有在具有更大利益的时候，对隐私权的侵犯才是具有正当理由的。秘密录音和摄像只能在合适的场合才能被加以使用，而与此类技术有关的协商的记录必须得到保存。

媒介遇到的关于隐私的主要问题是：公众人物有隐私权吗？政府官员的婚姻、家庭问题可以披露吗？社会名人的性取向有报道价值吗？应不应该报道被强奸者或少年犯罪者的姓名？对遭遇上述不幸的父母亲的名字是否应该保密？如何采访他们比较合适？什么情况下可以采用偷拍？等等。

1. 关于公共人物的隐私权

2006 年香港演艺人协会与香港大学民意研究计划合作进行一项研究，探讨本地"八卦"杂志侵犯艺人私隐的情况和一般市民的反应，尤其是对香港法律改革委员会提出各项相关建议的反应。经过七个月时间的努力，终于完成了《香港传媒侵犯公众人物私隐综合研究 2006》。

研究针对香港市民最熟悉的本地四本"八卦"杂志：《壹周刊》、《东周刊》、《忽然 1 周》和《壹本便利》（2004—2005 年），发现两年期间涉嫌侵犯艺人私隐的报道有明显增加，以刊登照片计，数目增加了大约 50%。为了防止类似情况恶化，必须加强立法。针对这个提议，法改会提出了制止侵犯隐私权的两项内容："以侵入者身份进入或逗留在私人处所，意图观察、偷听或取得个人资料"应属第一种刑事罪行；而"如私人处所内的人会被认为是有合理私隐期望的，任何人（不论在该私人处所之内或之外）放置、使用、检修或拆除能够加强感应、传送讯息或记录讯息的器材，意图取得关于在私人处所内的这些人的个人资料"，则应属第二种刑事罪行。

戴安娜死后，英国开始了一场关于隐私保护与新闻自由的争论。产生两种观点：一方认为，媒介粗暴地侵入了个人生活领域，干扰个人正常的生活秩序，应该通过隐私法限制新闻媒介、保护个人隐私。另一方认为，《欧洲人权

---

① 萨利·斯皮尔伯利著，周文译：《媒介法》，武汉大学出版社 2004 年版，第 206～207 页。

条约》第10条规定的表达自由,同样适用于新闻报道自由。"欧洲法院已经认识到新闻机构和媒介作为信息的发布者和公众的'监视犬'(watchdog),在一个民主国家中具有十分特殊的地位,对于新闻机构的限制会直接导致苛刻的检查制度。"

BBC针对公共人物的隐私权问题有详细的规定。他们承认公共人物在社会中处在一个特殊地位,但是,也拥有隐私权。"公众有权知悉与相关公共人物为履行其义务所具有的适应性和能力有关的事实,但是公众一般无权知道他们的私人行为,除非相关行为本身或该行为广为人知的后果引起了广泛的公共问题。"①

《欧洲人权公约》第10条所保护的表达自由之外延自然包括新闻报道自由。媒介应该受到特定的保护,因为媒介具有不可推卸的义务和责任,对于与公众利益有关的所有事务都要进行相关报道和评论。媒介作为公众的"监视犬"(watchdog),为了满足公众的需求,有权利和有责任报道各种信息。隐私法将会损害新闻自由的原则,进而危害到整个国家的民主制度。

美国1986年通过的"电子通信隐私法"(Electronic Communication Privavy)明确规定,"在没有授权的情况下通过电子信息服务有意接触信件,或者有意越过授权方而接触信件",都属于犯罪行为。另外,法律还"禁止电子通信服务提供商有意泄露任何储存的电子信件内容"。如果政府机构想了解内容,必须预先得到允许。②

2. 人肉搜索的是是非非

网络传播时代,人肉搜索成为涉及个人隐私的最主要的网络现象。人肉搜索既被看做是体现公众道义的力量,又被指责为不受制约地侵犯公民隐私,甚至是间接杀人的"凶手"。用最经典的一句网民的话来说:如果你爱他,把他放到人肉引擎上去,你很快就会知道他的一切;如果你恨他,把它放到人肉引擎上去,因为那里是地狱……(网友名言)

人们将人肉搜索与数学领域的猜想六度空间理论即小世界理论(Six Degrees of paration)联系起来,用这个理论解释人肉搜索的情形。六度空间理论说:你和任何一个陌生人之间所间隔的人不会超过六个,也就是说,最多通

---

① 萨利·斯皮尔伯利著,周文译:《媒介法》,武汉大学出版社2004年版,第207页。
② 斯坦利·J.巴伦著,刘鸿英译:《大众传播概论——媒介认知与文化》,中国人民大学出版社2005年版,第375~376页。

过六个人你就能够认识任何一个陌生人。

六度分隔的现象,并不是说任何人与人之间的联系都必须要通过六个层次才会产生联系,它表达了这样一个重要的概念:任何两位素不相识的人之间,通过一定的联系方式,总能够产生必然联系或关系。当然,随着联系方式和联系能力的不同,实现个人期望的机遇将产生明显的区别。

人肉搜索似乎也是对这个理论的证实。人肉搜索是建立在真实的社会中人与人关系网络上的。有这么一个故事,几年前一家德国报纸接受了一项挑战,要帮法兰克福的一位土耳其烤肉店老板找到他和他最喜欢的影星马龙·白兰度的关联。结果经过几个月,报社的员工发现,这两个人只经过不超过六个人的私交,就建立了人脉关系。原来烤肉店老板是伊拉克移民,有个朋友住在加州,刚好这个朋友的同事,是电影《这个男人有点色》的制作人的女儿在女生联谊会的结拜姐妹的男朋友,而马龙·白兰度主演了这部片子。①

"六度空间"图解 ②

人肉搜索面临的最主要的"指控"是侵犯隐私、助长网络暴力。反对人肉搜索的人士主张用法律手段治理人肉搜索者,他们认为:网上通缉已经超出了道德谴责的范畴,严重侵害了公民的基本权益。

1. 人肉搜索

人肉搜索有广义与狭义之说。广义的人肉搜索是指利用现代信息科技,

---

① 参阅:http://baike.baidu.comview357796.htm
② 图片来源:http://baike.baidu.comview357796.htm

你问我答,网友互助,变传统的网络信息搜索为人找人、人问人的网络社区活动。在这个活动过程,每一个环节都有一个或多个人参与,每一个参与进来的人是在一种关系(熟人、同学、亲戚等)中被找到,然后又去找新的关系。犹如许多网站为了扩大影响,不断推介人们建立找朋友、找同学的链接。例如,雅虎口碑网设计的一个找关系的方法和它认为的关系的意义:

> 关系,是一个真实、有趣的人际社区。在这里你可以找到老朋友、结交新朋友,和他们保持紧密的联系,一起享受品质生活。

找到多年的老朋友与老朋友保持亲密联系;第一时间了解他们的最新消息;与好友分享你的喜怒哀乐。

认识朋友的朋友;通过老朋友的推荐,认识可靠的新朋友;与朋友的朋友一起玩,获取大家的生活经验;分享朋友的消费心得;享受可信的品质生活,有您相伴,我们会一直进步。这是"关系"所谓的"定义"。

你每次打开信箱收看信件的时候,网络不厌其烦地提醒你马上开通"关系产品"(下图所示)。上网的人应该知道,如果你进入这些关系,使用了"关系产品",你就有意识地进入到六度空间里做起找朋友的游戏。在这个关系中,被他人搜索非常容易。

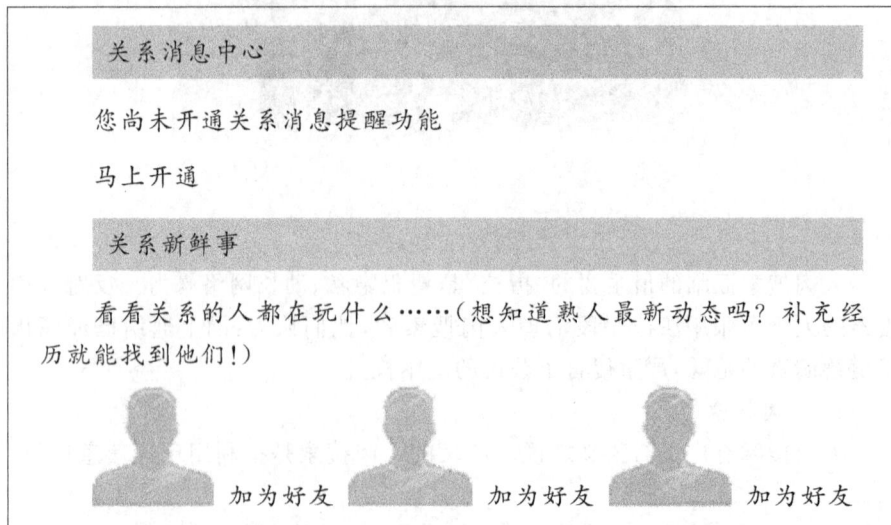

狭义的人肉搜索是指以网络为平台,以网民为搜索人力资源,网民又利

用网站的搜索功能,不断变换输入关键词来搜索目标,或通过一些网络论坛交换信息,追踪被搜索的目标:搜查该人及朋友的博客、论坛等,找出他所在的地区、工作、背景和详细身份资料等。只要被搜寻目标在网上留下过注册痕迹、身份证号码或邮件地址,或者与网上论坛里的任何一名网民接触过,他就很难逃出"人肉搜索"的追击。目前进行"人肉搜索"的主要有以下几类人:发起搜索者、提供被搜索人真实信息的人、提供被搜索者虚假信息的人、对于被搜索人谴责的人、纯粹看热闹跟帖的人。①

猫扑大杂烩的负责人说,开始人们不过是在网上寻个人或是查个资料,后来发展为让网友给小孩起名字、解决生活中疑难问题等等。猫扑的"人肉搜索"版块的"版头"上标明:"任何人都可以请求人肉搜索引擎的帮助,这里你可以提出任何问题、请求任何帮助。我们不保证你能得到你想要的答案和帮助,但是能保证你得到完全不同的答案和获得最快乐的帮助。"②

猫扑人肉搜索说明文字:

mopper 之间从来都是互相帮助的,赏金猎人也是好传统。虐猫女、色情武校都在热心 MOPPER 们的帮助下一一现形。任何人都可以请求人肉搜索引擎的帮助,这里你可以提出任何问题、请求任何帮助。我们不保证你能得到你想要的答案和帮助,但是能保证你得到完全不同的答案和获得最快乐的帮助。

但要注意的是:

(1)不要发布一些违法的信息(包括政治、色情、小广告),违者会受到严厉的处罚。

(2)请不要重复发帖或者回复及其他无意义的灌水行为。

(3)建议大家悬赏一些 mp 作为奖励,这样大家的积极性才更高。

(4)即使大家跑题很厉害,也请别着急,因为既然你可以提任何问题,那别人也可以有任何的回答。

(5)请尽量用你自己的知识或者亲身经历作答,这样的答案对他人更有帮助,尽量不要使用 GOOGLE 或者 BAIDU 做答。

2. 人肉搜索的是与非

在 2008 年召开的十一届全国人大常委会第四次会议上,人大常委会委员

---

① 《国际先驱导报》http://news.sohu.com/20080903/n259345712.shtml.
② 金羊网—《羊城晚报》,2008 年 09 月 03 日 15:03。

提出,"网上通缉"、"人肉搜索"泄露公民姓名、家庭住址、个人电话等基本信息,同样是严重侵犯公民基本权益的行为,其造成的危害甚至比出售公民个人信息更为严重,因此建议将"人肉搜索"行为在刑法中予以规范。①

主张在刑法中规范"人肉搜索"的主要理由:

(1)侵犯隐私、助长网络暴力。这是对人肉搜索的最重"指控"。主张刑法调整人肉搜索者认为:"网上通缉已经超出了道德谴责的范畴,严重侵害了公民的基本权益。"天涯网友 tyw1984623 说,人肉搜索和打小偷一样是私刑,"严重影响法制的进步"。

被人肉搜索严重影响了生活的那些人,也许正为自己曾经的言行付出难以想象的代价。如几年前被声讨的"虐猫女"失去了工作,至今也没有走出心理阴影,"没有一个人愿意和她说话,父母也终日唉声叹气"。

(2)用网络匿名的隐身衣不负责任地对当事人进行诽谤。面对网络上虚虚实实、有悖公序良俗的事件时,匿名者依然可以不负责任地发言,以享受网络带来的虚幻的"权利"快感。在这样的情形之下,人人参与,却又人人无责。

(3)未经当事人同意的"寻人启事"式"人肉搜索"是建立在对他人不尊重的基础上的,而"通缉令"式"人肉搜索"更是建立在对他人道德观与价值观的不宽容基础上的。不管他们搜索的动机是多么崇高,由于无法核实求助"人肉搜索"的真相,盲目搜索助人为恶。例如铜须门事件。②

(4)通过不负责任的网络言论助长语言暴力滋生,满足在潜意识层面,"有着严重的虚弱无力感的暴民们产生道德优越感和强大感,并满足其权力欲、控制欲甚至施虐狂倾向的游戏"③。

如果社会放纵这种建立在非理性情绪基础上的"网络暴力",不将其纳入理性与法制的轨道,会威胁到每一位公民日常生活的安宁——每个人都可能

---

① 操秀英文:"'人肉搜索'是否应刑法伺候",http://www.sina.com.cn,2008 年 09 月 11 日 12:05,《科技日报》。

② 铜须门事件:2006 年 4 月,在"魔兽世界中国"论坛,一位丈夫公布了妻子和情人长达 5000 字的 QQ 对话,痛斥与妻子有染的"铜须"。帖子引来网友同情和对"第三者"的声讨,他们利用网络工具,搜寻铜须在现实中的资料。有网友在铜须 QQ 的个人空间找到了他的昵称"稀帅",再通过其曾玩过的"天堂 2"游戏,找到了他在网上卖游戏装备的帖子,并找到他的手机号。最后,网友将相关信息同时搜索,找到了铜须的照片。4 月 17 日,天涯论坛一名网友发帖,公开了铜须的真实姓名、所在学校、照片和视频,呼吁社会封杀铜须,之后铜须所在学校论坛、网络游戏的公会论坛中到处是讨伐声。后铜须否认是"第三者",但生活受到了极大影响,而发起事件的丈夫也发帖称是杜撰,事件不了了之。

③ "委员提'人肉搜索'入刑法隐私和公义不可兼得",金羊网—《羊城晚报》,2008 年 09 月 03 日 15:03。

成为它的受害者。

反对依法治理人肉搜索的人士认为,通过网民介入搜索活动,用"人海战术"将贪赃枉法的坏事揭露出来,是在主持公正、公义。"人肉搜索"犯法不成立。主要的理由是:

(1)人肉搜索体现了一种彻底的信息民主。网上人人平等,人人参与,信息共享。网上搜索大多针对"坏人坏事",似乎代表着一种道义力量,"有时,人肉搜索比公安破案还快"。有人说,网民将涉嫌违法、违纪或者道德上存在严重问题的人或事件以及相关信息公布在网上,由网民们自行评判,如果行使得当,也有利于社会的进步,有利于维护公共利益,最典型的莫过于"周老虎"事件。①

(2)人肉搜索本身并无好坏之分,关键取决于使用的人以及如何使用。人与人之间的信息交流无处不在,这种行动进入了网络,就变成了人肉搜索。一系列的著名的人肉搜索事件中,真正涉嫌犯罪的不是人肉搜索参与者,而是那些利用工作便利和权限透露本该保密的信息的那些人,譬如利用了银行、电信、公安户籍管理这些资料系统的人。因此要规范的是有关工作人员的工作纪律,是那些利用人肉搜索犯罪的人,而不是人肉搜索本身。②

(3)法律界人士反对将之纳入刑法。理由是对他人进行造谣、诽谤的,有诽谤罪;对于在网上、网下进行辱骂、骚扰的,有侮辱罪;对于侵犯他人隐私的轻微行为,可以通过民事诉讼来解决,也不需要动用刑罚这种最严厉的惩罚措施;唯有"人肉搜索"侵犯他人隐私情节非常严重时,才可能要由刑法来制裁。但是,这个"情节严重"的标准是什么呢?是造成了当事人自杀、自残或者精神失常的后果,还是其他,难以确认。

3. 人肉搜索的道德底线

虽然互联网是一个言论自由开放的空间,从一系列的"人肉搜索"事件来看,在这个空间中,会出现多数人的意见淹没少数人的意见,甚至对待少数意见进行人身攻击的情况。"人肉搜索"还会伤害无辜,重演鲁迅先生谴责的"人言可畏"的悲剧。例如,"史上最恶毒的后妈"事件披露后,对事件中的"后

---

① 操秀英文:"'人肉搜索'是否应刑法伺候",http://www.sina.com.cn,2008年09月11日12:05,《科技日报》

② 操秀英文:"'人肉搜索'是否应刑法伺候",http://www.sina.com.cn,2008年09月11日12:05,《科技日报》。

妈"造成了非常大的心理伤害。①

丁香小慧的后妈在网民的愤怒谴责声中跪地向人们澄清真相（见下图）。

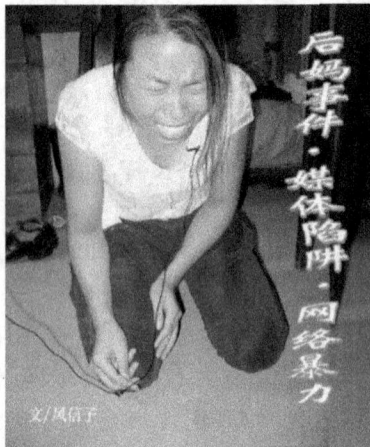

后妈事件②

一位网民发帖说：昨天晚上看网上的电视直播，江西都市频道的《都市情缘》节目开始播这个事件的新的宣传片了……里面小女孩说了一句话让我影响深刻，就拿来做帖子的标题了：——"我的后妈是'魔鬼'"……今天我又和电视台和小慧亲妈联系了一下，得到了一些最新的消息。首先。我要说明的是，帖子中出现的这个电话号码(0)13258936＊＊＊是小慧亲妈的电话，我在当天晚上看完节目后，非常气愤，同时非常可怜这个小女孩，想用自己一点微薄的力量努力给她一点帮助，就打电话给电视台的热线，电视台那边告诉我的。……有很多网友可能由于过于气愤，一时没看清楚，以为那个是小慧后妈的电话，所以打电话过去质问她。小慧的亲生母亲没想到会这样，差点吓得不敢接电话……强烈谴责凶手，一定要找出真凶！……我打电话到电视

---

① 2007年7月16日～18日，有媒介播放视频新闻，报道一位名叫丁香小慧的6岁女孩惨遭后妈毒打的消息，随后有大量媒介和网民对此事的关注跟进，一时间谴责这位后妈的网络言论占据主要媒介和主要页面。之后，媒介进一步介入采访后，丁香小慧事件的真相出现，丁香小慧非其继母所伤。网上关于丁香小慧内幕的帖子说：其实6岁女孩并没有遭到后母的毒打，是因为女孩得病家庭困难治不起病，经人介绍认识了我这个朋友，我这个朋友说想通过网络炒作达到效果，但是单一炒作小女孩得病肯定达不到效果，只有制造一系列的谜团，网友们才会关注关心。我的朋友在几天的时间里就酝酿出了"6岁女孩被打事件"，这是一个"善意的谎言"。在所谓的"善意的谎言"爆出后，网民自发起来救助丁香小慧；寻找她的生母；搜索她后妈的信息。

② 图片来源：http://www.rmloho.com/user4/24491/archives/2007/254473

台,问一下小慧的后妈的消息,那边告诉我,这个狠毒的后妈已经躲起来了,他们也找不到人。这个女人做贼心虚,躲着不敢见人了,不过我会尽力找到她的任何线索。①

以"史上最恶毒的后妈"事件为例,尽管我国尚未制定专门的个人信息保护法,通过刑法制裁人肉搜索还比较困难。但是,对于网民在网络上起哄式的咒骂"后妈",同样是一种暴行。只有明确的侵权和违法行为才可以追究行政和民事责任,并据此对于严重的侵权行为进行刑事制裁,而我国现在对于个人信息隐私权没有明确的界定的前提下,是很难确定违法性质和危害的后果与责任。《世界人权宣言》第七条的内容是:"法律之前人人平等,并有权享受法律的平等保护,不受任何歧视。人人有权享受平等保护,以免受违反本宣言的任何歧视行为以及煽动这种歧视的任何行为之害"。看到丁香小慧后妈并没有做错事情,何以要下跪呢? 她被人肉搜索的照片煽动的谩骂与骚扰所伤害,她个人也没有能力通过网络澄清事实,只能任由网民把一个虚构的故事套在自己身上,承受一切谴责。

人肉搜索一旦超过了道德底线,把侮辱人、践踏人当做唯一目的时,实际上跨越了道德底线。尽管道德底线的具体内容很难确认,但是社会的良知是不言自明的。当后妈事件真相大白后,对网络人肉搜索的治理同样被看做是重要的事情。

法律专家认为,在规范网站方面,主要是网络经营者要尽到审查义务,互联网要加强自律,遵守基本的道德规范和网络秩序,增强网络的社会责任。如果网站明知是谣言或者属于敏感信息,还随意泄露或提供个人隐私的发布服务,则要承担连带责任。虽然主要责任是发帖人,以网站为主的职业传播者,应该有道德底线意识。

同时,应尽快出台个人隐私法或个人信息保护法,确立基本的法理原则。中国社科院新闻与传播研究所研究员王凤翔则认为,应推进个人数据立法,"欧盟于1995年制定了欧盟数据保护指令,要求各成员国必须在遵守隐私的基本价值和尊重信息在国家间自由流动两者之间达至平衡"。"美国则通过行业自律和判例法并配以单行立法来实现对个人数据的保护"②。

---

① 参阅:http://tieba.baidu.com/f? kz=231199081
② http://news.sohu.com/20080903/n259345712.shtml

附件 1

羊城晚报：如何界定个人隐私

猫扑：一般比如说家庭住址、电话、身份证号码等个人信息可能是网友不愿意暴露的，我们主要看是有利于还是不利于当事人。例如两个网友要寄东西，其中一个讲出了自己的家庭住址，这是他自愿的而且无害，这种我们一般不会删除。不过互联网传播是非常快的，如果只有一个网站管得严，很可能这个信息一下就贴到别的网上去了，所以我们也呼吁立法，让人肉搜索这种特殊的互联网互助行为能够健康、规范地发展，为更多的网友提供有效的帮助。

人肉搜索从何而来？ 如何演变至此？

……"人肉搜索"本来是一个建立在"人海战术"基础上，倡导"互助"的栏目。

2001年，有网民贴出美女照，炫耀是自己的女友，可马上被网友戳穿，有人指认此照片女主人其实是微软公司的代言人陈自瑶，并贴出了她的不少个人资料。从此，一个以寻找某人所有资料的互联网搜索行动诞生了。此后几个标志性事件，如搜索"虐猫女"、"铜须门"，成功"破获"周正龙虎照来自年画虎，将"人肉搜索"推向了人气的高峰，同时又是危险的高峰。

"周老虎"事件

2007年10月，陕西省林业厅公布了猎人周正龙拍摄的华南虎照片。数小时后，质疑"虎照"真伪的帖子即出现在色影无忌论坛，此后网民不断从光线、拍摄角度、周边环境、现实年画搜索等角度提出质疑。

11月15日，网民"攀枝花xydz"称虎照中的虎和自家所挂年画极其相似；此后几天，全国各地网民不断报告发现"年画虎"，遂引发了虎照真假的网上讨论。网友通过百度"华南虎吧"仔细分辨了年画照片左下角的商标，并分辨出一个繁体的"龙"字，最后竟然找到了有同样商标的浙江义乌威斯特彩印包装公司的"鑫龙墙画"。2008年6月底，所谓"华南虎照片"终于被认定为假照片，周正龙因涉嫌诈骗罪被逮捕。

虐猫事件

……

2006年2月28日,有网友在网上公布了一组虐猫视频截图,引起网友们的强烈愤慨。网友"黑暗执政官"在"天涯社区"做成一张"宇宙通缉令",让天下网友举报。不少网友志愿捐出猫币、人民币悬赏捉拿凶手,连猫扑网也将赏金从1000元涨到5000元。3月2日上午,网友"我不是沙漠天使"在猫扑上发帖:"这个女人是在黑龙江的一个小城……"他的帖子让事件出现关键性转变。

后有网友确认了"我不是沙漠天使"的证词,还补充了一些资料,虐猫事件的三个嫌疑人被基本锁定,距离最初网上贴出虐猫组图不过6天时间。后警方介入此事,两人被所在单位停职。

附件2

"人肉搜索"的罪与罚

尽管人们已经开始普遍反思人肉搜索容易演变成网上暴力的危害,但是要真正采用刑法约束之却仍是难上加难。

《国际先驱导报》记者刘科发自北京

"我希望能找到失去联络9年之久的父亲!"

24岁的奥运会女子气枪金牌得主郭文珺也许不会料到,她在获奖后的这句话,会让自己如此深入地"陷入网中央"。为了帮助这位奥运冠军寻找父亲,网民发动了大规模的"人肉搜索"。父亲找到了,但网上出现的大量揭秘式信息,却令郭文珺陷入巨大尴尬。

事实上,有关"人肉搜索"的争议正在愈演愈烈。8月25日,全国人大常委会在审议刑法修正案草案时,全国人大常委会预算工作委员会主任朱志刚提出"网上通缉"、"人肉搜索"严重侵害了公民基本权益,其危害甚至比出售公民个人信息更为严重,有必要追究"人肉搜索"者刑责,建议在刑法中予以规范。

这一次,有关"人肉搜索"的是与非,在民间和学界引起了比过去更大的争议。

中国特色的网上追捕

"人肉搜索对于这个数字化时代而言,就是一个独特的中国现象。"英国《泰晤士报》在今年 6 月的报道中这么总结。

······

截至今年 6 月底,中国网民人数达 2.53 亿,超越美国跃居世界第一位。而与此同时,互联网的普及化也带动了"人肉搜索"的崛起,国内频发的大规模"人肉搜索"现象也因此吸引了国际目光。

英国广播公司(BBC)在今年 6 月报道有关中国"人肉搜索"的新闻时,还用"witch hunt"(搜捕女巫)一词,形容在中国如火如荼发展的"人肉搜索"。在美国,媒介为表达中国的"人肉搜索",专门创造了一个短语"Chinese style internet man hunt"(中国特色的网上追捕)。

《泰晤士报》则分析,"人肉搜索是一个强大的概念,现在中国的网络已被用来作为惩罚婚外情、家庭暴力和道德犯罪的一种强大工具。"

"人肉搜索"也是国际难题

事实上,"人肉搜索"并不仅仅在中国网络中出现,在今年的国外网络中,"人肉搜索"也成为一个显著的现象。

8 月 23 日的英国《英中时报》披露,在英国纽卡斯尔两名中国留学生被杀事件迅速告破,很大原因要归功于英国华人留学生论坛发动的"人肉搜索"行动。

而在美国,今年上半年的一段网络视频引起的"人肉搜索"行为甚至引起了美国军方的注意。在 YouTube 网站的这段视频中,一名美国海军陆战队队员笑着把一只约 8 周大的小狗扔下悬崖,小狗落崖时的凄厉吠声激怒了无数美国网民。

一些美国网民利用"人肉搜索",直接公布了虐狗士兵的姓名、身份、年龄、驻地、电话号码、轿车照片等详细个人信息,并掀起了对他的声讨活动。迫于民意压力,美国军方展开调查,海军陆战队不得不声明作恶者有悖"海军陆战队员被期许的高标准"。

在韩国,"人肉搜索"同样在网络上掀起了滔天巨浪。今年 7 月,韩国网络中围绕"警察是否过度镇压反对进口美国牛肉的示威"的问题议论纷纷,在此情况下,曾被投入到示威现场的韩国警察遭受了接连不断的"网络通缉"。

"那几天,韩国门户网站 Daum 的论坛里出现了首尔一位警察的姓名和照片,还有个人主页。"韩国留学生王钰告诉《国际先驱导报》,"很多韩国网民登陆警察的个人主页发表了很多'诅咒'一样的谩骂。"不过,韩国网民并没有就此收手,他们还访问了该警察的个人主页上链接的亲友主页,一并进行了辱骂和威胁。

"黑暗杀手"纵横数码丛林

为什么"人肉搜索"会愈演愈烈? 文化学者朱大可对此有形象的解释:"他们以无名氏的方式,藏在黑暗的数码丛林里,高举话语暴力的武器,狙击那些被设定为有罪的道德猎物。"

事实上,"人肉搜索"从诞生之日起,就游走在法律和道德的中间地带。"人肉搜索"在中国催生了数起轰动一时的网络事件:从 2006 年的"虐猫"事件到"铜须门"事件,从 2007 年底自杀的北京女白领姜岩到今年的"辽宁骂人女",每一次的"人肉搜索"都会详细公布目标人信息,包括姓名、照片、家庭、住址等都无所遁形。

而人们也早已发现"人肉搜索"是一把双刃剑。一方面网友们在通过它宣扬着惩恶扬善的社会正义;但另一方面,用"人肉搜索"搜集并公布当事人的个人信息,对处于言论表达弱势一端的个体进行群体围攻甚至道德审判,导致当事人在现实生活中遭到侵扰。

"过去的人肉搜索受正义感的驱使,而现在不少网民是在发泄情绪。"猫扑网站管理员"吾爱汝至"告诉《国际先驱导报》,该网站是国内最早出现"人肉搜索"概念的互动社区。"如今网络确实越来越发达,任何信息都有被公布的可能。""吾爱汝至"对此表示了担忧。

中国行为法学会新闻侵权研究会研究部主任周泽也指出:"人肉搜索多数的初衷是充满善意的","人肉搜索"自身本不具有法律及道德层面的性质。"但网民原本维护正义的声音,容易演变成网上暴力,彰显他们以暴制暴的心态,借以发泄对社会的不满。这是在滥用言论自由和网络的力量,以匿名方式聚众逞一己之快意。"周泽告诉《国际先驱导报》。

《中国青年报》在 6 月 30 日的一项调查大概可以看出部分民众的心态,在 2491 名调查对象中,有 79.9% 的人认为"人肉搜索"应该受到规范,65.5% 的人认为"人肉搜索"可能成为一个新的发泄渠道和报复窗口,而 64.6% 的人认为这侵犯了个人隐私,而 20.1% 的人担心自己会成为搜索目标。

刑法不是万能管家婆

尽管人们已经开始普遍反思"人肉搜索"容易演变成网上暴力的危害，但是要真正采用刑法约束之却仍是难上加难。

在周泽看来，"人肉搜索入刑法主要是涉及侵犯隐私权的问题，但至少从目前的法律来看，人肉搜索并不构成犯罪行为，现存的相关民事法律并没有对隐私权的概念作明确的定义。"

周泽说，隐私权在法律上的不甚明确，导致公众的隐私权及其界限没有法律上的依据。因此，在对社会不良现象进行批评、对公众人物监督与侵犯他人的隐私上没有一个平衡点。"所以，很难用什么标准来对人肉搜索中侵犯他人隐私权的行为进行刑罚处罚。"

清华大学法学院副教授何海波也认为，将"人肉搜索"纳入刑法目前来说还不成熟，"在《个人信息保护法》立法起草工作尚未启动情况下，个人信息的保护范围难以得到明确界定，仅有刑法的规定还远远不够。"

中国政法大学刑法学教研室主任薛瑞林则告诉《国际先驱导报》，"人肉搜索"刑事立法可行性不高，"民法可以解决的事情，不必上升到刑法的高度上去，刑法不是管家婆，别什么事情都找它。"

"罪"与"罚"均难以界定

周泽进一步指出，"哪怕是真纳入了刑法，执行起来更困难。国内关于'人肉搜索第一案'的王菲案判决为什么迟迟没有公布，显然是因为这个判决的影响重大。"

如何判断什么人在"人肉搜索"行为中犯罪？目前"人肉搜索"中有以下几类人：发起搜索人、提供被搜索真实信息的人、提供被搜索虚假信息的人、对于被搜索人谴责的人、纯粹看热闹跟帖的人。

"仅仅是这几种人交织在一起就不好在立法上定义谁在犯罪。规定得过宽，打击面就太大，规定得过窄，起不到打击犯罪的作用，而这过宽和过窄本身就无法把握。刑法的基本原则就是'罪刑法定'，如果条文本身就含糊其辞，何谈公平正义？"周泽说。

"发帖人也有谨慎管理的问题，在很多案中，很难判定某个网友在搜索过程中起了最至关重要的作用，事实上，每个网友都起了作用，这就是执行难。怎么解决？所以我提倡纠纷多元化解决机制，同时还追究导致人肉搜索出现的背后深层社会原因。"

国外问诊"人肉搜索"难题

那么,让我们把求解的目光投向国外,部分国家针对"人肉搜索"已经采取的一些应对措施或许有可借鉴一二之处。

2006 年 12 月,韩国政府宣布,为防止网上匿名攻击,政府将要求各个网站在用户发帖前,确定真实身份。"目前,韩国政府网站和各大门户网站,在回帖时都需要输入个人识别码。不过,普通社区和个人博客仍然可以匿名发言。"在韩国高校从事教学工作的中国学者詹德斌告诉《国际先驱导报》。此外,"韩国在相关法律中确立网络运营商的责任追究制度,以此增强网络运营商的责任感,减少网络暴力的平台。"詹德斌说。

......

来源:《国际先驱导报》

(责任编辑:张庆龙) http://news.sohu.com/20080903/n259345712.shtml

第八章
全球化与跨文化传播

　　关于全球化和全球化的影响,英国社会学家安东尼·吉登斯(Anthony Giddens)作了这样的描述,他告诉人们全球化不是一个难以理解的问题,而是一个现实,你在超市里可以看见它:"逛当地的商店和超市时,不妨留意一下货架上琳琅满目的商品,如果你和许多人一样先逛鲜货部,你就有可能发现夏威夷的菠萝、以色列的葡萄、南非的苹果和西班牙的鳄梨。在下一条过道,你很可能碰到一大堆印度餐用的咖喱糊和香料、蒸粗麦粉和沙拉三明治这类五花八门的商品以及烹调泰式餐的椰奶罐头。继续走,看看肯尼亚、印度尼西亚和哥伦比亚的咖啡,新西兰的羊羔肉,阿根廷与智利的瓶装葡萄酒。如果瞥一眼饼干盒或巧克力,你很可能会发现上面标其成分的文字有十来种。"①下图包装袋是对吉登斯这段话的一次证实。

---

　　① 安东尼·吉登斯著,赵旭东等译:《社会学》,北京大学出版社2003年版,第62页。

图解:雀巢品牌之一:红枣麦片包装袋,上面有中英文产品介绍,营养成分两栏是
国际标准,真诚推荐中提醒顾客营养成分依据的是《中国居民健康营养摄入量》,
国际标准与中国依据构成该产品的"营养常识"提醒,这是一个典型的体现全球
化意义的包装袋。

　　吉登斯认为,全球化改变了世界的面貌(这一点从发端于美国的继而波
及到世界上许多国家,包括中国在内的金融风暴给予了充足的证实)和我们
观察世界的方法。用全球化的视野,使我们能够了解到不同社会人们之间的
联系,能够认识人类面临的共同问题。例如,世界性的纪念日告诉我们这样
一个事实:同一个地球,有同一个梦想(2008 年北京奥运会的口号:同一个地
球,同一个梦想),面对越来越多的相同问题。过去我们熟悉的节日有三八国
际妇女节、五一国际劳动节、六一国际儿童节等,这些节日带有一定的意识形
态性。今天国际性节日种类很多,涉及人们日常生活的诸多方面。与环境有
关的节日分别是:水日、气象日、地球日、无烟日、环境日、防治荒漠化日、禁毒

日、人口日、保护臭氧层日、旅游日、粮食日、生物多样性日以及植树节、爱鸟周(节)、世界森林日、世界动物日、国际减轻自然灾害日、世界湿地日;与健康和疾病有关的节日:世界卫生日、世界精神卫生日、世界红十字日、国际护士节、国际爱牙日、世界防治结核病日、世界艾滋病日;与关怀弱势群体有关的节日:国际盲人节、国际聋人节、国际扫盲日等;还有:世界消除贫困日、国际消费日、国际家庭日、国际警察日、世界电信日、国际博物馆日、国际牛奶日、国际和平日、世界旅游日、国际音乐节、国际住房日、世界邮政等。涉及更多的、不同国家共同参与的有新年(元旦)、国际奥林匹克等。这些名目繁多的节日,已经跨越地区的界限,成为普天同庆的日子。

第一节　对全球化的赞美与担忧

全球化是一个普遍使用的概念,对于全球化的理解和表述有多种,由此可见全球化是一个难以一言以蔽之的概念,不同的理解和表述帮助我们进一步认识全球化的问题和产生的缘由。首先,全球化经常与经济一体化联系起来,全球化被描述成一种经济现象;其二,全球金融市场的电子商务与资本的全球流动;其三,世界贸易市场的无限扩大,世界贸易的商品和服务种类越来越多。

吉登斯认为,虽然全球经济力量是全球化过程不可缺少的一个重要部分,但不是全部。"全球化是政治、社会、文化和经济因素综合作用的结果。"[①]

一、全球化的概念和影响因素

全球化是一个过程,这个过程发生了什么? 造成了什么结果? 吉登斯认为,"全球化是指这样一个事实,即我们越来越生活在'一个世界'中,因而个人、群体和国家越来越相互依赖"[②]。

在谈到全球化的影响因素时,人们首先谈到的是信息和通信技术的发展。信息和通信技术的发展是相辅相成的,信息增值依赖新的通信技术,通信技术使信息传播越来越迅速,对信息的要求也越来越多。生活在世界各地的人们借助二者增加互动内容、加快速度,对信息和通信技术的依赖也日益

[①] 安东尼·吉登斯著,赵旭东等译:《社会学》,北京大学出版社 2003 年版,第 64 页。

[②] 安东尼·吉登斯著,赵旭东等译:《社会学》,北京大学出版社 2003 年版,第 63～64 页。

见深。

信息和通信技术的社会影响力具体表述如下：

1. 信息与通信技术的发展

电信基础设施迅速发展，系统集成把大量的信息以数字化的方式压缩和传送；光缆的发展极大地扩充信道的数量与有效、廉价的电缆技术；通信卫星的广泛使用推动全球通信的发展；在电信技术发达的国家，住宅、办公室与外部世界的联系有多种渠道：电话、传真、数字电视和有线电视、互联网和电子邮件。以三G手机(第三代手机)[①]为例。第三代手机成了集语音通信和多媒体通信相结合，并且包括图像、音乐、网页浏览、电话会议以及其他一些信息服务等增值服务的新一代移动通信系统。人们这样描述3G生活：你的眼镜、手表、化妆盒、旅游鞋，任何一件你能看到的物品都有可能成为3G终端。具备了带宽和技术后，这个集成许多功能的终端使我们不仅可以随时随地通信，还可以双向下载传递资料、图画、影像；可以和从未谋面的陌生人网上联线对打游戏。用户可以在3G手机的触摸显示屏上直接写字、绘图，并将其传送给另一台手机，而所需时间可能不到1秒；可以将这些信息传送给一台电脑，或从电脑中下载某些信息；用户可以用3G手机直接上网，查看电子邮件或浏览网页；不少型号的3G手机自带摄像头，这将使用户可以利用手机进行电脑会议。[②] 对于3G给人们的生活带来哪些实质性的影响，现在评价还为时过早。但是，3G追求的目标体现出技术的本质是：最简洁的操作、包罗尽可能多的功能，对操纵者能力要求越来越低。

已经发生的技术形态改变人们生活的方面，将人们业已认可的时间和空间进行压缩。今天位于地球两端——东京和伦敦的两个人，可以进行实时交谈、"会面"(视频)，还可以向对方传真文件、图像。

2. 世界经济一体化

世界经济一体化推动了全球化的进程，已是有目共睹的事实。当信息技术、信息产业、知识经济、进口与出口这些词汇在全球化语境中被使用和实践后，"全球经济逐渐被'无重量的'和无形的活动所左右。在这种无重量经济中，产品是基于信息，如计算机软件、媒体和娱乐产品以及基于互联网的服务

---

① 3rd Generation，中文含义就是指第三代数字通信，通俗地说就是指第三代(The Third Generation)手机。资料来源：http://zhidao.baidu.com/question/5375392.html

② 参阅 http://zhidao.baidu.com/question/5375392.html

……知识经济的出现与广泛的消费群体的发展相关,他们具备科技素养,热切希望把计算机技术、娱乐和电信方面的新进展引入他们的日常生活中去"①。经济一体化推动了全球化,全球化反映了信息时代发生的变化。

全球化使大部分家庭成为一个实践基地。在一篇题为《离开"中国制造"美国人会怎么样》的文章中,讲述了名叫萨拉·邦焦尔尼的美国妇女针对这样的问题进行的实验。2005 年元旦,萨拉·邦焦尔尼和她的家庭开始了历时一年整的离开"中国制造"的日子。没想到,这一决定彻底打乱了一家人的正常生活,萨拉也开始对"中国制造"有了新认识。

经济全球化过程中,许多消费品是由多国共同作业的流水线制造出来的,销售也是如此。耐克鞋的生产与销售就是一例。② 萨拉要解决的首要问题是如何界定"中国制造"。她把商品是否有"中国制造"的标签作为标准,并把一年的大部分时间用在了辨识标签上。对于像萨拉这样的美国中产阶级而言,离开"中国制造",意味着失去绝大部分物美价廉的玩具、五金、鞋子和太阳镜,甚至包括生日蜡烛。"中国制造"还在不知不觉中从低端产品走向了高档领域。萨拉存心挑刺,但在中国产的高档成衣面前"很想责备自己竟然如此享受……"。

2006 年元旦,萨拉·邦焦尔尼宣告结束离开"中国制造"的实践。(参阅附件 1)

与商品的跨国销售的同时还有跨国公司的作用。跨国公司是国际金融市场的主要角色。与其相适应的有"电子经济"(电子货币)。银行、企业、基金、股票和个人理财只要点击鼠标即可完成。面对跨国公司和大量货币加速流动,也存在很大风险。全球经济一体化的形成,导致一个国家的金融危机会对其他国家产生影响。例如,华尔街金融风暴对全球经济的影响。

二、全球性组织

从政治变革的角度看,吉登斯认为有三个重要因素强化了全球化:一是第一世界与第二世界冷战体制结束;二是国际和地区机构的发展;三是政府间组织和非政府组织的作用。

---

① 安东尼·吉登斯著,赵旭东等译:《社会学》,北京大学出版社 2003 年版,第 66 页。
② NIKE 在中国境内生产的 NIKE 鞋 95％返回美国市场销售。NIKE 在境外生产的产品委托第三方物流公司通过航空运输直接运往设在中国主要城市的 NIKE 公司办事处的仓库,如北京、上海。在中国境内生产的产品也同样委托第三方物流公司以公路货运的方式运往中国各主要城市。

　　"第一世界"和"第二世界"相对的冷战时期存在的体制结束后,东欧的变革被视为全球化自身的一个结果。① 原来属于华沙条约组织的成员国如波兰、匈牙利、捷克共和国、波罗的海诸国和中亚国家等前苏联集团,开始向西式政治和经济制度转变。他们不再与全球共同体相隔绝,而是融入其中。在这个时期,中国加入的世界性组织有:国际原子能机构(1984)、亚太经合组织(1991)、世界贸易组织(2001)。

　　联合国、欧盟和亚太经合组织所起的重要作用之一是为各个民族国家结合在一起搭建政治论坛。②

　　联合国于 1945 年 10 月 24 日成立,由 51 个国家承诺通过国际合作和集体安全维护和平。联合国共有 192 个会员国。《联合国宪章》是一个国际条约,其中规定了国际关系的基本原则。根据《宪章》,联合国的四项宗旨为:维持国际和平与安全;发展国家间友好关系;合作解决国际问题,增进对人权的尊重;成为协调各国行动的中心。联合国并非世界政府,不制定法律。联合国有六个主要机关。其中大会、安全理事会、经济及社会理事会、托管理事会和秘书处五个机关设在纽约联合国总部。第六个主要机关是国际法院,设在荷兰海牙。1971 年 10 月 25 日联合国大会恢复了中华人民共和国在联合国的合法席位以来,中国认真遵循联合国宪章精神,切实履行联合国的各项义务以及安理会常任理事国的重要职责,在联合国内发挥着越来越大的作用。中国主张加强联合国作用,扩大国际合作,促进世界和平与发展。

联合国网站首页横栏标题。眉题口号是:欢迎来到联合国,您的世界

---

① 二战后,人们把北大西洋公约组织(NATO)的成员国和华沙条约组织的成员国当成两大类国家,并以自由世界和苏维埃集团分别称谓。后来人们意识到还有很多国家不属于这两类。在公元 20 世纪 50 年代,用第三世界代指不属于两大类的国家的其他国家。于是也就有了第一世界、第二世界。参阅:http://baike.baidu.comview638818.htm

② 详情查阅联合国官方网站 http://www.un.org

欧洲联盟（European Union），简称欧盟（EU），是由欧洲共同体（European Communities，又称欧洲共同市场）发展而来的。欧盟是一个超国家政治形式。其集政治实体和经济实体于一身。欧盟现有 27 个成员国和近 5 亿人口（2007 年 1 月），欧盟的宗旨是"通过建立无内部边界的空间，加强经济、社会的协调发展和建立最终实行统一货币的经济货币联盟，促进成员国经济和社会的均衡发展"，"通过实行共同外交和安全政策，在国际舞台上弘扬联盟的个性"。19 世纪 40 年代，法国大文豪雨果在巴黎举行的世界和平大会上满怀激情地勾画了一个未来的"欧洲合众国"："总有一天，到那时……所有的欧洲国家，无须丢掉你们各自的特点和闪光的个性，都将紧紧地融合在一个高一级整体里；到那时，你们将构筑欧洲的友爱关系……"

亚太经合组织诞生于冷战结束的年代（20 世纪 80 年代末），随着冷战的结束，国际形势日趋缓和，经济全球化、贸易投资自由化和区域集团化的趋势渐成为潮流。同时，亚洲地区在世界经济中的比重也明显上升。1989 年 1

月,澳大利亚总理霍克提议召开亚太地区部长级会议,讨论加强相互间经济合作。组织的宗旨和目标,即为本地区人民的共同利益保持经济的增长与发展;促进成员间经济的相互依存;加强开放的多边贸易体制;减少区域贸易和投资壁垒。1991年11月,中国以主权国家身份,中国台北和香港(1997年7月1日起改为"中国香港")以地区经济名义正式加入亚太经合组织。截至2008年11月,亚太经合组织共有21个成员。[①]

亚太经合组织徽标

亚太经合组织会标与成员国分布图[②]

---

① 参阅新华网:http://news.xinhuanet.com/ziliao。

② 图片来源:http://news.xinhuanet.com/ziliao/2002—10/11/content_598763.htm。

三、面向全球的信息传播

与信息传播和通讯技术发展齐头并进的是媒介机构迅速增加和面向全球的信息供应。根据世界报业协会的一份调查报告,全球付费报纸的发行量在 2007 年上升了 2.6%,日发行量超过 5.32 亿份,日均读者人数超过 17 亿。[①] 有关方面提供的新媒体竞争态势是:每一分钟增加 100 网,每 700 个人拥有一个网站,每 30 个人拥有一个博客,每一秒钟卖出一台电脑。[②]

依靠媒体尤其是网络媒体,人们相互交流的地域障碍越来越小,可能性越来越大。媒体每天通过报纸、电视、网络、手机、杂志等传播工具把新闻、图像、信息传送到我们的客厅、卧室、办公室、公共场所、交通工具(飞机、火车、公交车、出租车、私家车等),人们通过这些传播内容直接或者间接发生信息联系,关注相同的事件,形成类似的概念图。近几年,人们通过媒体获得对"9·11"、印尼海啸、中国汶川地震、奥巴马当选美国总统等事件的深入了解和认识。"这些事件以及其他无数个不那么引人注目的事件,导致人们的思想重新定位,从民族国家层面转向全球舞台。与以前相比,个人更加意识到与他人的相互关系,更愿意把他们自己与全球问题和全球的发展进程联系在一起。"[③]关系成为现代人生存环境的基本构成之一。

对于人们思想的重新定位和转向,吉登斯认为有两个主要的维度:

第一,作为生存于同一个地球的人们越来越认识到社会责任不仅限于国内而且延伸到世界。例如,灾害降临时,人们从四面八方提供的国际救援。

海明威在《丧钟为谁而鸣》的扉页引用英国玄学派诗人约翰·多恩(John Donne(1572—1631))的诗句,这首诗以及海明威将诗置于扉页的用意是在告诉人们:"每一个人都是广袤大陆的一部分",这个思考与吉登斯所言第一个纬度吻合:

> 没有人是自成一体、与世隔绝的孤岛,
> 每一个人都是广袤大陆的一部分。
> 如果海浪冲掉了一块岩石,
> 欧洲就减少。

---

① 熊澄宇:《对新媒体形态与业态的思考》,《广州日报》2008 年 6 月 5 日。
② http://www.ccmedu.com
③ 安东尼·吉登斯著,赵旭东等译:《社会学》,北京大学出版社 2003 年版,第 69 页。

如同一个海岬失掉一角，

如同你的朋友或者你自己的领地失掉一块。

每个人的死亡都是我的哀伤，

因为我是人类的一员。

所以，不要问丧钟为谁而鸣，

它就为你而鸣！

这首诗用来理解生存于全球化环境中——广袤的地球上的人们来说，他们之间的关系过程是"谁"都成了"我"的一部分。

第二，人们不仅在自己的国家、民族之内，也在以外寻找自我认同。[1] 伴随着经济发展而来的移民潮，让人们不再祖祖辈辈厮守一个家园，因为工作或谋生需要，许多人成了国际"游子"，在不同国家落脚，他们的第二代、第三代的身份已经不同于父辈。像许多在美国或者其他国家生活的华人，一个家庭成员中出生地不同是司空见惯的事情了。还有夫妻来自不同的国度，"混血儿"的增加。因此，在国家和民族之外寻找身份认同成为全球化的另一个思考纬度。

萨义德（Edward W. Said）在《文化与帝国主义》一书中针对形象（身份）的纯与不纯作了如下的解释：

> 我们从来没有像现在这样意识到历史与文化的经验是多么复杂地具有交叉性，他们怎样参与了许多时常是互相冲突的经验与领域，超越边界，与单一的观念和声势猛烈的爱国主义行为相对抗。文化远远不是单一的、统一的和自成一体的。它们实际上含有的"外来"成分、"异物"和差别等比它们有意识地排斥的要多。在今天的印度或阿尔及利亚，谁能确信能把历史上的英法成分从现实中划出去呢？在英国或法国，谁又能围绕伦敦和巴黎画个圆圈，把印度和阿尔及利亚对那两个帝国城市的影响划在外面呢？[2]

萨义德在该书的序言中强调："由于帝国主义的存在，所有的文化都交织在一

---

[1] 参阅安东尼·吉登斯著，赵旭东等译：《社会学》，北京大学出版社 2003 年版，第 69 页。

[2] 爱德华·W.萨义德著，李琨译：《文化与帝国主义》，生活·读书·新知三联书店 2003 年版，第 18 页。

起,没有一种是单一的,单纯的。所有的都是混合的,多样的,极端不相同的。"①

2009 年奥斯卡获奖影片《贫民窟里的百万富翁》②讲述了一个既悲情又励志的故事。推动故事的一个基本动力是纯洁的爱情,这是人类共同的童话。同时,它也是在讲述电视如何帮助穷人变成富人的故事。如果我们把这个故事放在其他发展中国家中去发展,依然是合理的。电影中改变了男主角命运的节目叫《谁想成为百万富翁》,在现实中印度也真有这样的一档节目。这个节目源于英国的电视现场秀,印度版的《谁想成为百万富翁》从 2000 年开始播出。从 2005 年起,节目的最高奖金从 1000 万卢比提高到 2000 万卢比,这与电影中的情节相似。

印度的电视现场秀节目和中国的一样,多是翻版外国的(中国的情感访谈节目是学习美国的真人秀节目)。除了印度版的"谁想成为百万富翁",也有一款印度版的"印度偶像",现场秀在印度具有强大的观众和市场基础。电视节目可以模仿、可以翻版,这是电视文化的一个特点,这一特点体现在全球各个地方。所以,这部电影在西方观众、印度观众和中国观众那里都获得了认同。《贫民窟里的百万富翁》是一个有着浓郁印度风格的适合于全球观众欣赏的电影。

《贫民窟里的百万富翁》剧照

---

① 爱德华·W.萨义德著,李琨译:《文化与帝国主义》序言,生活·读书·新知三联书店 2003 年版,第 22 页。

② 2009 年 1 月 12 日在美国加州举行颁奖典礼的第 66 届奥斯卡金球奖,把最佳影片、最佳导演、最佳剧本和最佳原创电影音乐四个大奖一股脑颁给了《贫民窟里的百万富翁》。2009 年 2 月 23 日(北京时间),第 81 届奥斯卡颁奖典礼在美国洛杉矶举行,《贫民富翁》横扫 8 个奖项。

中央电视台《开心辞典》节目照

四、对全球化的担忧

全球化是一个事实。全球化的后果对人类不是全部有益，它既可以产生最好的结果，也可以产生最坏的结果。

全球化的发展使收入、财富和资源集中在少数发达国家，出现财富的不平衡现象严重。"西雅图运动（Seattle'99）集中表达了人们对这种不公平的全球化的抗议。1999 年 12 月 30 日，世贸组织第三届部长会议在西雅图召开，进行"千年回合"贸易谈判。开幕当日，大约有 5 万多人组成的全球化抗议队伍走上西雅图街头示威、游行，对全球化表达不满与抗议。尽管大多数抗议活动和平进行，也发生了抗议者与警察之间的暴力冲突，群情激愤之下，麦当劳快餐店（麦当劳化是全球化的象征）被砸。警察最终采用催泪瓦斯和橡皮子弹控制人群，保证西雅图的安全。

示威者的行动使世贸组织部长会议推迟了 5 小时才开幕，不少代表因为交通堵塞等原因无法出席第一天的会议。

30 日的游行结束之后，大约有 6000～7000 人参加了长达一周时间的专题讨论会、辩论会与学术讲座。与西雅图 11 月 30 日爆发的大规模示威游行相呼应，印度、英国、法国、玻利维亚、瑞士、巴西、泰国等许多国家数以百万计的人们也自发地涌上街头举行抗议活动。后来人们把这次所有反全球化的示威游行都称为"99 西雅图运动"（Seattle'99），"西雅图运动"被认为是到目前为止"全球正义(global justice)运动者的最大胜利"①,它因此成为反对全球化的标志性事件。

参加西雅图运动的大多数示威者承认全球贸易给国家经济带来的益处,同时又强调贸易规则中最重要的规则是人权、环境、劳动权和地方经济的利益,不是少数富有的大企业的最大利益。

吉登斯在总结全球化给世界带来的变化时,对全球化与人类普遍福祉之间的矛盾现象分析如下:

1. 全球化是一个开放和矛盾的过程,结果难以控制和预测。全球化带来新的风险形式,人们生活在一个全球风险社会,如由于干预自然界而产生的风险;全球变暖等。

2. 全球化进程的速度不平衡。全球化的一个后果是富裕和贫穷的差距在加大。应该在全球化发展中获得利益的欠发达国家和地区被全球化置于边缘之处。

3. 有人相信世界经济秩序中自由贸易和开放的国际市场会给发展中国家进入全球经济带来更多的机会;反对者认为,像世界贸易组织这样的国际贸易体系,容易受到最富裕国家利益的左右,忽略发展中国家的需要。

4. 全球化引发的风险、挑战和不平等,已经超越国界,超出现行政治结构的影响。一个政府不能够处理跨国问题,需要有一种新的全球治理模式,解决全球问题。②

全球化是这样的事实:我们越来越生活在"地球村"里。在这个"村子"里,我们的生存环境需要共同关心和保护,不能只扫自家门前雪,不顾他人瓦上霜;在这个"村子"里,寒流来了,需要大家一起防御;在这个"村子",我们的行动影响着其他的人,世界的问题也是我们的问题。

第二节　跨文化传播

有人说跨文化传播就像是人类的历史一样悠久,悠久意味着什么?《礼记·中庸》曰:"博厚配地,高明配天,悠久无疆。"在这个世界上没有比天、地、人更加久远的了。如果每一个人都是一个不可重复的个体的话,一个人与另

---

① 安东尼·吉登斯著,赵旭东等译:《社会学》,北京大学出版社2003年版,第89页。
② 安东尼·吉登斯著,赵旭东等译:《社会学》,北京大学出版社2003年版,第92~94页。

一个有别于自己的人相遇,就会遇到跨文化传播的问题。行吟诗人、传教士、商人、游牧族是跨文化传播的先行者。在《耶稣会士中国书简集》中,一位传教士在信中谈到阅读中国邸报的感受并且做出如此评价:"我边读边感到这种邸报很有教益,不仅对中国人有用,尤其对一个欧洲人很有用。在邸报上可以获得许多有关中国的宗教、各派学说、法规、风俗习惯等各方面的知识,我们从中可以了解到中国人待人接物的方式,还可以从中学到确切的遣词造句,提高各方面的开头、笔头表达能力。"①这位来自法国的传教士在中国看到的邸报以及对邸报的评价是一个典型的跨文化传播的经历与结果。

不过,我们今天谈到的跨文化传播是与新技术推动下的传播系统和交通系统为基础的。在全球化的语境中,跨文化传播显得尤为突出和重要。例如,前一节提及的信息技术、传播工具用信息把全世界编织在一个网中——地球村里。经济的全球化和人们彼此经济利益的相互依赖导致的跨国公司,不仅使美式快餐风靡世界许多地方,中国制造也出现在许多国家的商品货架上。与此同时发生的移民形式的变化,其原因被吉登斯解释为:"全球化的视角意味着人们越来越多地在民族国家以外寻找他们自我认同的源泉。这是一个全球化过程带来的,而后又加速了全球化过程的现象。当民族国家的传统地位经历巨变时,世界各地对本土文化的认同也正在迅速地回潮。"②在全球化背景下的跨文化传播与全球化一样,是一个充满动感的过程,其结果也有两个面:一是加速人们彼此之间的了解、认同和合作,二是鼓励族群文化的认同,产生本土化的话题。③

一、对跨文化传播的理解

1. 跨文化传播

与传播这个词相比较,跨文化传播是一个比较新的词。与文化传播的不同是跨文化传播是指来自不同文化背景的个体、群体或组织之间进行的交流活动。在这种交流活动中,各种文化信息在时间和空间中流动,共享和互动

---

① 杜赫德编,朱静等译:《耶稣会士中国书简集》,大象出版社 2005 年版,第 241 页。
② 安东尼·吉登斯著,赵旭东等译:《社会学》,北京大学出版社 2003 年版,第 69 页。
③ 哈佛大学燕京学社社长杜维明就全球化提出两个命题:其一,全球化会是一种霸权式的均一化过程,泯灭了文化的多样性和敏感性。但是通过对话,它也可以通往真正意义上的全球共同体。其二,对于身份认同的追求可能会退化成极端的种族中心主义与排外主义。但是通过对话,它也可以引向真正的跨文化传播和对多样性的真正尊重。参阅赵晶晶(J. Z. 爱门森)等编译:《欧美传播与非欧美传播中心的建立》,浙江大学出版社 2009 年版,第 19~20 页。

过程相关联,涉及不同文化背景的人们之间发生的信息传播与人际交往,以及人类各个文化要素的扩散、渗透和迁移。跨文化传播是人与人之间、民族与民族之间、国家与国家之间必不可少的活动。正是经由跨文化传播,维系了社会结构和社会系统的动态平衡,促进整个社会整合、协调与发展。跨文化传播是传播活动的重要组成部分。

既然跨文化传播是指来自不同文化背景的人们彼此之间的传播活动,那么这种传播至少有两种文化的参与,如果比喻为甲与乙的文化传播,传播就是甲乙两种文化交汇、渗透和融合的过程。参与这个过程的甲乙双方,都以自己所在群体文化为基础,以开放和包容的姿态接触对方的文化,吸收对方文化中与自己文化有共同价值的部分,也包括不同的部分。现代不同文明之间的交流更是频繁和深入,人类文化作为一个整体正是把不同地区、不同种族、不同国籍的人群的文化连结在一起形成的,跨文化的传播促进了整个人类文化的发展和社会变迁。

如果我们把跨文化传播的范围缩小到地区之间的文化传播,那么,我们每一个人的生活经历都或多或少地感受、参与和进入这个过程。例如,一个人的父亲是山东人,母亲是上海人,父母亲之间经历南北两种文化的接触、冲击、融合,最后形成一种吸收南北两种文化中某些双方都可以接受的因素,构成这个家庭的文化特点。当然,其中也包括了某些放弃。由此可见,跨文化传播的途径比较接近,效果的差异性却很大。

2. 姚明的范例

姚明以中国人的身份,带着中国传统文化的深刻印迹,在美国 NBA 的赛场和美国社区传播中国文化的过程中(通过他的言谈行为和打球的风格),改变了美国人对中国人的某些偏见,让美国人感受到来自中国的姚明身上体现出中国人的智慧、宽容和亲和力。

当一个黄皮肤的大高个站在美国 NBA 的赛场时,不论是姚明的队友,还是参加比赛的另一方,现场观看的美国观众,对姚明这个来自东方、来自中国的运动员充满好奇和怀疑,其中也不乏偏见。姚明参加 NBA 篮球比赛三年后,一位记者这样描述姚明初到美国时美国人对他的看法:最近几天一直在和当地人聊,说当初选姚明做状元,很多休斯敦人不解,认为选一个没有被证明能力的、只是身高特别高的中国球员是愚蠢的做法。那时我每天上班的时候都会听 Sports Talkshow(体育脱口秀)说话的 10 个人中差不多只有两个人不反对选姚明作为状元,大部分人在反对,声称是冒险太大了,是在赌博。认为姚明很瘦,不壮,没有肌肉,不是肌肉男。再往前看,在姚明参加选秀的那一年,奥尼尔曾经公开嘲笑过姚明。奥尼尔的行为引起在美国的第二代华人的抗议,认为是种族歧视。姚明对此的态度是:"我相信他是开玩笑的。"这样才使抗议的声音低下去了。此后,姚明和奥尼尔的关系被媒体报道成正面关系。不久,姚明带着他父母到加州打比赛,奥尼尔非常诚恳地邀请姚明父母吃饭(参阅下图),说明奥尼尔被姚明感动了。

奥尼尔与姚明父母合影(特派记者高兴摄)[①]

"这样一位曾经让球迷会因为其受伤产生难过心情的姚明"[②],今天不仅在中国而且在美国的球迷心中都留下很好的口碑。NBA 主席大卫·斯特恩在纽约的总部会见姚明后说:"大体上,我只想告诉姚明我们为他感到骄傲。他以一种庄重、优雅和幽默的方式回答了数千个我们听过多次的问题,我们能看到他肩上的担子,他很像中美两国之间的大使,通过姚明,美国正在逐渐

---

① http://sports.sina.com.cn,2003 年 02 月 09 日 14:57,《新民晚报》。

② "当姚明在开场仅几分钟受伤倒地以后,痛苦地躺在地上大声地呻吟,半天没有起来的时候,我的心被一种难以言表的难过揪住了。那儿分钟的时间,对于主场的球迷和国内的电视观众来说,漫长得难以忍受。在那一刻,我好像并不关心火箭队这场比赛的成绩。反而在心里产生了一个强烈的念头:我们对于姚明要求得太多了,而为了满足所有人的期望,姚明拼得太厉害。可以这么说,是我们日益高涨的期待伤到了姚明。从他进入 NBA 一开始,所有的人,包括中国美国的球迷和美国很多专栏作家、体育评论员,都希望这位拥有两米二六身高的巨人,能够尽快表现出跟他的身高成正比的统治力。可是至少在最初的几年,却有太多的人表示"失望",或者用一种嘲弄的口气谈论姚明……据说,那几年,一些小孩打球的时候也拿姚明开涮。如有队员摔倒了,就会有人讥讽他:Are you YaoMing?" http://www.tianjindaily.com.cn/sports/content/2006-12/25/content_89937.htm 津报网。

了解中国,许多中国人也在认识美国。这正是我们通过体育所能做的最好的,这十分重要。当然,姚明能做到这个,因为他确实是一个极有天赋和才能的篮球运动员,姚明背负着中国人民的期望来到这里,他非常清楚这一点,姚明具有超出他年龄的成熟。"①

说到姚明对美国、对美国华人在美国的影响,有很多华人说姚明是我们中国人的骄傲。姚明在跨文化传播过程有两个最大的贡献:第一是改变美国人对中国人胜任工作的固定印象,因为"中国人在主流社会中不是做 Engineer(工程师)就是 Programer(软件程序员)的,从事这两个行业最多,是主流的,也是最需要的。但最基层的工作也是很可怜的,这两方面比不上印度人,人家是英语母语,中国人闷在那里,从来不出去跟别人主动交谈,我讲的是80%以上的人做了很好的工作,没办法上个台阶,做这些管理的人很难升迁,可是姚明来到之后,大家看得到,因为大家出去看球,第二天回去就有话题了,这是非常大的影响"。第二是他把中国人带进一个与美国人交流的世界。"喜欢体育的晓得,可能一个小国家出来的运动员不太可能有大的影响,可是姚明背后两个大国家,一个是中国,一个是美国。两边的人口加起来,姚明在中国历史上肯定要占一个重要位子的。"②

2009年5月5日 NBA 西部半决赛,在斯台普斯中心进行的一场比赛中,休斯顿火箭客场爆冷以 100:92 击败洛杉矶湖人并以总比分 1:0 领先。姚明此役出场40分23秒,他17投9中,罚球10罚全中,得到28分和10个篮板,尤其是姚明带伤重返赛场,全场观众为他鼓掌。休斯顿当地电台进行了点评:姚明的表现相当突出,甚至第四节他一度被科比撞伤右腿膝盖,但姚明仍旧坚持到了最后。对此现场解说员说道:"姚明的28分和10个篮板,以及在第四节所表现出的斗志证明了他绝对配得上火箭核心的称号。整场比赛,姚明在攻防两端都有相当不错的表现。还有就是第四节,姚明因为右腿膝盖被撞伤所以倒在地板上显得很痛苦。不过最后姚明还是回来了,因为他知道火箭需要他。我想说的是姚明在篮下的表现是具有统治力的,更重要的是他此役10罚全中。由此可见,打破季后赛首轮魔咒让姚明真正放开了。"③

---

① 百度姚明吧 http://tieba.baidu.com/f? kz=4230781。

② http://sports.sina.com.cn 2005年06月08日 10:07《足球·劲体育》。

③ http://sports.sohu.com/20090505/n263782314.shtml。

二、跨文化传播与文化身份

关于文化身份的解释第一章已经有过论述,进入跨文化传播过程的不论是个人还是群体都有一定的文化身份。他(她)们因为历史、地理、世界观、生活方式的相同形成某些共同性,有别于其他群体的民族特征、地理、风俗、组织、社区、体能等。一旦这种文化身份明晰起来,"这种共同性协助、强化一种文化传播体系"。所有"被创造的文化都受到诸多因素的影响,其中包括社会、心理和环境因素,以及机构、历史和语境"①。

1. 回答"我是谁"?

文化身份首先是为了确认自己的文化归属,即我们是谁。依赖我们的文化身份构成要素并提供答案。在通常情况下,这样的确认顺理成章地发生了。从我们与家庭的关系考察,家庭是我们的诞生地,这个诞生地在我们到来之前已经存在,为我们的出生准备好了文化摇篮。因为"家庭在所有人类机构中属于最古老、最基本的一种"②。

家庭告诉我们在家庭机构中"我是谁?"知道了"我"是这个家庭的成员,也知道了另外不同的家庭。在家庭里我们学会怎样看自己在社会中的地位,对自己有了社会期待。家庭为我们进入新的世界做好准备,把一个生物机体培养成一个文化人。家庭是成就"我"的启蒙老师,"家庭传授的一些最基本的态度、价值观以及行为方式。其中包括自信、责任、服从、支配、社会技能、侵犯、效忠、性别角色、年龄角色等等"③。

2. "我"的多重身份确认

当我们带着从家庭里获得的各种知识进入社会后,我们从社会中努力学习,努力工作,找到自己的位置,取得人们的认可。一个个体进入社会以后,他的关系开始复杂起来,表现在文化身份的可变性和多样性上。例如,当有人问我公民身份、祖籍何处?又问我做什么工作?如何回答以上三个问题,通常的答案是:我是中国人;从祖籍讲是山东人;做教师工作,同时还有女性

---

① 拉里・A.萨默瓦,理查德・E.波特主编,麻争旗等译:《文化模式与传播方式——跨文化交流文集》,北京广播学院出版社 2003 年版,第 31 页。

② 拉里・A.萨默瓦,理查德・E.波特主编,麻争旗等译:《文化模式与传播方式——跨文化交流文集》,北京广播学院出版社 2003 年版,第 15 页。

③ 拉里・A.萨默瓦,理查德・E.波特主编,麻争旗等译:《文化模式与传播方式——跨文化交流文集》,北京广播学院出版社 2003 年版,第 15 页。

身份。细分的话我的文化身份本身包含了多种声音。

多种身份在不同的语境中被强调的程度不同。在我要去外国使馆办理签证手续时,我的中国公民身份被强调;当我参加学术研讨会议时,强调我的教师身份;在参加孩子的家长会时,我是学生家长。

3.“我”的文化归属

文化身份是通过公开表示和归属过程被确认的。公开表示是社会交往的需要,在交往中获得认可、接纳、肯定、帮助。“在某种意义上讲,公开表示就是个体把自己看做是这一群体或这些群体中的成员并向他人表示‘这就是我’。”①归属是群体成员或个体意识到的被别人说成的“身份”,例如,原来在农村耕作的人到城市打工,被城市生活的人说成“农民工”一样。有一个故事讲出这个过程:一位农民工在城市打工,他想去游乐场玩,因为衣服不整洁,被阻止在门外。后来他换了一身衣服(城里人的装扮)去游乐场,这天游乐场为农民工免费服务,他又因为衣着不像农民工被拒之门外。偏见中有“以貌取人”现象,在这个故事中,衣着就是被别人用来赋予个人身份的标志。所以身份是被类型化以后传播给个人或群体成员,供他们“认领”的。

以上分析告诉我们,一个人本身就是多种身份的集合体,在一个群体中,每个人也是有差异的。正是这样的差异和不同,塑造我们文化身份的同时,也植入其中包容、吸纳其他文化的种子,这些种子随时等待其他文化的滋润,这就是我们与不同文化的传播得以进行的基础。还有一个值得注意的现象是,文化身份的归属性与职业身份的归属性不在同一个范畴,一个人文化身份的固定性、持久性和群体性,保持了“我”是哪里来的,同时他的职业身份确定了他是干什么的。职业身份因其专业的特殊性,会超越群体文化范畴。例如,一名记者,不论他来自哪个国家,有什么样的宗教信仰,他在记者领域里获得承认,必须符合记者的职业要求。

在全球化的语境下,这样的跨文化传播已经不是外在于个人的修养,而是内化于日常生活之中。普遍使用的各种家用电器,有国产的、进口的、合资的。在这些家电设计中融入的不同国家的生活理念和方式,随着家电走进中国家庭的厨房,也进行着跨文化传播。有了电冰箱,厨房里有了速冻食品、冰冻食品和半成品。速冻水饺是许多家庭或者单身的选择了。中国传统食品

---

① 拉里·A.萨默瓦,理查德·E.波特主编,麻争旗等译:《文化模式与传播方式——跨文化交流文集》,北京广播学院出版社2003年版,第32页。

讲究色香味,其中味与用料的新鲜无法分开,速冻食品难以与之媲美。中国的水饺放进冰箱成了速冻水饺,吃这种水饺可谓中西"合璧"了(当然,现在中国已经成为电冰箱出口大国了)。

附件 1

离开"中国制造"美国人会怎么样?

一个对"中国制造"说了一年"不"字的家庭的经济学实验,使中国读者认识了萨拉·邦焦尔尼。这位 40 岁上下的美国主妇曾经是资深的商业记者,获得过美国商业编辑和作者协会的最佳商业报道奖。

2004 年的圣诞节,萨拉蓦然发现,家里 39 件圣诞礼物中,"中国制造"的竟然有 25 件。环顾四周,处处贴有"中国制造"的标签。十年来,萨拉习惯于根据商务部的数据报道国际贸易及其对地方经济的影响,并以此见长,现在她却发现,数据表上那个相隔 7000 英里的国度已悄然"占领着"自己的家。出于好奇,萨拉想看看像她这样的普通美国家庭是否真的需要中国。2005 年元旦她和她的家庭开始了历时一年整的离开"中国制造"的日子。没想到,这一决定彻底打乱了一家人的正常生活,萨拉也开始对"中国制造"有了新认识。

经济全球化把世界带进了全球分工的时代,许多消费品是由多国共同作业的流水线制造出来的,中国只是其中的一环。于是,如何界定"中国制造"成了萨拉要解决的首要问题。她把商品是否有"中国制造"的标签作为标准,并把一年的大部分时间用在了辨识标签上。

离开"中国制造",对于美国的中产阶级而言,意味着失去绝大部分物美价廉的玩具、五金、鞋子和太阳镜,甚至连生日蜡烛都成了问题。同时,"中国制造"还在不知不觉中从低端产品走向了高档领域。存心挑刺的萨拉在中国产的高档成衣面前"很想责备自己竟然如此享受,但终没能完成(挑出毛病的)艰巨任务"。

一年下来,全家人筋疲力尽。2006 年元旦的曙光宣告着"禁令"的终结。2005 年 12 月,萨拉把这段经历发表在《基督科学箴言报》上。2007 年 6 月,同名著作《离开"中国制造"的一年:一个美国家庭在全球化经济中的真实生活历险》在美国出版,如一石激起千层浪。

　　此时正值中美贸易摩擦不断的敏感时期。一方面,中国产品的质量问题在全球引起注意,从宠物饲料迅速扩展到海产品、药品、牙膏、玩具等。一时间,"中国制造"在一些人心中如同洪水猛兽。另一方面,中美贸易顺差不断加大,在1141亿美元的差异中,从2007年5月下旬开始,不到两个月的时间,华盛顿先后迎来了第二次中美战略经济对话和第四次中美战略对话。尽管萨拉在书里书外一再强调,她并非针对中国,"对中国既无敌意,也无意识形态之争,目的只是单纯地想让美国人意识到自己同国际贸易体系的紧密联系",但还是阻挡不了美国人对于"中国制造"的热烈讨论。一边是担心中国制造业抢走了美国人的"饭碗",一边则难舍物美价廉的中国产品,一位美国教授道出了美国人的普遍想法——"对于中国,我们爱也不是,恨也不是。"

　　萨拉不是专家,也非学者。当她最初决定尝试摆脱中国产品的时候,她肯定没有想到,日益细化的全球分工早已把各国经济紧密联系在一起,很难从中剔除掉某一个元素;当她像大部分美国民众一样,抱怨中国的竞争"让200万美国人失业","美中贸易逆差连创纪录"时,她也不会知道,中国工厂里的工人实际上抢的是美国工厂里大机器的"饭碗","顺差在中国,利润在欧美",每个售价20美元的芭比娃娃只有约35美分留在中国;当她在书里阐述廉价劳动力、低估人民币和政府补助让"中国快速成长为世界日用品的头号生产地"时,她也绝对不会预料到:实验过后不到两年,在中国,人民币升值效应开始兑现,劳动力成本优势后续乏力,对于环境和劳工权益的保护法规也在逐步落实,中国制造业正在面临新的挑战。但是,在中美贸易纷争不断的2007年,萨拉在媒体上不断呼吁,反对抵制中国产品,因为切身经历告诉她"没有'中国制造',你可以活下去,但会活得越来越艰难和昂贵"。

　　现实中的萨拉一头金发,身材高挑,"活脱脱是个美国人"。谁成想,300年前,萨拉的祖先竟是位张姓中国人。

　　孩提时,萨拉的头上偶尔会冒出黑头发,她的女儿亦如是。她的弟弟穿越了亚洲,她的祖母是单眼皮,她的母亲曾大吃北京烤鸭,最爱红色的母亲解释道,"这是'天性'"。而萨拉同中国的联系也不止于生活和血缘。2005年,萨拉成了自由撰稿人后,不断在《上海日报》上发表文章。而她的书在美国出版不到半年,中译本就在中国发行,并引起中国媒体的极大兴趣。

对萨拉来说,离开"中国制造"的日子"太难了"。而对国人而言,离开"美国制造"也非易事。其实,不管是"中国制造"还是"美国制造",大家都是"全球制造"中的一个元素罢了。

http://www.gkong.com,2008-1-29 15:34:44,摘自《世界知识》

附件 2

美国 ABC 看完姚明要改姓 火箭老板:影响力将超乔丹

采访姚明超级球迷刘杰的时候,她讲了这么一个故事:我有个朋友来美 30 多年了,公司里的同事直到姚明在 NBA 打球后才和她说:"你姓姚明的姚啊?"他的儿子特意从印第安纳州赶来休斯敦就是为要一睹姚明为快,我帮他引见了姚明,还与姚明合了影,签了名,临行前他后悔地跟我说:"If I know YAO MING's here ,I should take my Mom's last name."(如果我知道姚明在这里,我应该用妈妈的姓)。这之后,他很刻苦地学习中文,要知道他原来是个 ABC,一句中文都不会,也不愿意说的啊。这个事情让刘杰很感慨:试想我们中国人前赴后继移民美国百年,不就是想让其他族裔了解我们中华文化和民族吗? 姚明来后,很多孩子学中文有动力了,有激情了。一些美国人也开始学中文了。不用再为学习中文做宣传了,这是很大很大的一个贡献,不是一般人能够做到的。

在记者今年四五月份远赴休斯敦以及美国其他地方采访的过程中,时刻感受到姚明给当地华人乃至全美的中国人带来太多太多的荣誉,"姚世界"不仅存在于高度拼争的硬木地板的赛场上,更铺陈在当地华人的心中。

姚明在自传中说:"我希望你了解的不只是我个人的事情。从中国到美国是一个巨大的转变,很少有人尝试过我正着手做的事情——同时成为美国和中国的一部分,或者说从来没有人在大众的密切关注下做这些的。"

这个"大众"不仅有国内的中国人,美利坚合众国的公民,还有众多"同时成为美国和中国一部分"的华人,三年来他们一直伴随着姚明开创大场面。

姚明的聚合效应

在休斯敦采访的时候，一位美国黑人司机知道记者来自中国后，讲起一件奇怪的事情："上次我拉几个中国客人，做生意的，我说你们中国的那个姚很厉害，他们居然说不知道。是不是很多中国人都不知道他？"记者回答说这只是极个别的现象，姚明在中国几乎家喻户晓，人人皆知。那个黑人司机点了点头，"就是啊，我也以为是这样的……在休斯敦，也是几乎每一个人都知道他。"

在美国的华人社区，姚明的名字更是如雷贯耳，无人不知。而且三年下来，"润物有声"，姚明对美国华人的聚合效应正发挥越来越大的作用。姚明球迷俱乐部会长同时也是《美中晚报》社长的谢忠说："我觉得姚明对华人最大的一个作用是无形的，他改变了美国人原来对中国人的印象，提升了中国人的形象。这样说也许会有些空，但是我在美国生活了将近十年，后来一直组织姚明俱乐部的活动，我能够切身地感受到这种变化。"

姚明越来越喜欢在休斯敦的生活，觉得这里开始有家的感觉。在全美，休斯敦是仅次于纽约、芝加哥和洛杉矶之后的第四大城市，因为云集众多的石油大公司而被称为"世界能源之都"，它还是美国最大的航天基地。最近几十年来随着中国大陆、台湾、香港以及东南亚等地的新移民涌来，这里成为全美华裔人口最多的城市之一，在纽约、洛杉矶和旧金山之后排在第四位。当地各类华人组织已经有了数十家，平时都按照各自的兴趣爱好和章程单独活动，但在涉及共同利益或者兴趣的活动上，则往往采取联合行动。

而姚明就是这些众多华人组织"共同的兴趣"。早在 2002 年 5 月，当弗朗西斯在纽约为火箭抽中头签的时候，休斯敦的华人社区就开始激动起来，因为姚明是被看好成为状元的大热人选。"当时我们就想姚明可能会来，所以我们代表华人社区向火箭呼吁选来姚明。"谢忠说。尽管在美的华人多年来也一直为获得好成绩的中国运动员骄傲，为来美的中国运动员呐喊助威，但是一个中国的运动员来到美国最为强势的主流体育项目之一，而且可能会拿下最高的状元排位，"那绝对不是一般的事情，这本身就是一个极大的荣誉。"

当姚明真的被选为状元之后，休斯敦的华人沸腾了。大家发起组织了姚明球迷俱乐部，后来在姚明10月份抵达休斯敦的时候，他们又发起盛大的欢迎活动。看到姚明成为全美舆论的焦点，看到7幅上面是一双明亮眼睛的姚明"半脸画像"2002年8月中旬出现在休斯敦地区人口最集中、交通最繁忙的高速公路与主要街道交叉路口，当地的华人感到深深的激动，画面上两行竖行显眼的中文"和我们一起，开创大场面"让他们感到骄傲与自豪。

提高华人的地位

如果说最初的姚明只是带来一股巨大热浪，让每个人经意或者不经意地扑面感受，那么三年来，姚明的巨大影响力带给华人的是渗透到骨子里的骄傲。

姚明俱乐部唯一的两位女性理事之一、在中华服务中心工作的周乃淏感同身受，她说，姚明让华人和美国人有了共同的话题，提高了华人的地位。她身边的人都在看姚明的比赛，都在谈论姚明，"我父母亲在北京，打电话时总说姚明又赢球了，我们一家都喜欢看球，他们喜欢看北京六台。姚明在中国有多被认可，家喻户晓的那种，他是大使级的人物，不一定看他打球，但一定知道他的名字。"

为姚明痴狂的球迷比比皆是，不仅仅是本专题涉及的一些超级球迷。姚明俱乐部的创始理事郑敏，在姚明第一次来到休斯敦国际机场的时候，怕姚明看不到他们迎接的牌子，找了两个少林寺的和尚给他打大牌子，上面大大地写着"姚明球迷俱乐部"。姚明为火箭打球后，郑敏更是一个超级疯狂的姚明球迷，每次到现场看球都是嗓子喊到哑，说不出话来，而且在组织活动时非常热心，做了许多实事。

······

火箭老板亚历山大认为是姚明，他甚至说姚明的影响力会超过乔丹和老虎伍兹，"姚明将成为体育史上最伟大的明星。从世界的角度来说，姚明的影响会超过迈克尔，不仅仅在美国，而且是在世界。"对于这个无比崇高的评价，很多人非常不解，但亚历山大坚持自己的想法，他的解释是，"我之所以说他会是历史上最有影响力的人，是因为他的背后有那么多的中国人，有那么多的亚洲人。"

长期服务于华人社区的周乃淏赞成这个观点,她在讲述姚明影响力的时候特别提到姚明来自中国,现在效力的 NBA 又是在美国,"如果是一个小国家或者地区出来的运动员哪怕打得再好,都不可能有姚明现在的影响力。

姚明背后有两个大国家,一个是中国,一个是美国。两边的人口加起来,姚明在历史上肯定要占一个重要位子的。"周乃淏说姚明来到之后,看到当地华人乃至亚洲人对他表现出超乎寻常的热情,火箭的市场战略已经部分倾向亚洲,"就拿我们文化中心来说,火箭希望我们能够成为把姚明提升的一个对象,让姚明在亚裔社区有一个更高的知名度,让他们的票房有一个加号,让从前从不去看球的人也去看球。事实上,中国乃至亚洲人去看球的非常多,效果很好。"

......

"以前,美国人都认为中国人就会读书,书呆子,但姚明改变了美国人的观念。美国是一个崇尚个人英雄主义的国家,而中国人强调中庸,怕出头,现在姚明打球技术很好,说话又很漂亮,也有自己独特而有魅力的个性,美国人觉得中国人并不是他们想象中那样,不是那么矮小和瘦弱。"

——《美中晚报》总编劳荆

http://sports.sina.com.cn,2005 年 06 月 08 日 10:17,《足球·劲体育》

第三节　全球性新闻与地方新闻

没有人有意识地要把新闻媒体变成搜集和传播世界各地灾难事件的专门机构,但是,印尼海啸、汶川地震还是成为世界大多数国家新闻媒介的头条新闻,经由这些遍布世界各处的媒介(互联网、电视、广播、报纸等)的传播活动,生活在不同地区、从未谋面,更说不上彼此有过交往的人们,在同一个时间知道了这些灾难的降临,为遇难者和受灾的人们进行救助。一场疾病的蔓延,使人们很快采取联合行动。例如,一位来自墨西哥的病人(甲型 H1N1 流感病毒患者),在墨西哥感染之后,乘坐星期四(2009 年 4 月 30 日)早上抵达上海的墨西哥航空 AM098 的航班,在上海机场内停留了差不多 6 个小时,当日乘坐东方航空 MU505 到了香港。入住酒店,觉得不舒服,坐出租车到医院看病,被怀疑感染了甲型 H1N1,星期五晚上 8 点钟确诊。这个墨西哥的病人因为是传染性极高的甲型 H1N1 流感病毒患者,他的旅行导致了一系列的防止甲型 H1N1 病毒流传的行动:香港政府把患者居住过的酒店隔离,也把不愿意回到酒店隔离的住客送到了预先准备好的度假营;中国国家卫生部提供 MU505 的乘客名单,追查那些已经散落在香港,包括台湾等地的乘客。卫生部决定停飞从墨西哥到上海的航班;台湾当局呼吁这些乘客自己在家里面自我隔离 7 天;截至 5 月 3 日,和这位患者有过接触的在中国的人(同机的乘客——176 名、乘务人员、出租车司机)——被查找到,并且被医学观察(隔离)。

甲型 H1N1 病毒出现在墨西哥,很快波及几十个国家,这个事件也成了当地媒体报道的主要事件。导致这样的结果至少有两个属于全球化的要素:一是经济一体化带来的人口流动和旅游业的发展,杭州一位被隔离的女性去墨西哥旅游,返回途中与患者搭乘同一班飞机。在浙江义乌有两位被隔离人员(与甲型 H1N1 病毒患者有亲密接触的人),一位原籍上海,移民墨西哥;一位是墨西哥人,到义乌做生意。另一个要素是互联网运作的信息传递模式。这两个要素互为前提。人口的全球性流动需要全球性新闻,技术的进步把全球新闻信息交换变成了现实。

下图中肯德基"嫩牛五方"中的说明文字是又一个典型的跨文化传播食品"入乡随俗"的例子:

食品袋上的"川辣"和"五方"的词、图是中国特色的展现,而肯德基告诉消费者这是来自美国的套餐。大多数消费者已经不再注意这是美国的还是中国的这样一个带有意识形态性的问题。他们消费这种食品,看中的是肯德基与川辣结合的味道。饮食文化中口味的融合就是这样悄然发生了。

一、全球性新闻

现代新闻机构创建之初就体现出它与全球金融网络的密切关系,商业机构愿意出钱购买与金融和贸易有关的新闻。即使一个普通的中国股民,也会关心道·琼斯的股市行情。

关于全球化新闻有四个思考纬度:

1. 全球性新闻机构

全球新闻机构为各个国家和地区新闻机构、受众提供或卖自己制作的新闻。例如,公认的世界著名通讯社:美联社、合众国际社、法新社、路透社、塔斯社、共同通讯社、新华通讯社、中国新闻社等。例如,路透社作为一家具有在全世界掌控和传播信息能力的全球性机构,将路透社的每日电讯(中文)通过电子邮件的方式联系中国网民。

在全球化的背景下,对信息的需求与对商品的需求一样都可以进入市场流通,新闻作为信息也是可以被重构成商品,"新闻的搜集和发行旨在实现政治传播、贸易和娱乐这三大目标。其类型化的形式是以技术……'科学主义'……和大众传媒市场的发展为指导的"。① 这些昔日资深的占据主导位置的国际性新闻机构,不仅继续向全世界提供文字、视频、图片等信息,而且与许多商业机构联系,达成商业协议。美国广播公司 ABC 认迪斯尼为东家,路透与默多克的新闻集团的商业合作。默多克引领下的新闻集团,从经营一张澳

---

① 格雷姆·伯顿著,史安斌等译:《媒体与社会:批判的视角》,清华大学出版社 2007 年版,第 314 页。

大利亚地方小报发展成为在全球控股的电视、电影、书籍、杂志、网络及报纸等多种媒体,共拥有 175 种报纸、5 家杂志和 23 家电台、电视网横跨南北美洲、大洋洲、欧洲和亚洲。

一些名不见经传的媒体由于其新的传播理念和技术运用,由于与商业机构的联系,一举成为著名的国际性新闻机构。如 CNN 前身只是"特纳广播公司"时代华纳—美国在线集团的一部分,它因为海湾战争出色的战事同步报道,一跃为主流媒体之前列。

2. 新闻机构的对抗与竞争

随着族群以及国族身份的认同,出现了对抗以西方为主的老牌国际性新闻机构的区域性新闻中心和专业化通讯社。例如,卡塔尔"半岛电视台"成为阿拉伯世界最有影响力的电视台。"半岛电视台"以播放电视新闻为主,同时也是一家通讯社,向阿拉伯世界以及全世界提供新闻信息。它也"反哺"国际性新闻机构。

3. 将有关"全世界"的新闻传播给本国的受众

这里所言"全世界"的新闻在中国大陆习惯称作外国新闻或国际新闻。它是相对于发生在本国的新闻事件而言的。[①]

任何一家媒介机构都可以运用现代传播手段,向全世界新闻机构或受众提供本地新闻、国际新闻(许多本地新闻同时也是国际新闻。例如,自然灾害等)。如同发生在任何一个国家的传染病毒都可能成为全世界关注的新闻一样。阅读甲型 H1N1 病毒患者出现后各国报纸作出的反应,可知其一斑[②]:

《华尔街日报》:流感加剧全球经济困境 猪流感疫情的暴发可能给另外一位已经非常虚弱的病人带来灾难,这位患者就是全球经济;FT:猪流感流向股市 对今年本来就将出现萎缩的全球经济来说,这场疫情的影响将是破坏性的。

《星洲日报》:猪流感(甲型 H1N1 病毒)给人的启示 猪流感疫情升高,人类对抗病毒也必须打破疆界的藩篱,整合资源对抗疫情。

《纽约时报》:全球化中毒了 猪流感疫情并不仅仅是一次健康紧急事件,这是对 21 世纪全球化大趋势下如何应对危机的一次测验。

---

① 参阅格雷姆·伯顿著,史安斌主等译:《媒体与社会:批判的视角》,清华大学出版社 2007 年版,第 314 页。

② http://www.sina.com.cn

《时代》：关闭墨西哥城墨西哥城大大小小餐馆内被警戒线隔离的空闲座位彰显了墨西哥城为阻止猪流感病毒蔓延所做的最新努力。

《路透》：猪流感将造成何等经济冲击　猪流感疫情尚未严重到足以撼动全球市场，但他们忧心在经济衰退之际爆发流行疫情，可能造成灾难性冲击。

《泰晤士报》：纽约数百学生感染病毒　纽约市数百名中小学生可能感染了猪流感病毒，专家承认猪流感可能会在全球范围内大流行。

《每日电讯报》：英国再订 3000 万个口罩　英国卫生部表示，已经储备了"相当数量的"。

| 北京首都机场 | 法国 | 墨西哥城市雕塑戴上口罩① |

4. 全球性信息战

传播全球性新闻是新闻机构争取全球各地受众的"全球信息战"的一部分。关于全球信息战的定义是"一个充满冲突和斗争的辩证过程，这些冲突和斗争不仅仅在本土、国家、区域和全球的范围内进行，而且也在全球化的中介力量和那些所谓的'全球化'的对象之间进行"。②　之所以将其称作"信息战"，是由于以下五个方面的原因：

一是全球性新闻是一个国家外交行为的一部分。政府和新闻机构都会把新闻传播看做是吸引和影响受众的主要工具，新闻也成为达到宣传目标的有效途径。当然，新闻与外交宣传还是有差距的，例如，依靠新闻报道提升国家形象或者美誉度是一个长期的过程，不会一蹴而就；二是全球性新闻受意

---

① 四张照片均来自新浪网。
② 格雷姆·伯顿著，史安斌主等译：《媒体与社会：批判的视角》，清华大学出版社 2007 年版，第316 页。

识形态的影响,存在一定程度的片面性。国际新闻不可能面面俱到地对全球各个地区进行扫描性报道,如同任何报道都有选择性一样,全球性新闻总是不约而同地集中在一些地区,而且对一些地区的报道形成某种定式,因此,对于接受这些新闻报道的人们来说,容易形成某种刻板印象(参阅本文第 3 章第 3 节中例举的西方媒体关于中国西藏暴乱事件的报道分析);三是全球性新闻依赖于数字技术。万维网、新浪、百度、搜狐、雅虎等中国人熟知的网站,几乎包罗了所有的新闻来源,越来越多的传统媒体也依靠网络提供的信息支持自己的播出时段和版面。"无论在全球的层面还是在其他层面上,技术都在改变新闻的本质。"新的新闻传播形式主要特征是:"新闻的无所不在;全球范围内接触新闻的机会;即时性报道;交互性;多媒体内容和极端细致的'内容制定'"①;四是建立跨国的媒体集团,进行媒体文本的全球性流动,以适应人与商品的全球化流通,服务于世界范围的商务系统和信息交流互享系统;五、全球性新闻再现了人们关于全球化的世界观,同时也参与建构和传播这种世界观。

二、地方新闻

与全球化几乎同时出现的对抗全球化的另一个词是本土化。地方新闻是相对于全球性新闻而言的,是全球性新闻的对立面。全球化代表了文明的进程,随着经济全球化,经济活动超越国界,对外贸易、资本流动、技术转移、提供服务等经济活动相互依存、相互联系而形成全球范围的有机经济整体。② 与之同时出现的"媒体流动"也促进了这种全球化过程③,因此,地方媒体的形式、机构和影响发生了很大的变化。这些变化的整体与细节无不浸透了全球化的影响和妥协,同时也表达了地方化的抵抗与改变。用葛兰西的霸权理论解释,这里呈现的是"普遍支配"④与对抗支配的情形。

---

① 格雷姆·伯顿著,史安斌主等译:《媒体与社会:批判的视角》,清华大学出版社 2007 年版,第 318 页。

② 国际货币基金组织(IMF)1997 年 5 月发表的一份报告中指出,"经济全球化是指跨国商品与服务贸易及资本流动规模和形式的增加,以及技术的广泛迅速传播使世界各国经济的相互依赖性增强"。经济合作与发展组织(OECD)认为,"经济全球化可以被看做一种过程,在这个过程中,经济、市场、技术与通讯形式都越来越具有全球特征,民族性和地方性在减少"。资料源自百度搜索。

③ 各种音像制品渗透到各个国家或者边远地区;本土情形多样化和呈现复杂性。参阅格雷姆·伯顿著,史安斌主译:《媒体与社会:批判的视角》,清华大学出版社 2007 年版,第 364 页。

④ 即霸权表现在统治者用普遍支配的方式实施统治,而不是暴力强迫。让对方接受自己的意识形态,并且内化为自己的意识,其中也包括了将对方价值中具有普遍性的部分吸收过来,再用来实施支配。这样容易让对方接受。——作者注

1. 地方新闻需要全球信息

地方新闻与全球化新闻虽然不同，但不是水火不容。地方新闻受到全球新闻的冲击，也从中获得滋养。因为在现代社会很难找到一个地方能够永远保持拒绝与外部进行沟通和交流的立场，即使处于本地利益的考虑。例如，需要将本地货物送出去，也需要把外面的货物运进来，欢迎外面的人来旅游，进行商贸活动等，使地方在保护自己的利益的同时，也开门迎接远方的客人。当然，一旦门被打开，接下来发生的事情不能够完全由地方说了算，协商对话显得尤为重要。这一点可以从各地打出的旅游招牌得到证明：北京——不到长城非好汉；上海——上海旅游，感受现代；天津——敞开天津门，笑迎八方客；重庆——永远的三峡，世界的重庆。在这样的语境下，本地人关心外部的世界，期待更多的融合和交流的心情彼此彼此。以浙江杭州为例，通过有线网络可以看到几十个频道的节目。使用互联网搜索新闻，技术上可以做到一网打尽。一个国家与另一个国家，一个地区与另一个地区，一个中心城市与另外的边远城市的关系也都是如此。

面对外来媒体文本大量流入本地的现实，除了个人要保持绝对"不受外界干扰"之外，公众媒体没有理由设置障碍阻止人们获知来自全球的（外来的）信息。在中国电视台播出的肥皂剧、娱乐节目有许多是模仿西方国家此类节目形式的。电视台会买来许多国外节目蓝本进行研究，再根据中国受众的收看习惯进行改动，制作出同类型节目来。

况且，全球性新闻信息不排除本地的事件，本地事件也希望引起世人注意。这里最好的例子是中国篮球迷对 NBC 火箭队的各场比赛节目的关注状态。火箭队因为有了姚明的加盟，人们在观看比赛时几乎将其当做一场"中国队"的比赛。人们不仅看比赛，也关注美国球迷对火箭队、对姚明的评价。

在新浪网主页上不仅有 NBA 的专栏，专栏中还设有 NBA 主要球员的专题内容（下图）：

姚明—火箭	易建联—篮网	科比—湖人	詹姆斯—骑士	诸强	其他
图片 老照片	评论	深锐观察直播	季后赛对阵	赛程	统计	球队
球员	转会	伤情	论坛 姚明之家	科比官网	易建联官网	巴蒂尔官网

一篇引自新浪的报道告诉我们，体育赛事最能够体现全球化的积极意义。在这篇报道中，作者因为姚明在中国球迷中的位置，不需要说明事件发生的国家。说姚明、火箭队、休斯顿，就像说发生在本国的事情一样了。"一位

休斯顿球迷的话代表了所有球迷的心声:在姚明回来那一刻,我眼泪都流下来了,我们有着这样一个球员,即使最后火箭不能晋级,我们也应该为他鼓掌欢呼,他是我们真正的 MVP!"这里"所有的球迷"也没有国界之分了(参阅附件)。

从媒体影响来看,本地的受众有选择地理解和接受全球性新闻,有时也会抵触它。一位 CNN 的主持人会因为出言不逊,伤害了中国人的感情而遭到抵制(参阅本书在"偏见"一节中列举实例)。

2. 地方新闻的意义

地方是一个地理概念,也是一个历史的、文化的概念。地方以行政区域为划分依据。在世界范围,发生在每一个国家的新闻事件都是地方新闻,同时也可能成为全球性新闻。由于全球化进程中,技术发展成为一个重要的动力,而新的技术总是掌握在西方发达国家,大的媒介集团也集中在西方并且渗透世界各地,随之而来的西方文化也渗透到地方。所以人们批评全球性的新闻是在批评西方话语主导的新闻。

在中国,所谓地方新闻是指除了首都北京以外的地区的新闻。地方新闻包括对当地政府会议、政务、社会新闻、医疗卫生、工农商业、文教、休闲娱乐、社区社团等活动的报道。目前被称作"民生新闻"的新闻带有纯粹的地方性。如:杭州扩建西湖、建地铁、公交线路需要调整等都是地方新闻。当地的大众传播媒介应该对所属地区事务的关心高于对其他地区的关心。地方新闻保持自己的独特性,承担传播本地新闻,满足受众要求的责任。人们经常说这样一句话,本土的(民族)就是全球的。这句话可以这样表述:如果是全球的,就意味着包括了地球上的每一个地方。

地方的真正意义在于它能够提供直觉—感性知觉的经验(与生俱有),认识到它的特殊性,可以丰富个人的认知。因为在"那里",它能够更好地把握抽象和具体、个别经验和普通的实践、个人与集体的互动关系。《世界报外交月刊》主任克洛德·朱利安说:"所有的传播和信息手段应该以始终维持视听传播网的两端为目的:'小人物'进行地方传播,包括科学、财政、政治、经济方面的原因……地方媒介无论如何有不可替代的角色要扮演。但这个角色不能局限于对地方事实和问题的描绘而忽略信息的'大'手段。不能把城市和街道当做与世隔绝的孤岛来处理:通过纺织厂解雇工人的案例和他们对这件事的表达,他应该重新找到牵连他们命运的联系。如种植棉花的土地所有制者、制造新的合成纤维的工厂、金融赌博和国际竞争。"[①]这段话所指出的两端:"小人物"进行地方传播,不忽略信息的"大"手段。

从信息的获知权讲,地方新闻提供一个地区所发生的有"情报"价值的新闻,保证了当地大众的知情权。尤其是当灾害发生时,灾害的危险程度等都是当地大众采取自我保护的有利依据。

从文化的角度讲,地方文化构筑了人类的整体文化。由于不同文化形成的差异,全球文化中各种文化的地位有差异,认识不到这种差异的存在,就有忽略甚至同化某种文化的可能。地方新闻培养人们的地方观念和对本土文化的认同感,可以使大众关心当地的公共事务,强调地方的利益、品味和价值观。故乡已不再是地理上的方位的概念,故乡是你成长时留在内心的各种印记,它随着岁月的流失,越来越显示出金子般的光泽。

在多媒体时代,信息的全球化,对地方文化形成一定的冲击。而地方新闻保持了信息的多样化,实际上就是保持了多种声音、多种视角和观点。

4. 保持新闻信息的地区平衡

信息的平衡,意味着地区的平等,平等是信息传播的一个前提,只有在平等条件下进行的信息传播,才是有依据或证据价值的。不然的话,即使信息本身是真实的,但是信息构成的分析或者评价也有可能是偏颇的。

---

① 阿芒·马特拉著,陈卫星译:《世界传播与文化霸权——思想与战略的历史》,中央编译出版社2001年版,第214～215页。

正如《多种声音，一个世界》联合国教科文组织调查报告中指出的：不均衡现象不仅仅限于通常意义上的新闻流通，它们日益影响社会正常发展所需各种资料的搜集和传播：科学、技术革新、军事目的等。它会危害国际了解和国家间的合作；影响不同国家中占主导地位的各种社会政治和社会文化条件；会损害为满足世界人类的基本需求、解决世界人类的主要问题、维护世界和平所做的能力。[①]

在讨论全球化与中国文化问题时，张旭东教授认为：一个值得思考的问题是，如何协调中国的需求与全球语境的关系，特别是以中国现代性历史经验内在的连续性为当代中国的存在和发展做理论上的说明和辩护。中国文化如何在西方强势文化的影响下进行自我定位和自我构想，也是一个争取自主性，建立世界文化和世界历史抱负的问题。中国文化研究的基本思路应该是"穿越西方，回到传统（中国文化）。因为中国人怎样回到传统，取决于怎样定义自己的现在和怎样设想自己的未来。不参与到对当代生活的创造中去，不介入西学，不介入到当代世界的主要的理论性的讨论中，就无法深入谈论中国的文化传统"。[②]

对于生活在世界各地的人们来说，他们接触全球性新闻时，都是在一个具有地方特殊性的语境中，因此他们的接受方式和"消化"的结果不同。仅就这一点而言，全球性新闻会在不同的解释中变得丰富起来。

附件

新浪体育讯　季后赛第二轮首战胜利！自从火箭突破第一轮确定对手是湖人以后，几乎所有人都认为火箭很难晋级，而且在客场几乎没有赢球的希望。今天火箭在客场力克湖人，这让所有休斯顿的火箭球迷扬眉吐气。

北京时间 5 月 5 日洛杉矶消息，季后赛第二轮休斯顿火箭队客场对阵洛杉矶湖人队，结果火箭 100 比 92 力克湖人，两队总比分火箭 1 比 0 领先；姚明 28 分 10 篮板，罗恩·阿泰斯特 21 分，科比·布莱恩特 32 分 8 个篮板。

---

① 参阅肖恩·麦克布莱德等著，中国对外翻译出版公司第二编译室译：《多种声音，一个世界》，中国对外翻译出版公司 1981 年版，第 49～51 页。

② 张旭东著："'全球化'时代的政治文化政治"，《跨文化对话》，上海文化出版社 2003 年版，第 51 页。

　　今天火箭在大部分时间里都是领先湖人,球迷们认为火箭之所以可以领先强大的湖人,最关键的因素还是内线的姚明控制了局面,加索尔和拜纳姆在姚明面前都还没有找到节奏,虽然姚明也有几次失误,但是姚明无疑是最关键的因素。

　　在第四节姚明受伤不下火线,更是让所有休斯顿球迷欢呼,洛杉矶现场的球迷甚至也是集体起立为姚明鼓掌。洛杉矶当地媒体的记者在看到这一幕后也是感慨万分,这名记者表示,如果湖人能有着这样一位球员,那湖人在去年就夺冠了。一位休斯顿球迷的话代表了所有球迷的心声:在姚明回来那一刻,我眼泪都流下来了,我们有着这样一个球员,即使最后火箭不能晋级,我们也应该为他鼓掌欢呼,他是我们真正的 MVP!

　　……①

---

　　① "姚明受伤不下火线引欢呼 休斯顿的眼泪只为姚而流,"http://sports.sina.com.cn,2009 年 05 月 05 日 13:25,新浪体育。

参 考 文 献

[1]联合国教科文组织编写,关世杰等译:《世界文化报告——文化的多样性、冲突与多元共存(2000)》,联合国教科文组织、北京大学出版社 2000 年版。

[2]《拉康文集》,上海三联书店 2000 年版。

[3]联合国教科文组织编写,关世杰等译:《世界文化报告——文化、创新与市场(1998)》,联合国教科文组织、北京大学出版社 2000 年版。

[4]特瑞·伊格尔顿著,方杰译:《文化的观念》,南京大学出版社 2003 年版。

[5]约翰·费斯克等著,李彬译注:《关键概念 传播与文化研究辞典》,新华出版社 2004 年版。

[6]李普曼著,林珊译:《舆论学》,华夏出版社 1989 年版。

[7]麦克·费瑟斯通著,刘精明译:《消费文化与后现代主义》,艺林出版社 2000 年版。

[8]《辞源·二》,商务印书馆 1980 年版。

[9]杜赫德编,朱静等译:《耶稣会士中国书简集·中国回忆录》,大象出版社 2005 年版

[10]威廉·A.哈维兰著,瞿铁鹏、张珏译:《文化人类学》,上海社会科学院出版社 2006 年版。

[11]麦克尔·赫兹菲尔德著,刘珩等译:《什么是人类常识——社会和文化领域的人类学理论实践》,华夏出版社 2005 年版。

[12]爱德华·泰勒著,连树胜译:《原始文化》,广西大学出版社 2005 年版。

[13]尼古拉斯·布宁,余纪元编著:《西方哲学英汉对照辞典》,人民出版社 2001 年版。

[14]但丁著,朱维基译:《神曲·天堂篇》,上海译文出版社 1984 年版。

[15]丹尼·卡瓦拉罗著,张卫东、张生等译:《文化理论关键词》,江苏人民出版社 2006 年版。

[16]马克斯·霍克海默,西奥多·阿道尔诺(另译阿多诺)著,渠敬东等译:《启蒙辩证法》,上海人民出版社 2003 年版。

[17]约翰·费斯克著,王晓珏等译:《理解大众文化》,中央编译出版社 2001

年版。

[18]张新胜,王爱等著:《国际管理学——全球化时代的管理》,中国人民大学出版社 2002 年版。

[19]奥利佛·博伊德·巴雷特、克里斯·纽博尔德编,汪凯等译:《媒介研究的进路》,新华出版社 2004 年版。

[20]苏国勋,刘小枫主编:《社会理论的诸理论》,上海三联书店 2005 年版。

[21]斯蒂文·小约翰著,陈德民、叶晓辉著:《传播理论》,中国社会科学出版社 1999 年版。

[22]肖恩·麦克布来德等著:《多种声音,一个世界》,中国对外翻译出版公司、联合国教科文组织出版办公室 1981 年版。

[23]斯坦利·J.巴伦著,刘鸿英译:《大众传播概论 媒介认知与文化》,中国人民大学出版社 2005 年版。

[24]约翰·费斯克等编撰,李彬译校:《关键概念 传播与文化研究辞典》,新华出版社 2004 年版。

[25]斯蒂·文琼斯著,熊澄宇、范红译:《新媒体百科全书》,清华大学出版社 2007 年版。

[26]罗钢等编译:《文化研究读本》,中国社会科学出版社 2000 年版。

[27]施拉姆等著,陈亮等译:《传播学概论》,新华出版社 1984 年版。

[28]丹尼斯·麦奎尔等著,祝建华等译:《大众传播模式论》,上海译文出版社 1997 年版。

[29]哈贝马斯著,曹卫东等译:《公共领域的结构转型》,学林出版社 1999 年版。

[30]麦克卢汉著,周宪主编:《理解媒介——论人的延伸》,商务印书馆 2000 年版。

[31]奈杰尔·拉波特,乔安娜·奥弗林著,鲍雯妍等译:《社会文化人类学的关键概念》,华夏出版社 2005 年版。

[32]斯图尔特·霍尔编,徐亮、陆兴华译:《表征》,商务印书馆 2005 年版。

[33]西美尔著,刘小枫编,顾仁明译:《金钱、性别、现代生活风格》,学林出版社 2000 年版。

[34]卢梭著,李平沤译:《论人与人之间不平等的起因和基础》,商务印书馆 2007 年版。

[35]罗宾·科恩,保罗·肯尼迪著,文军等译:《全球社会学》,社会科学文献

出版社 2001 年版。

[36]苏国勋,刘小枫主编:《社会理论的知识学建构》,上海三联书店 2005 年版。

[37]约瑟芬·多诺万著,赵育春译:《女权主义的知识分子传统》,江苏人民出版社 2003 年版。

[38]萨利·斯皮尔伯利著,周文译:《媒介法》,武汉大学出版社 2004 年版。

[39]爱德华·W.萨义德著,李琨译:《文化与帝国主义》,生活·读书·新知三联书店 2003 年版。

[40]杜赫德编,朱静等译:《耶稣会士中国书简集》,大象出版社 2005 年版。

[41]阿芒·马特拉著,陈卫星译:《世界传播与文化霸权——思想与战略的历史》,中央编译出版社 2001 年版。

[42]拉里·A.萨默瓦,理查德·E. 波特主编,麻争旗译:《文化模式与传播方式——跨文化交流文集》,北京广播学院出版社 2003 年版。

[43]格雷姆·伯顿著,史安斌主译:《媒体与社会:批判的视角》,清华大学出版社 2007 年版。

[44]联合国人权事务:http://www. un. org/chinese/hr/issue/udhr. htm

[45]http://baike. baidu. comview357796. htm

[46]国际先驱导报 http://news. sohu. com/20080903/n259345712. shtml

[47]http://www. sina. com. cn

[48]http://zh. wikipedia. org

[49]http://news. sohu. com/28/08/news200600828. shtml

[50]http://www. bzrzy. cn/cgi－bin/article4/DisplayArticle. asp

后 记

　　记得 2001 年的台北，正是被林徽因女士称作"人间四月天"的季节，我第一次到台北。台北 4 月的雨和主人的好客给我留下美丽的印象。另一个收获是遇到台湾政治大学的黄葳威教授，她送给我一本书，名叫《文化传播》。我被书名吸引，更对这本书的思考途径产生了浓厚兴趣。这本书走出大多数传播学研究的既定理论，从传播与文化的交合处入手，思考二者之间的关系。后来我给本科生开设了《传播与文化》这门课，需要教材就参阅黄教授的《文化传播》构思《传播与文化》这本书的基本框架和大纲。大陆《人间四月天》在台北播映，台湾教授与大陆教授之间的交流合作这样顺理成章地进行着。

　　当然，这种阅读的欢喜也与我自己的研究兴趣不谋而合。本人对传播文化的兴趣与一直执著于媒介批评研究保持了相辅相成的联系。女性做研究，依我而言，主要是根据内心的祈求而选择，在于"一见钟情"。具体解释，是说我在生活中的各种疑惑和追求，与某些理论的视点和思考路径对路的话，我就会义无反顾地进入，撷取里面理论之叶上的每一个光点，每一次阳光照射下的别样情致。常常出现这样的情况，徜徉其中得意忘形，生活感受很多，学术成果甚少。虽说一个人的心永远有容，但是个人的视野还是有局限的，导致了研究领域比较窄。往好里说，是专注，心无旁骛。

　　由于上述原因，这本书从教学大纲到成书用了近 5 年的时间。最后能够成书，要感谢出版社的李海燕编辑和上过这门课的学生们。

　　这些学生在学习中给本书的写作提供了许多有价值的思想，这些思想在他们的作业、论文、试卷和批评意见中。他们每次上课为没有合适的教材表现出的遗憾和谅解，敦促我尽快完成书稿。这也是作为大学老师的一种幸福。系里一位教师曾经说过："四年毕业一届学生，我们也老了四岁，可是我们每年都能遇到 18 岁左右的充满青春活力的同学。"我十分欣赏他的这句话。

李海燕编辑对于本书出版的努力令我感动,她不断地用尽量婉和的话提醒我抓紧写作,我开始爽快答应,后来不好意思说出没有完成的理由,再到后来,我们彼此不谈出书的事情,它在我们的心里搁着,更沉一些。

考虑到这本书的主要读者是学生,如何行文可以与他们有更多的共鸣,尤其是对现实问题的批评获得他们的理解,这是我写作时顾及的一个方面。因此,与正在读大二的儿子就某些问题作探讨,听听他的见解。儿子的一些看法也启发了我。

在写作过程中,最终的句号像青藏高原的蓝天白云一样,遥望着,企盼着,来不了。今天终于下决心画上了句号,我庆幸这个句号不是去年画的,今年的成稿不仅在思考方面有了新的进展,分析的实例也更为贴切和丰富。如果是明年画句号,会比今年更好,一定的。

最后,谢谢浙江大学本科生院给予的经费赞助。

编者

2009 年 6 月

图书在版编目（CIP）数据

传播与文化 / 李岩著. —杭州:浙江大学出版社，
2009.10(2024.2 重印)
（求是书系. 传播学）
ISBN 978-7-308-07105-5

Ⅰ.传… Ⅱ.李 … Ⅲ.大众传播－关系－文化－研究
Ⅳ.G206.3

中国版本图书馆 CIP 数据核字（2009）第 177755 号

传播与文化

李 岩 著

丛书策划	李海燕
责任编辑	李海燕
封面设计	俞亚彤
出版发行	浙江大学出版社
	（杭州市天目山路 148 号　邮政编码 310007)
	（网址:http://www.zjupress.com)
排　　版	杭州青翊图文设计有限公司
印　　刷	广东虎彩云印刷有限公司绍兴分公司
开　　本	787mm×960mm　1/16
印　　张	16.5
字　　数	271 千
版 印 次	2009 年 10 月第 1 版　2024 年 2 月第 11 次印刷
书　　号	ISBN 978-7-308-07105-5
定　　价	42.00 元
